KB178338

신시대
중국의 미래

신시대

중국의 미래

초판 1쇄 인쇄 · 2021년 12월 17일
초판 1쇄 발행 · 2021년 12월 27일

지은이 · 김인규
펴낸이 · 한봉숙
펴낸곳 · 푸른사상사

주간 · 맹문재 | 편집 · 지순이 | 교정 · 김수란, 노현정 | 마케팅 · 한정규
등록 · 1999년 7월 8일 제2-2876호
주소 · 경기도 파주시 회동길 337-16 푸른사상사
대표전화 · 031) 955-9111(2) | 팩시밀리 · 031) 955-9114
이메일 · prun21c@hanmail.net
홈페이지 · http://www.prun21c.com

ISBN 979-11-308-1877-1 93320
값 28,000원

저자와의 합의에 의해 인지는 생략합니다.

신시대 중국의 미래

The Future of China in A New Era

김인규

중국의 시대는 오는가?

이 책은 '신시대 중국의 미래'라는 큰 화두를 다룬 책으로, 시진핑(習近平) 중국 국가주석이 집권을 시작한 2012년 말부터 중국의 정치 · 경제 · 국제관계 분야의 변화를 진단하고 미래 방향을 예측해보았다. 시진핑은 집권 직후 중화민족의 위대한 부흥 실현을 장기 목표로, '중국의 꿈(中國夢)'이라는 통치 구호를 주창했다. 그리고 이를 달성하는 목표 시점으로 2021년 중국 공산당 창당 100주년과 2049년 건국 100주년이라는 '두 개의 백 년(兩個一百年)'을 제시했다.

중국 정부(중국 공산당)가 규정하는 '신시대(新時代)'란 어떤 의미인가? 중국 정부는 중국 공산당의 역사를 3단계로 구분한다. 첫 번째 단계는 마오쩌둥(毛澤東)의 주도하에 공산당 혁명을 완수하고 신중국을 수립함으로써 '일어서기(站起來)', 즉 자주독립을 실현한 단계이다. 두 번째 단계는 덩샤오핑(鄧小平)의 주도로 개혁개방 정책을 성공적으로 추진하고 급속한 경제발전을 달성함으로써 '부유한 중국(富起來)'을 실현한 단계이다. 그리고 세 번째는 '강해지기(强起來)' 단계로, 글로벌 리더 국가(領先國家)로 도약하고 '사회주의 현대화 강국'을 실현해나가는 단계이다.

신시대는 세 번째 단계를 지칭하는 것으로, 시진핑 집권 이후 시작된 '새로운 시대'를 뜻한다. 중국 특색 사회주의가 신시대에 진입했다는 것은, 첫째 중화민족이 위대한 부흥의 밝은 미래를 맞이하는 것을 의미하고, 둘째 중국식 과학 사회주의와 중국 특색의 사회주의가 위대한 기치를 드높이는 것을 의미하며, 셋째 개발도상국이 현대화의 길을 개척하고 인류가 다양한 문제를 해결하는 데 중국이 '중국의 지혜(中國智慧)와 중국의 방안(中國方案)'을 전 세계에 제공하는 것을 의미한다.

중국 정부는 신시대를 실현해가는 과정에서 중국 특색 사회주의 체제의 제도적 우월성을 입증하고, 나아가 중국식 발전 경험과 노선에 입각해 글로벌 영향력을 확대하고자 한다. 물론 중국 공산당 스스로 제기한 이러한 시대 인식과 자기 규정이 중국이 처한 국내외적 환경과 자국 역량에 대한 냉철한 분석에 기초한 것인지에 대해서는 많은 논란이 있다. 대체로 외부의 시각은 아직 시기상조이고, 중국 공산당의 주관적 의지가 너무 앞선 것이라는 평가가 지배적이다. 하지만 중국 내부에서는 중화민족주의(애국주의) 정서 고양과 전 사회적 자신감을 제고하는 역할을 하고 있다.

중국경제, 미래에 주목하라!

2019년 중국의 GDP(국내총생산)는 미국의 70%를 초과했고, 미래 중국 경제가 안정적으로 성장할 경우 빠르면 2027년, 늦어도 2035년경 중국의 경제 규모가 미국을 추월해 200년 만에 다시 세계 최대 경제대국(G1)으로 부상하게 될 것이라는 중국 경제에 대한 미래 예측들이 등장하고 있다. 중국 정부는 2020년(전면적 샤오캉 사회 달성), 2035년(기본적인 사회주의 현대화 실현), 2050년(사회주의 현대화 강국 건설)을 단·중·장기 목표 시기로 설정하고, 과학기술, 인재, 교육, 원자력, 경제 발전에 관한 중장기 발전 규획 및 정책 기획 연구 등을 전략적으로 추진하고 있다.

2021년 '전면적 샤오캉(小康) 사회' 달성을 선언한 중국 정부는 이제 '기본적인 사회주의 현대화' 건설을 목표로 매진하고 있다. 목표 달성을 위해 첫째, 전략적 신흥산업(차세대 정보기술, 첨단 제조, 바이오, 녹색 저탄소, 디지털 창의 등)을 빠르게 육성, 발전시켜나가고 있다. 둘째, '4대 블럭(四大板块, 동부선도·중부굴기·서부대개발·동북진흥) + 3개 지지대(三个支撑带, 일대일로·징진지 일체화·창장 경제벨트)' 전략을 기초로 지역 간 협력 발전을 유도해나가고 있다. 셋째, '중국 제조 2025', '인터넷+' 전략을 핵심으로 4차 산업혁명을 적극 전개하고 있다. 넷째, 저탄소 순환경제 발전 계획을 과학적으로 수립해 자원과 환경 압력을 완화하고, 경제의 지속 가능한 발전을 촉진하고 있다. 다섯째, 최근 수년간 '중국형 서비스 중심 경제'를 재편하고, 현대적 서비스업 발전을 위한 맞춤형 과학기술 프로젝트를 추진하고 있다.

그럼에도 중국 경제의 미래가 그리 밝은 것만은 아니다. 경제성장률 하락, 수출 여건 악화, 노동생산성 약화, 고정자산투자 둔화, 부채 리스크 심화, 부동산 버블 붕괴, 소득 불균형 확대, 저출산·고령화 문제, 청년 실업률 증가 등으로 인한 중진국 함정 가능성, 위안화 약세, 미·중 무역분쟁, 코로나19 팬데믹 지속 등 중국 경제를 위협하는 요인들은 차고 넘친다.

바야흐로 세계의 이목이 중국 경제의 미래를 주목하고 있다. 중국은 앞으로도 국가 주도 성장 방식을 기본적으로는 견지하겠지만, 방식을 부분 수정하고 중국식 국가자본주의를 점진적으로 개혁해나갈 것으로 예상된다. 그리고 광활한 내수시장, 제조업 대국, 무한한 중산층 잠재력, 폭발적 전자상거래 시장 등을 바탕으로 모바일 인터넷 강국, 디지털 G1의 꿈을 실현해나갈 전망이다. 더불어 벤처 창업 지원, 유니콘 기업 육성, 반도체 자립 등을 통해 4차 산업혁명 굴기를 달성해나가고, 금융, 환경, 건강, 실버, 종자, 우주항공, 문화콘텐츠 등 신흥산업이 지속 성장할 것으로 관측된다.

중국정치, 공산당이 문제다.

시진핑 중국 국가주석은 야망이 아주 큰 지도자다. 시진핑의 권력 강화는 2012년 말 중국 공산당 총서기 취임 이래 계속됐다. 2016년 '핵심' 칭호가 공식화되고, 2017년 당대회(중국 공산당 전국대표대회)에서 '신시대 시진핑 사상'을 당장(黨章)에 삽입했다. 이유는 2020~2035년은 중국 사회주의 현대화 건설에 결정적 시기로 강력한 리더십이 필요하다는 것이다. 최고 지도자의 카리스마(1인 집권 체제 강화)로 개혁의 속도를 높이고, 국정 운영의 효율을 극대화해야 한다는 논리다.

시진핑은 국가주석 임기 제한(5년 중임), 후계 규범(隔代指定) 및 집단지도 체제 등을 사실상 폐기함으로써 자신의 비전과 국가 발전을 위한 장기계획을 수립할 시간을 얻었지만, 동시에 지도 체제에 대한 미래 불확실성이 매우 높아졌다. 시진핑의 절대권력 강화와 장기집권 야망이 중국 공산당 독재 체제의 불안정성을 키우고 있다. 중국의 정치 시스템이 언제 어떻게 변할지 예측하기는 어렵지만, 확실한 것은 억압만으로 국민을 영원히 침묵시킬 수 없다는 것이다.

중국 공산당의 궁극적인 목표는 정권 유지이다. 중국 공산당은 건국 100주년을 맞는 2049년까지 중국을 강력하고 민주적이며 조화롭고 현대적인 사회주의 국가로 만들겠다고 약속했지만, 정작 중국 공산당은 지극히 권위적인 정권이다. 체제 불안 요소를 제거하기 위해 신장(新疆)과 홍콩 문제 등에 대한 국제사회의 비판에 맞서며, 소수민족 통합과 홍콩에 대한 직접적 통제를 강화해왔다. 문제는 이런 통제 방식이 언제까지 작동할 수 있느냐다. 인권과 자유를 엄격하게 제한하고, 민주적으로 지도자를 선출하는 수단도 부여되지 않은 중국의 정치체제(공산당 독재)가 장기적인 안정을 유지하기는 어려울 것이다.

당원 수가 중국 전체 인구의 6.5%에 불과한 중국 공산당이 14억 인구를 일당 체제 아래 관리해갈 수 있는 배경과 정당성은 무엇인가? 첫째, 중화인민공화국을 수립했다는 것이다. 둘째, 눈부신 경제발전이다. 셋째, 부정부패에 대한 엄중한 대응이다. 넷째, 단속과 통제이다. 결국 중국 공산당은 중국의 눈부신 경제적 발전과 국민 삶의 질 향상을 온전히 공산당의 치적으로 선전하며, 국민들의 기본 인권과 정치적 자유를 억압해온 것이다.

정치적 규제 완화와 자유화 없이는 지속적인 성장과 경제적 발전을 기대할 수 없다. 수많은 개혁 조치의 완성을 위해서는, 국가가 사회 전반에 형성해놓은 통제를 완화해야만 한다. 또한 정치 노선을 수정해야 한다. 중국 공산당이 지금의 경성 권위주의를 유지하거나 신전체주의로 회귀할 경우, 사회문제가 증폭되고 폭발할 극단적 가능성도 배제할 수 없다. 따라서 연성 권위주의 또는 준(準)민주주의 정치 노선 중 가장 현실적인 길을 선택해야 한다. 만약 중국 공산당이 정치적 자유화를 실현한다면, 중국은 훨씬 더 안정적이고 예측 가능한 사회로 발전할 것이다.

미 · 중 신냉전, 중국이 이긴다?

미 · 중 간 패권 경쟁은 핵심가치와 이념, 정치체제, 경제 · 기술 · 파워(하드/소프트/스마트) 경쟁, 지정학적 요인 등이 복합적으로 작용한 결과로, 미국이 상당 기간 준비해왔고 시간의 문제일 뿐 언젠가는 필연적으로 발생할 수밖에 없는 예고된 전쟁이다. 미 · 중 패권 경쟁이 극단적인 무력충돌, 즉 전쟁으로까지 발전하는 투키디데스의 함정이 현실화될 것인지는 미지수다. 하지만 두 나라가 세계 최강의 핵무장 국가이고, 최첨단 군사력을 보유한 상태에서 양국 간 최악의 전쟁은 자제할 것으로 예상된다.

2013년 8월 시진핑은 '일대일로' 프로젝트를 국제사회에 제시했다. 중국은 자국을 중심으로 육상 · 해상 교통망을 구축해 '범중화경제권'을 도모하고 있고, 일대일로(一帶一路) 구상을 발판으로 지역 영향력을 확대해 초강대국 미국에 도전하고 있다. 또한 1947년 중국이 선포한 일방적 해상 경계선인 '구단선(九段線)'을 근거로 남중국해 거의 대부분을 중국의 수역으로 만들려는 전략을 진행하고 있다. 이에 맞서 미국은 해군 함정 등을 동원해 '항행의 자유(Freedom of Navigation)' 작전을 펼치고 있다. 아울러 '인도-태평양 전략(Indo-Pacific Strategy)'을 통해 중국의 해양 진출을 봉쇄하겠다는 의지를 공공연히 드러내고 있다. 이런 상황은 중국의 팽창 전략과 미국의 억지 전략 사이에서 빚어지는 필연적 충돌의 단면이다.

미국과 중국 간 갈등이 갈수록 극한으로 치닫고 있다. 미 · 중 신냉전 시대가 도래한 것이다. 미국은 중국과의 패권 경쟁, 패권 싸움에 전력을 쏟으며 집중하고 있다. 현재 미 · 중 전략 경쟁은 양국 간 국력 경쟁만이 아닌, 체제 경쟁이자 지도자 경쟁 국면으로 진입한 상황이다. 바이든 대통령은 중국을 '추격하는 위협(pacing threat)'이라 정의하고, 미국의 국제사회 복귀를 강조하는 한편 동맹우선주의 외교를 부활시켜 중국 견제에 전념하고 있다.

미 · 중 패권 경쟁의 최종 승자는 누가 될 것인가? 중국이 미국을 이길 수 있을까? 상당 기간 그런 일은 일어나기 어려워 보인다. 미국과 중국은 국가의 내부 체제적 역량에서 커다란 차이가 있다. 미국은 비록 건국 역사는 짧지만, 250여 년의 시장경제와 민주정치를 시행한 경험을 보유하고 있다. 공산당 정권이 중국식 사회주의를 견지해온 신중국의 역사는 겨우 72년에 불과하다. 1872년 미국의 경제 규모가 당시 세계 1위 경제강국이던 영국의 GDP를 추월했다. 하지만 미국이 세계 최강대국(G1)으로 확고히 자리매김한 것은, 2차 세계대전 종전 이후 브레턴우즈(Bretton Woods) 체제가 만들어지고 달러를 기축통화로 금융 패권을 확보한 1944년이었다. 경제 규모에서 세계 1위가 되고서도 72년이 걸린 것이다.

중국의 꿈(中國夢), 이루어질 것인가?

2012년 말부터 약 10년의 기간 동안 중국의 정치와 대내외 정책 기조에는 대변화가 있었다. 대내적으로는 당중앙으로의 권력 집중과 시진핑의 독주, 그리고 시진핑 장기집권 체제를 구축했다. 대외적으로는 낮은 자세의 외교정책 기조였던 '도광양회(韜光養晦)' 원칙을 버리고, 국제사회를 향해 발언권과 영향력을 적극 행사하는 '분발유위(奮發有爲)' 원칙으로 전환했다. 이와 함께 중국 공산당의 통치 정당성 논리도 바뀌었다. 과거 장쩌민(江澤民), 후진타오(胡錦濤) 집권 시기에는 주로 경제적 성취를 통해 인민들에게 경제적 · 사회적 만족감을 제공하면서 정당성을 확보하고자 했다. 하지만 시진핑 집권 이후에는 경제적 발전뿐 아니라 '중화민족의 위대한 부흥(中國夢)'이라는 대외적 성취를 정당성 강화의 근거로 삼고 있다. 국내 정치와 대외 관계의 연계성이 한층 강화된 것이다.

시진핑과 중국 공산당이 염원하는 '중국의 꿈(中國夢)'은 실현될 수 있을까? 물론 성공과 실패의 가능성은 모두 열려 있다. 그 길에는 많은 변수가 있겠지만, 역시 가장 중요한 요인은 중국 공산당이 인민들에게 경제적 · 사회적 만족감을 제공하면서 현재와 같은 신뢰와 지지를 계속 유지할 수 있느냐의 여부에 달려 있다. 최근 들어 차이나 드림(中國夢)에 대해 부정적 견해를 갖는 세계 정치 · 경제 리더들이 점점 늘어나고 있다. 1978년 개혁개방 이후 중국은 외국 기업의 투자를 통해 부를 창출한 나라이고, 세계 인구의 1/5을 보유한 막대한 잠재 소비시장이다. 하지만 시진핑이 차이나 드림을 제기한 이후 아이러니하게 중국에 대한 글로벌 반감이 강해지고 있고, 중국 시장에서 철수하는 외국 기업들이 증가하고 있다.

차이나 드림의 성공 조건은 무엇인가? 첫째, 세계 최강의 경제력을 기반으로 언어, 가치, 문화, 통화, 파워 등의 패권 요소를 갖춰야 한다. 둘째, 세계(인)의 문제를 이해하고 해결하는 데 솔선수범하고, 글로벌 책임을 부담하여야 한다. 셋째, 인종, 국가, 지역의 다양성을 인정하고, 개방성, 포용력, 유연성을 가져야 한다. 넷째, 성숙한 정치 시스템의 민주화와 경제 시스템의 현대화를 이뤄야 한다. 다섯째, 사회 구성원의 신뢰 수준 및 법과 제도의 투명성, 공정성을 높여야 한다. 여섯째, 만연한 부패를 척결하고, 소수민족과의 갈등을 해소해야 한다.

경제 규모가 세계 최대라는 조건만으로 G1 국가가 되는 것은 아니다. 민주적 가치와 사회 전반의 하드 파워와 소프트 파워, 그리고 스마트 파워가 조화를 이룰 때 명실상부한 G1 국가가 될 수 있다. 중국이 경제력에서 미국을 추월한다 할지라도 폐쇄적이고 권위적, 비민주적 정치체제를 유지한다면, G1 국가가 될 수 없다. 중국은 과감한 민주화 조치와 뼈를 깎는 정치구조 개혁을 통해 무엇보다 우선적으로 전 세계가 공감하는 가치와 시스템, 그리고 품격을 갖춰야 한다. 이런 일련의 선결과제가 완성되고서야 비로소 존경받는 진정한 강국으로 거듭나고, '중국몽(中國夢, 중국의 시대)'을 실현할 수 있을 것이다.

2021년 겨울

미래 중국과 한 · 중 관계를 조망하며

김인규

차례

프롤로그 | 중국의 시대는 오는가? 005

제1장_ 중국 경제의 미래

01 **신시대 중국의 경제 전략** 021

오위일체 발전 021
뉴 노멀 023
두 개의 100년 026
신흥산업 발전 전략 028
지역 발전 전략 030
4차 산업혁명 육성 032
저탄소 순환경제 육성 035
현대적 서비스산업 육성 038

02 **사회주의 현대화 강국** 042

제19차 중국 공산당 전국대표대회 업무 보고 042
글로벌 리딩 국가 048

03 **중국 경제의 미래** 053

자립경제 모델 가동 053
비즈니스 환경 개선 059
미 · 중 간 격차 축소 064
미래의 중국 경제 067

제2장_ 중국 부의 향방

01 **국가 주도 성장** 087

경제성장 모델 전환 087

중국식 국가자본주의 개혁 092

02 **세계의 시장** 096

광활한 내수 시장 096

제조업 강국 100

무한한 중산층 104

폭발적 전자상거래 시장 107

03 **디지털 G1** 113

모바일 인터넷 강국 113

디지털 G1의 꿈 117

디지털 위안화 발행 121

04 **4차 산업혁명 선도** 125

벤처 창업 열풍 125

유니콘 기업 급증 129

반도체 자립 132

4차 산업혁명 굴기 135

05 **신흥산업 급성장** 140

금융시장 140
환경산업 144
건강산업 148
실버산업 152
종자산업 155
우주항공산업 157
문화콘텐츠산업 160

제3장_ 중국 정치의 전망

01 **중국 정치권력의 핵심, 공산당** 167

중국만의 공산당 167
중국 공산당 권력구조 172
중국 공산당 창당 100주년 175
공산당 일당독재의 정당성 177

02 **시진핑 리더십** 182

정치 개혁과 1인 집권 체제 182
공격적 현실주의 185
마오쩌둥의 향수 188

03 **중국인들의 정치 인식** 192

공산당 만세 192
중국식 민주주의 195

04 중국 정치의 전망 199

불안한 공산당 199
국익 우선, 애국주의 강화 202
대국굴기, 전랑외교 204
불확실한 미래 207

제4장_ 중국의 신시대

01 미 · 중 패권 전쟁 215

예고된 전쟁 215
문명의 충돌 221
신형대국관계 228
신냉전 시대의 도래 235
미국의 동맹우선주의 238

02 중국의 꿈 241

중화민족의 위대한 부흥 241
백년대계 245

03 중국, 미래로 가는 길 255

정치 민주화 255
경제 현대화 262

04 **중국의 시대** 269

중국의 G1 전략 269
차이나 드림 278
신시대 중국 283

에필로그 | 중국의 시대를 대비하라! 291

참고자료 298
찾아보기 301

중국 경제의 미래

중국 부의 향방

중국 정치의 전망

중국의 신시대

제1장

중국 경제의 미래

01 신시대 중국의 경제 전략

오위일체 발전

2002년 제16차 중국 공산당 전국대표대회(이하 '당대회') 업무 보고에서 후진타오(胡錦濤)는 경제 · 정치 · 문화 건설이라는 '삼위일체(三位一體)' 치국 목표를 선언했다. 2007년 제17차 당대회에서는 여기에 사회 건설을 추가해 '사위일체(四位一體)'를, 2012년 제18차 당대회에서 중국 공산당 총서기에 선출된 시진핑(習近平)은 환경문제를 강조하며 생태문명 건설을 추가해 '오위일체(五位一體)' 치국 이념을 완성했다. 오위일체란 경제 · 정치 · 문화 · 사회 · 생태문명 건설 등 5개 분야의 모든 정책 결과가 혼연일체를 이뤄야 하며, 어느 하나라도 모자라면 진정한 중국식 사회주의가 아니라는 의미다. 이른바 '균형발전론'이다.

[표 1] 전면적 샤오캉(小康) 사회 실현을 위한 오위일체 발전 이념

발전 이념	주요 정책 추진 방향	주요 정책 과제
혁신 발전	• 혁신(創新)이 발전을 이끄는 원동력 • 이론 · 제도 · 과학기술 · 문화 혁신 추진	• 발전의 신동력 육성 • 발전 신공간 개척 • 혁신 추동 전략 심화 실시 • 농업 현대화 전력(全力) 추진 • 신산업 체계 구축 • 발전 신체제 구축 • 혁신과 거시 통제 방식 완비
균형 발전	• 균형(協調)은 건강한 발전의 내재적 요구사항 • 도시 · 농촌 균형, 경제 · 사회 균형, 신형 공업화 · 정보화 · 도시화 · 농업 현대화 동시 발전, 소프트 파워 확대	• 지역 균형 발전 • 도시 · 농촌 균형 발전 • 물질 · 정신문명 균형 발전 • 경제 · 국방 융합 발전
녹색 발전	• 녹색은 지속적 발전의 필수조건 • 자원 절약 · 환경보호, 자원 절약형 · 친환경 건설, 사람 · 자연의 조화 발전, '아름다운 중국' 건설, 글로벌 생태 안전 공헌	• 사람 · 자연의 화해 공생 촉진 • 주체 공능구(功能區) 건설 가속화 • 저탄소 · 순환경제 발전 • 자원 절약과 고효율 이용 • 환경 거버넌스 제도 강화 • 생태안전 보호벽 구축
개방 발전	• 개방은 국가 번영을 위한 도로 • 호혜공영 개방, 내수 · 외수 협조, 무역 균형, 외자 유치와 해외 투자의 동시 중시, 자본과 기술 유입 병행, 다층적 개방형 경제, 글로벌 거버넌스 적극 참여 및 발언권 확대, 이익 공동체 구축	• 대외 개방 전략 구도 완비 • 대외 개방 신체제 형성 • 일대일로 건설 추진 • 대륙과 HTM(홍콩 · 대만 · 마카오) 협력 심화 • 글로벌 거버넌스 적극 참여 • 국제 책임과 의무 적극 부담
공동 향유 발전	• 공동향유(共享)는 중국 특색 사회주의의 본질적 요구 • 국민을 위한 발전 · 국민에 의한 발전 · 발전 성과의 향유 견지, 발전의 성과를 국민이 공유하는 공동 부유 지향	• 빈곤 탈피, 소득 격차 축소 • 교육의 질 제고 • 취업 · 창업 촉진 • 공평 · 지속 가능 사회보장제도 건립 • 건강중국 건설 • 인구 균형 발전 촉진

자료 출처: KIEP

뉴 노멀

본래 '뉴 노멀(New Normal)'이란 장기 저성장 국면을 설명하는 새로운 경제질서를 일컫는 용어로, 뉴 노멀이라는 용어를 경제 현상에 대입해 처음으로 사용한 사람은 세계 최대 채권운용회사 핌코(PIMCO)의 최고경영자 모하메드 엘 에리언(Mohamed A. El-Erian)이다. 그는 과다한 부채와 디레버리징(부채 축소), 세계화 효과 감소, 기술 발달에 따른 일자리 감소, 인구 고령화 등을 선진국 경제의 뉴 노멀 원인으로 지목했다. 뉴 노멀은 2008년 이후 새롭게 조성된 경제질서 국면으로 정부 · 가계 · 기업의 광범위한 부채 감축으로 나타나는 저성장 · 저소득 · 저수익률 등 3저(低) 현상이 일상화돼, 그 자체가 새로운 기준이 되는 상태를 의미한다. 중국 당국은 뉴 노멀 개념을 적극 수용하여 중국의 입장에서 중국판 뉴 노멀 시대를 규정했다. 시진핑은 2014년 5월 허난(河南)성 시찰 당시, 중국이 발전의 중요한 전략적 시기에 처해 있는 만큼 더욱 자신감을 키워야 하고, 현재 중국 경제가 '신상태(新常態)' 즉 뉴 노멀에 적응해야 한다고 처음 언급했다. 또한 뉴 노멀이 중국에 새로운 발전 기회를 가져다 줄 것이라고 강조했다.

중국이 인식하는 신상태의 4가지 특징은 중고속(中高速)의 경제성장, 경제구조의 고도화, 성장 동력의 전환, 불확실성의 증대이다. 첫째, 개혁개방 이후 30년 이상 지속된 10%대의 고속 성장이 종료되고, 6~8%의 중고속 성장 단계로 경제성장을 전환하는 것이다. 중국이 고속 성장을 계속할 수 있었던 것은 중국의 발전이 여전히 불균형 성장 상태에 있어 발전 잠재력이 막대했기 때문이다. 둘째, 제조업과 투자 중심에서 서비스업과 소비 중심으로의 전환, 그리고 도 · 농 간 격차 축소를 통한 소득 분배 개선 등 경제구조를 고도화하는 것이다. 중국의 서비스업 부가가치의 GDP 비중은 2013년 46.1%로 처음 제조업을 뛰어넘었고, 2014년 상반기 소비의 GDP 성장 기여율은 54.4%로 48.5%인 투자보다 높았다. 도 · 농 구조 측면에서 신형 도시화 전략이 추진됨에 따라 도시화의 가속화(2020년 60% 목표)로 도 · 농 2원 구조가 해체되고 도 · 농 간 격차가 축소됐으며, 소득 분배 구조 측면에서도 주민의 소득 비율이 상승함에 따라 소득 분배가 개선됐다.

셋째, 요소 투입과 투자 중심의 성장 동력에서 혁신 중심의 성장 동력으로 전환하는 것이다. 그동안 중국의 경제성장은 요소 투입, 즉 노동력, 자원, 토지 등의 낮은 요소 가격의 제조업 경쟁력에 의존했지만, 그것이 더 이상 불가능한 상황에 직면했다. 1998년부터 2008년까지 전국 기업의 이윤 총액 증가 비율은 연평균 35.6%였으나, 2013년 12.2%, 2014년 상반기에는 5.8%에 불과해 성장 방식의 전환이 절실했다. 결국 중국은 외연적 양적 성장 방식을 포기하고, 과학기술 혁신으로의 성장 동력 전환을 통한 질적 성장 체제를 구축하고 있다. 넷째, 경제의 위험 요소로 증시와 부동산, 지방정부 부채, 금융 등 영역의 불확실성과 리스크가 커지는 만큼 적절한 관리가 필요하다는 것이다. 2014년부터 중국 경제의 리스크 요인은 부동산 시장의 가열이 둔화되는 등 비교적 안정되고 있는 추세이나, 주식시장의 리스크가 사회적 초점이 되고 있는 등 관리가 요망된다. 따라서 주식시장 리스크, 지방정부 부채 리스크, 금융 리스크가 부상할 가능성이 여전히 높고, 이러한 리스크들은 서로 연관되어 있어 일시에 연쇄 폭발할 개연성이 큰 만큼 철저한 대비가 필요한 상황이다.

[표 2] 중국의 뉴 노멀 경제정책 목표, 수단 및 영향

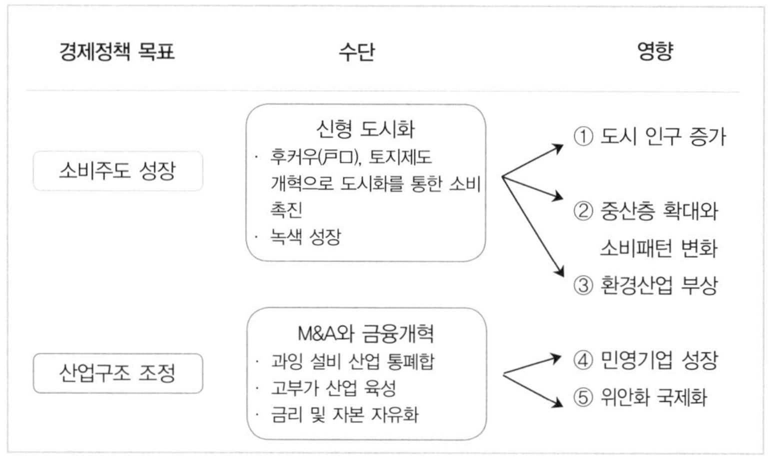

중국판 뉴 노멀 시대는 '중국 모델(China Model)'의 공고화, 즉 중국의 경제 발전 단계가 변화한 만큼 새로운 목표를 추구해야 함을 강조하려는 것이 주요 목적이다. 실질적으로 중국의 경제 발전이 과거의 전통적인 양적 고속 성장 단계를 지나 고효율, 저비용, 지속 가능한 성장 단계로 진입했음을 의미한다. 단, 중국판 뉴 노멀 시대는 고용 창출, 소득 분배 개선, 사회보장, 안정 성장, 물가 안정, 질적 성장 등에 유리한 단계인 만큼, 경제성장의 질과 효율을 동시에 제고하는 것이 최대 목표로 부상했다. 결국 뉴 노멀 시대는 '보이지 않는 손(시장 기능)'과 '보이는 손(정부 역할)'의 작동을 동시에 요구하는 체제로, 이는 자연스럽게 중국 모델의 공고화를 추구하는 것으로 귀결된다.

본래 중국 모델이라는 개념은 중국식 발전 경험을 전 세계로 확산시켜 중국의 강대국화에 유리한 국제 여론을 형성하려는 목표하에 수립됐다. 중국 경제의 뉴 노멀 정책은 중국 자체에서 끝나는 것이 아니라, 나아가 개발도상국의 발전 모델로 활용 가능함을 의미한다. 중

국『인민일보(人民日報)』는 중국 경제의 뉴 노멀 수립과 성공이 중국뿐만 아니라 아시아, 남미, 아프리카 등 여러 개발도상국의 발전 모델이 될 수 있으며, 중국과 제3세계 국가들이 이를 통해 세계에서 발언권을 확대할 수 있다고 평가했다.

두 개의 100년

중국 공산당 지도부는 제18차 당대회에서 "샤오캉 사회의 전면적인 건설을 완성하고, 사회주의 현대화 국가를 건설하자"는 웅대한 비전을 담은 '두 개의 100년' 분투 목표를 제시했고, "이를 향해 전진하자"는 시대적 사명을 당원과 인민에게 호소했다. '두 개의 100년' 분투 목표는 먼저 중국 공산당 창당 100주년을 맞는 2021년까지 샤오캉 사회의 전면적인 건설을 완성하고, 국가 GDP 및 도시와 농촌 주민의 1인당 소득을 2010년보다 2배 증가시키며, 중화인민공화국 건국 100주년이 되는 2049년까지 중국을 부강, 민주, 화합의 사회주의 현대화 국가로 성장, 발전시켜 중등 선진국 국가에 도달하겠다는 것이다. 더불어 두 개의 100년 분투 목표는 '중국의 꿈(中國夢)'이라는 웅대한 비전과 희망찬 미래를 구체화시키는 것으로, 곧 중국의 꿈을 실현하는 기반인 것이다.

2016년부터 시작된 제13차 5개년 규획은 중국의 첫 '100년의 꿈'의 종점인 2020년까지의 계획이다. 중국은 첫 100년의 꿈을 실현하기 위해 '혁신, 협조, 녹색, 개방, 공유'가 핵심 키워드인 전반적인 산업 발전 전략을 추진했다. 구체적으로는 신흥산업 발전, 인터넷+, 대중 창업 · 만인 혁신, 중국 제조 2025, 해양경제, 저탄소 순환경제, 현

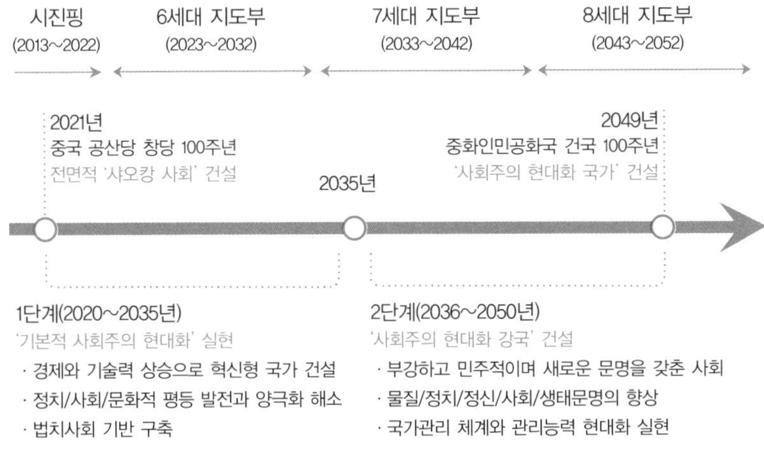

자료 출처: 중국 공산당 제19차 전국대표대회 업무 보고

[그림 1] 중국의 '두 개의 100년' 분투 목표

대 서비스산업, 문화산업, 설비 공급 과잉 해소 정책 등을 적극 추진하는 것이다. 또한 신형 도시화, 일대일로, 징진지(베이징-톈진-허베이) 협동 발전, 창장 경제벨트 등의 지역 발전 전략과 국유기업(중앙기업 지분 다양화, 민영화 중심) 및 재정 · 세제 · 금융 분야의 개혁을 전개하는 것이다. 그리고 전면적인 세 자녀 정책 시행을 통한 출산율 제고 및 인구 고령화 해결, 도시화 추진, 내수 진작(적극적 재정, 주거 안정) 정책 등을 실시하는 것이다. 중국 정부는 2020년, 2035년, 2050년을 단 · 중 · 장기 목표 시기로 설정하고, 과학기술, 인재, 교육, 원자력, 경제 발전에 관한 중장기 발전 규획 또는 정책 기획 연구 등을 추진하고 있다. 정책 기획 연구는 주로 에너지, 전략적 자원, 소재, 제조기술, 정보 네트워크, 고부가 농업, 바이오산업 체계, 건강 보장, 환경 보육, 우수 해양, 국가 안보 발전 체계 구축 등을 중심으로 진행되고 있다.

신흥산업 발전 전략

전략적 신흥산업을 빠르게 배양, 발전시키는 것이 중국 정부의 중대한 정책 전략이다. 전략적 신흥산업의 중점 발전 방향 및 목표는 첫째, 효율적으로 사회 · 경제 발전을 지원하고, 환경적인 병목 분야를 제어하여 에너지 절약과 신에너지산업을 발전시키는 것. 둘째, 경제와 사회의 정보화를 추진하고 정보화 및 공업화 융합 목표를 촉진함으로써 차세대 정보기술산업을 발전시키는 것. 셋째, 국민건강 수준을 향상시키고 현대농업 발전 목표를 촉진하며, 바이오산업을 발전시키는 것. 넷째, 제조업 핵심 경쟁력을 제고하고 산업구조의 최적화 목표를 촉진하며, 고급 장비 제조 및 신소재와 절약형 자동차산업을 육성하는 것이다. 시기적으로는 2020년까지 에너지 절약, 환경보호, 차세대 정보기술, 바이오, 첨단장비 제조산업을 국민경제의 지주산업으로 전환하고, 신소재 및 신에너지 자동차를 국민경제의 선도산업으로 육성하며, 2030년까지 전략적 신흥산업의 혁신 능력과 산업 발전 수준을 세계 최고 수준으로 높이는 것이다.

2016년 12월 19일 중국 정부는 차세대 정보기술, 첨단 제조, 바이오, 녹색 저탄소, 디지털 창의 등 바이오를 포함한 5대 분야를 새로운 지주산업으로 육성하기 위한 '제13차 5개년 국가 전략형 신흥산업 발전 규획(2016~2020)'을 발표했다. 전술한 5대 분야를 2020년까지 10조 위안에 달하는 새로운 지주산업으로 육성하고, 8대 전략형 신흥산업(차세대 정보기술, 첨단장비, 신소재, 바이오, 신재생에너지 자동차, 신재생에너지, 에너지 절약 및 환경보호, 디지털 창의)의 발전을 가속화하는 것이 규획의 핵심이다. 이는 '제12차 5개년 국가 전략형 신흥산업 발전 규획(2011~2015)'의 7대 산업인 ① 에너지 절약형 환경보호–자동차, 가전 등 에너지 절약 및 혁신 강화, 철강 · 공업 부문 낙후 설비 폐기, 구조조정 ② 신정보기술–3망(전신, 컴퓨터, TV 네트워크) 융합, 고성능 집적회로 및 하이테크 S/W 개발 ③ 바이오–바이오 농업, 바이오 제조업, 바이오 헬스 ④ 첨단장비 제조–궤도교통 시설, 해상 석유가스 엔지니어링, 첨단 선반, 공작 및 절삭 기계류 개발 ⑤ 신에너지–태양광, 풍력, 바이오 소재, 핵융합, 지열 등 ⑥ 신소재–나노 중심의 신소재, 복합소재 응용 ⑦ 신에너지 자동차–전기자동차, 하이브리드카, 태양력 자동차, 수소 에너지 자동차 등에 최근 비약적인 발전을 보이고 있는 디지털 창의를 추가한 것이다. 중국 정부는 2020년까지 전략형 신흥산업의 부가가치를 국내총생산의 15%까지 확대하고, 매년 평균 100만 개 이상의 새로운 일자리 창출을 목표로 설정했다.

전략형 신흥산업은 2단계로 추진되고 있다. 1단계(~2020년)의 완성 목표는 첫째, 규모 확대를 통한 새로운 경제성장 동력을 육성하는 것으로, 전략형 신흥산업이 GDP에서 차지하는 부가가치 비중을 15% 이상으로 높이고, 차세대 정보기술 · 첨단 제조 · 바이오 · 녹색 저탄소 · 디지털 창의 등 5개 분야를 규모 10조 위안 이상의 새로운 지주산업으로 육성하며, 다양한 분야를 융합한 새로운 성장 포인트를 창출하고, 연평균 100만 개 이상의 신규 일자리를 창출하는 것 등이다. 둘째, 혁신 능력 및 경쟁력을 제고하는 것으로, 핵심 기술 발전을 통해 발명 특허 보유량을 연평균 15% 이상 늘리고 중요 산업기술 혁신 플랫폼을 조성하며, 산업 혁신 능력을 세계적 수준으로 제고하고 중요 분야에서 선발 주자 우위를 형성하며, 상품 품질을 높이고 에너지 절약 · 환경보호, 신재생에너지, 바이오 분야 상품 및 서비스의 접근성을 대폭 확대하며, 지적재산권 보호를 강화하고 혁신을 장려하는 법률 및 정책을 완비하는 것 등이다. 셋째, 산업구조 고도화 및 새로운 산업 시스템을 구축하는 것으로, 강력한 원천 혁신 능력 · 글로벌 영향력 · 브랜드 인지도를 갖춘 선두기업과 활발하고 개척적인 중소기업을 지속적으로 육성하며, 첨단 제조업과 지식집약형 서비스산업 비중을 대폭 늘리고 기반산업의 수준을 높이는 것 등이다.

2단계(2021년~)의 완성 목표는 전략적 신흥산업을 중국 경제의 지속적인 발전을 견인하는 핵심 원동력으로 육성하고, 중국을 글로벌 전략적 신흥산업의 중요 제조 센터 및 혁신 센터로 발전시키며, 글로벌 영향력 및 주도적인 지위를 갖춘 혁신형 선도기업군(群)을 육성하는 것이다. 이러한 완성 목표를 달성하기 위한 8대 임무로, ① 정보기술산업의 비약적인 발전을 바탕으로 인터넷 경제의 새로운 영역 확대 ② 첨단장비 및 신소재산업 발전 촉진으로 'Made in China'의 새로운 도약 견인 ③ 바이오산업의 혁신 · 발전 가속화로 바이오 경제에 신동력 제공 ④ 신재생에너지 자동차, 신재생에너지, 에너지 절약 및 환경보호 산업의 발전과 지속 가능한 발전 모델 창출 ⑤ 디지털 혁신산업 발전 촉진으로 새로운 소비 창출 ⑥ 전략형 산업 조기 배치로 새로운 미래 발전우위 육성 ⑦ 전략형 신흥산업의 클러스터 발전 촉진, 새로운 통합발전 구도 구축 ⑧ 전략형 신흥산업 개방 추진, 국제 협력을 위한 새로운 루트 확대 등을 확정했다.

지역 발전 전략

중국 정부는 제13차 5개년 규획 기간 동안 현재의 '4대 블록(동부 선도 · 중부 굴기 · 서부 대개발 · 동북진흥)+3개 지지대(일대일로 · 징진지 일체화 · 창장 경제벨트)' 전략을 기초로 지역 간 협력 발전을 유도해나갈 것이라고 밝혔다. 향후 지역의 균형 발전 전략에 기초해 '경제대(economic belt)'를 '경제축 벨트(軸帶, economic exial belt)'로 확대한다는 방침을 포함하고 있다. 그리고 신형 도시화 건설에 있어 도시화의 새로운 추진 방향으로 녹색도시·스마트도시·산림도시를 건설하고, 도·농 간 협조적 발전을 위해 특색 있는 현(縣) 경제의 발전 및 농촌 소도시 건설, 사회주의 신농촌(新農村) 건설을 추진하기로 했다.

[표 3] 제13차 5개년 규획 기간 지역 발전 전략

분야	발전 전략	주요 지역 발전 방향
지역 총체 발전 전략	지역 발전 공간	• [종횡 경제축대 형성] 연해 · 연강 · 연선 위주의 종횡 경제축 벨트를 형성(일대일로, 징진지 협동발전, 창장 경제벨트 건설) • 일부 중점경제구 육성
	구역 협조 발전 : 4대 블럭 + 곤란 지역 지원	• 동부 솔선 발전, 서부 대개발, 중부 굴기 및 동북 등 노후 공업기지 진흥 • 자원 고갈 · 산업 쇠퇴 · 생태 악화에 따른 낙후지역 지원 강화 • 혁명노구 · 민족지구 · 변경지구 · 빈곤지구 발전
	성장극 육성	• 징진지 협동발전, 창장 경제벨트 건설
도시화 전략	도시군-중심 도시	• 3대 대도시군(징진지 · 창삼각 · 주삼각), 5대 도시군(동북 · 중원 · 창장중류 · 성위(성도-중경) 지구 · 관중평원) • 일련의 중심도시 발전 및 중심도시 간 기초시설 연결
	사람이 핵심인 도시화	• 호구제도 개혁, 거주증제도 시행, 부동산제도 개혁 • 도시 이전 농민의 토지청부권 · 택지사용권 · 집체수익 분배권 보호
	3화(化)도시화	• 녹색도시 · 스마트도시 · 산림도시 건설
	도시 인프라 건설	• 도시 공공교통, 홍수 방지 시설, 도시 지하관망 개조 공정 실시
도시 · 농촌 일체화	특색 현(縣) 경제 발전	• 특색 있는 현 경제 발전, 중소도시와 특색 있는 농촌도시 육성
	공공자원 균형 배치	• 사회주의 신농촌 건설, 아름답고 편안한 농촌 건설

자료 출처: KIEP

4차 산업혁명 육성

'4차 산업혁명'이라는 용어는 독일이 2010년 발표한 '하이테크 전략 2020'의 10대 프로젝트 중 하나인 '인더스트리 4.0(Industry 4.0)'에서 '제조업과 정보통신의 융합'을 뜻하는 의미로 최초 사용됐다. 이후 2016년 1월 20일 스위스 다보스에서 열린 세계경제포럼(WEF)에서 '4차 산업혁명의 이해(Mastering the Fourth Industrial Revolution)'를 주요 의제로 설정하면서 전 세계적인 화두로 등장했다. 4차 산업혁명의 주창자이자 WEF 의장인 클라우스 슈밥(Klaus Schwab)은 자신의 저서『4차 산업혁명』에서 4차 산업혁명을 "3차 산업혁명을 기반으로 한 디지털과 바이오 산업, 물리학 등 3개 분야의 융합된 기술들이 경제체제와 사회구조를 급격히 변화시키는 기술혁명"으로 정의했다. 슈밥은 4차 산업혁명을 이끄는 10개의 선도 기술을 제시했는데, 물리학 기술로는 무인 운송수단 · 3D프린팅 · 첨단 로봇공학 · 신소재 등 4개, 디지털 기술로는 사물인터넷(IoT) · 블록체인 · 공유경제 등 3개, 생물학 기술로는 유전공학 · 합성생물학 · 바이오프린팅 등 3개다. 이러한 기술을 기반으로 클라우드 컴퓨팅, 스마트 단말, 빅데이터, 딥러닝, 드론, 자율주행차 등의 산업이 발전하고 있다고 간주했다.

이전의 1, 2, 3차 산업혁명은 다음과 같이 정리된다.

- 1차 산업혁명(1760~1840년) – 철도 · 증기기관의 발명 이후의 기계에 의한 생산
- 2차 산업혁명(19세기 말~20세기 초) – 전기와 생산 조립라인 등 대량 생산체계 구축
- 3차 산업혁명 – 반도체와 메인프레임 컴퓨팅(1960년대),

PC(1970~1980년대), 인터넷(1990년대)의 발달을 통한 정보기술 시대

3차 산업혁명을 기반으로 도래한 4차 산업혁명은 '초연결성(Hyper-Connected)', '초지능화(Hyper-Intelligent)'의 특성을 지니고 있다. 향후 세계는 사물인터넷, 클라우드, ICT(정보통신기술) 등을 통해 인간과 인간, 사물과 사물, 인간과 사물이 상호 연결되고, 빅데이터와 인공지능 등을 활용해 보다 지능화된 사회로 변화될 것으로 예측된다.

중국 정부는 2010년부터 고성장 정책을 포기하고, 성장 속도를 조절하는 동시에 국가경쟁력 기반 구축을 새로운 경제정책 목표로 설정했다. 2016년 3월 5일부터 16일까지 개최된 전국인민대표대회(이하 '전인대')에서 시진핑은 ① 중고속 성장 ② 혁신 경제 ③ 중층적 지역특화 ④ 능동적 개방 ⑤ 동반 성장이라는 5가지의 제13차 5개년 규획의 특징을 설명하고, 규획을 확정했다. 이러한 정책 기조 속에서 ICT 산업은 중국의 경제성장을 이끄는 주력산업이자 미래 성장 동력으로 자리매김했다. 최근 몇 년 동안 일반적인 ICT 분야 중에서도 4차 산업혁명의 뿌리가 되는 IT 서비스와 SW(소프트웨어) 부문의 성장세가 다른 부문보다 빠르게 확대되고 있다.

중국은 제13차 5개년 규획의 제조업 산업 정책으로 '중국 제조 2025(2015년 5월 발표)' 및 2018년까지 인터넷을 비롯한 ICT와 경제 · 사회 각 분야를 융합하고 이를 통해 신성장 동력을 창출하는 '인터넷+(2015년 9월 수립)' 전략을 핵심으로 4차 산업혁명을 적극 추진하고 있다. 2016년 12월 20일 중국 국무원은 '13.5 국가 전략형 신흥산업 발전 규획'에서 차세대 정보기술, SW를 위시한 5대 분야를 전략적 신흥산업으로 더욱 발전시킬 것을 명시하고, 전략적 신흥산업의 부가가치

가 GDP에서 차지하는 비중을 2015년 8%에서 2020년 15%로 확대시킨다는 계획을 추진하기로 했다. 이에 중앙정부 차원에서 4차 산업혁명의 기반기술인 빅데이터, 클라우드 컴퓨팅, 사물인터넷, 사이버 보안 분야를 중점적으로 육성하고 있다.

[표 4] 세계 주요국의 4차 산업혁명 대응 현황

국가	대응 현황
미국	• 기술 · 자금력을 보유한 민간 주도로 초연결성, 초지능화 생태계 구축, 민간 주도/정부 지원
중국	• 제조대국 ➔ 제조 강국으로 변모하기 위해 제조 방식의 질적 성장 R&D 등에 집중, 정부 주도/민간 실행
일본	• 4차 산업혁명을 경제 현안 해결과 제조 혁신 기회로 활용, 민 · 관 공동 실행
독일	• 스마트 공장(Smart Factory)을 중심으로 제조 경쟁력 고도화 주력, 민 · 관 공동 실행
한국	• 민간 주도의 자율적 기술 개발, 4차 산업혁명 관련 기업에 대한 정부 지원 확대, 민간 주도/정부 지원

[표 5] 세계 주요국의 4차 산업혁명 관련 정책

국가	주요 정책
미국	• 첨단 제조 파트너십(Advanced Manufacturing Partnership, AMP) • 국가 제조혁신 네트워크(National Network for Manufacturing Innovation, NNMI) • 미국 혁신전략(Strategy for American Innovation)
중국	• 중국 제조 2025(Made in China 2025) • 인터넷 플러스(Internet +)
일본	• 신산업구조 비전 • 제4차 산업혁명 민관회의
독일	• 국가기술발전 종합계획 2020(High-Tech Strategy 2020) • Industry 4.0
한국	• 제조업 혁신 3.0 전략(산업통상자원부), 지능정보사회 중장기 종합대책(미래부)

저탄소 순환경제 육성

'저탄소 경제'는 저(低)에너지 소모, 저(低)오염, 저(低)배출을 기반으로 하는 새로운 '경제 발전 모델'로, 경제의 지속 가능한 발전을 추구하는 데 있어 필연적인 선택이다. '순환경제'는 생산, 유통, 소비 과정에서 진행되는 감량화, 재이용, 자원화의 총칭으로 자원을 최대한 절약하고 환경을 보호하는 경제 발전 방식이자, 지속 가능한 발전의 중요한 부분이다. 중국은 2008년 제11기 전인대 상무위원회 제4차 회의에서 '중화인민공화국 순환경제촉진법'을 통과시키고, 2009년 1월 1일부터 시행했다. 중화인민공화국 순환경제촉진법은 자원 절약과 재활용을 통한 자원 및 에너지 회수, 폐기물 이용, 재활용품의 시장 진입 독려, 인센티브제, 법적 책임 등의 내용을 담고 있다. 철강, 비철금속, 석탄, 전력, 석유 · 석화, 화공 등 제조업체의 경우 품질을 보장해야 하는 것은 물론, 생산 과정에서 발생한 폐기물, 폐수 등 오

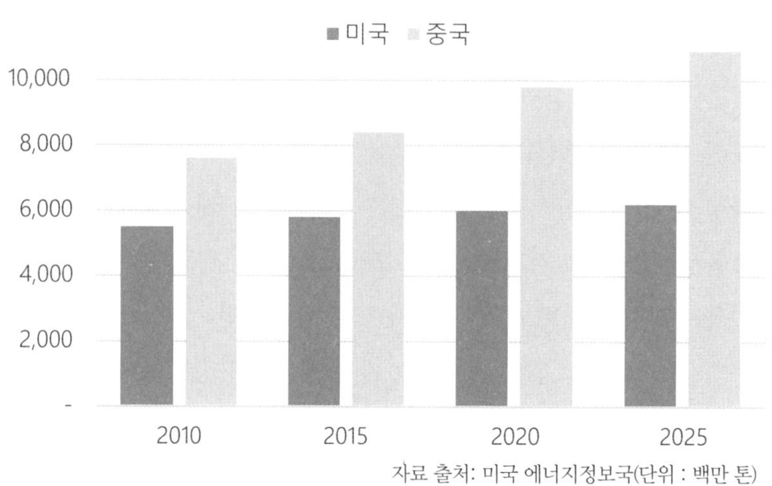

자료 출처: 미국 에너지정보국(단위 : 백만 톤)

[그림 2] 미국과 중국의 탄소 배출량(2010~2025년)

염물질을 반드시 회수해 처리토록 하고 있으며, 물, 전력 등 자원성 제품과 일회용품의 낭비를 제한하고 있다. 2010년 국가발전개혁위원회, 중국인민은행 등 정부부처가 공동으로 발표한 '순환경제 발전 지원의 투융자정책/조치 의견에 관한 통지'에서는 계획, 투자, 산업, 가격, 대출, 채권융자상품, 주식투자펀드, 창업투자, 공공융자, 국외자금 이용 등 부문에서 순환경제 발전을 지원하는 구체적인 조치를 제시했다.

2012년 중국 국무원은 중국의 첫 순환경제 발전 전략 계획인 '순환경제 발전 전략 및 행동 계획'을 발표했다. 이 계획에서는 제12차 5개년 규획 말기까지 중국의 주요 자원 산출률을 15% 제고하고, 자원순환이용 산업의 총생산액을 1.8조 위안까지 끌어올리겠다는 목표를 제시했다. 그리고 2020년까지 중국의 이산화탄소 배출량을 2005년에 비해 40%~45% 수준으로 감소시킨다는 목표를 제시했다. 국가발전개혁위원회는 중국 순환경제 발전의 주요 임무를 ① 산업 분야에서 순환형 생산 방식, 청정 생산, 수자원 및 폐기물 재활용 등의 추진을 통한 순환형 산업 시스템을 구축 ② 농업 분야에서 자원 이용 절감, 깨끗한 생산 과정, 산업라인 연계 순환을 추진하고 폐기물을 처리하여 자원으로 재활용함으로써 농림 · 목축 · 어업 등이 공생할 수 있는 순환형 농업시스템을 구축하고, 농촌 생태환경을 개선해 농업의 종합효율성을 제고 ③ 서비스업이 주도적으로 녹색 저탄소 순환 소비 이념을 수립하고 소비모델을 전환함으로써 순환형 서비스업 시스템을 구축 ④ 회수 시스템을 완비하고 자원 재활용을 산업화하며, 음식물 쓰레기 재활용, 녹색 건설, 녹색 교통, 녹색 소비 등을 추진하여 사회적인 순환경제 발전을 추동 ⑤ 10대 프로젝트를 실시해 100개의 시범 도시(현)를 만들고, 1,000개의 시범 실시 기업과 산업단지를 구축하는 것 등으로 설정했다.

저탄소 경제는 에너지 저소비, 저오염, 저배출량을 기초로 하는 경제 패턴이며, 그 핵심은 에너지 기술과 오염 감축 기술의 창조, 그리고 산업구조와 제도의 창조이다. 저탄소 경제는 중국 경제의 새로운 산업 성장을 추동하는 중요한 엔진으로 부상하고 있다. 중국 정부는 최근 몇 년간 거시정책 지원, 은행 신용 및 대출 지원 등을 통해 저탄소 경제 발전을 지원하고 있고, 지방 발전 전략, 국민 생활 방식 전환을 통해 저탄소 개념을 각 분야에 주입시키고 있다. 중국이 저탄소 경제를 가일층 발전시키기 위해서는 가장 먼저 에너지 절약 및 오염 감축 문제를 중점적으로 해결해야 한다. 하지만 현재 중국의 저탄소 경제 발전 과정에는 저탄소 발전 전략이 현행 순환경제, 청정개발, 환경관리체계, 오염 저감 등과의 유기적인 연관을 실현하지 못하고, 도시발전과 산업 발전의 부조화 등의 문제점이 존재한다. 또한 산업화, 도시화가 지속 추진되고 있는 상황을 감안할 때, 에너지 수요가 여전히 급속히 증가하고 석탄을 위주로 하는 에너지 구조가 당분간 지속될 것으로 보인다. 최근 중국 정부는 에너지 다소비, 탄소 고배출 업종을 강력하게 규제해 산업 탄소 배출을 감축하고 에너지 소비량과 오염을 줄임으로써, 경제 발전이 자원 · 에너지와 환경에 미치는 악영향을 최소화하고 있다.

순환경제는 자원의 고효율 이용과 재활용을 핵심으로 하며, 적은 에너지 소모, 적은 이산화탄소 배출, 고효율이 그 특징이다. 순환경제는 지속 가능한 발전 이념에 부합하는 경제 발전 모델로 '대량 생산, 대량 소비, 대량 폐기'의 기존 성장 모델에 대한 근본적인 변혁이다. 순환경제 발전은 이미 중국 경제와 사회 발전의 중요한 전략으로 자리 잡았으며, 중국 정부는 순환경제의 규모화를 촉진하기 위해 지원을 더욱 확대하고 있다.

현대적 서비스산업 육성

'현대적 서비스산업'이란 전통적인 서비스업에서 진화된 고부가가치 전문 서비스 및 지능형 생활 서비스를 의미하며, 통신 및 정보 서비스 등 기초 서비스, 금융 · 물류 · 도매 · 전자상거래 · 농업 지원 · 중개 · 컨설팅 등 생산 및 시장 활동 서비스, 교육 · 보건의료 · 주거 · 요식 · 문화오락 · 여행 · 부동산 · 소매 등 개인 소비 서비스, 정부 공공 서비스 · 기초교육 · 공공위생 · 의료 · 공익성 정보 서비스 등 공공 서비스가 이에 포함된다. 중국 정부가 현대적 서비스산업의 육성을 처음으로 제기한 시기는 2006년이며, '제12차 5개년 규획(2011~2015년)', '제13차 5개년 규획(2016~2020년)' 기간에 본격화, 체계화됐다. 2017년 10월 개최된 제19차 당대회 및 2018년 전인대 정부업무 보고에서는 중국 서비스산업의 육성 목표를 현대적 서비스업으로 규정하고, 중점 발전 전략산업으로 선정했다.

중국은 '제11차 5개년 규획(2006~2010년)' 기간 맞춤형 현대적 서비스업 과학기술 프로젝트를 실시했다. 목표는 과학기술이 현대적 서비스업을 견인하고 지원하는 역할을 충분히 발휘해 현대적 서비스업의 급성장과 지속적인 발전을 추동하게 하는 것이었다. 2006년 당시 중국의 현대적 서비스업은 ① 거대한 잠재력과 시장 공간 보유 ② 상당한 수준의 네트워크 인프라 규모 ③ 전자상거래, 현대 물류, 전자금융, 디지털 미디어, 네트워크 교육, 디지털 도시, 정보 보안 체계 등 분야에서 중요한 성과 획득 ④ 현대 서비스 기술 표준과 산업 모델 발전에 유리한 소비 환경 ⑤ 도약식(leapfrog) 발전 실현이 가능한 시장 등 기회와 잠재력을 갖추고 있었다.

제11차 5개년 규획 기간 현대적 서비스업 발전을 위한 맞춤형 과학기술 프로젝트의 4가지 실시 목표와 임무가 부여됐다. 첫째, 현대적 서비스업의 공통성 서비스 기술, 전자상거래 기술, 물류 핵심 기술 및 디지털 콘텐츠 핵심 기술 분야에서 획기적인 성과를 달성하고, 공통성 서비스 기술 지원 체계를 구축하는 것이다. 둘째, 현대적 서비스업의 표준과 규범 및 모델을 연구 제정하고, 초보적으로 독자적인 지적재산권을 보유한 표준 규범 체계를 형성하는 것이다. 셋째, 전자상거래, 현대 물류, 디지털 미디어, 디지털 교육, 디지털 의료, 디지털 여행, 디지털 커뮤니티, 전자금융 서비스 등 분야에서 시범 프로젝트를 실시하고 응용 · 보급 강화를 추진하며, 현대적 서비스업을 견인할 수 있는 용두(龍頭)기업을 육성하는 것이다. 넷째, 현대적 서비스업의 과학기술 혁신체계를 구축하고, 현대 서비스업이 중국 국민경제에서 차지하는 비중을 지속적으로 향상시키는 것이다.

중국 경제는 최근 수년간 급속도로 '중국형 서비스 중심 경제'로 재편되고 있고, 서비스업이 주도하는 경제 발전 단계에 진입했다. 중국 국가통계국 자료에 따르면, 2019년 상반기 GDP에서 차지하는 산업별 비율은 1차 산업이 5.1%, 2차 산업이 39.9%(2012년 45.3%, 2017년 40.5%), 3차 산업이 54.9%(2012년 45.3%, 2017년 51.6%)로 나타났고, 최근 5년간 3차 산업이 가장 빠르게 증가하고 있다. 특히 중국의 3차 산업 확대는 2차 산업(제조업)을 대체하면서 진행되고 있고, 고기술 및 고부가가치 분야가 선도하고 있다. 2014년 이후 금융, 부동산, 공공관리, 교육, 정보 · 소프트웨어, 임대 · 상업 서비스, 위생 · 사회보장, 문화, 체육, 오락 등의 서비스업이 급성장하고 있다. 향후 중국의 서비스업은 첨단기술에 기초한 고차원적인 현대적 서비스업 비중이 더욱 활발히 확대될 전망이다.

하지만 중국의 서비스업 분야의 경쟁력은 여타 국가들에 비해 상대적으로 낮은 수준이다. 현재 중국 국가표준체계 중 공업표준의 비중은 72%이고 농업표준의 비중은 10%이며, 전체 GDP 중 55%를 차지하는 서비스업의 관련 표준 비중은 18%에 불과하다. 고품질의 서비스업을 추구하는 것이 지속적인 서비스업 발전을 위한 해결 과제임을 인식하고, 중국 정부는 제19차 당대회(2017년)에서 현대적 서비스업의 발전을 가속화하고 국제표준의 수준을 제고해야 한다고 지적했다.

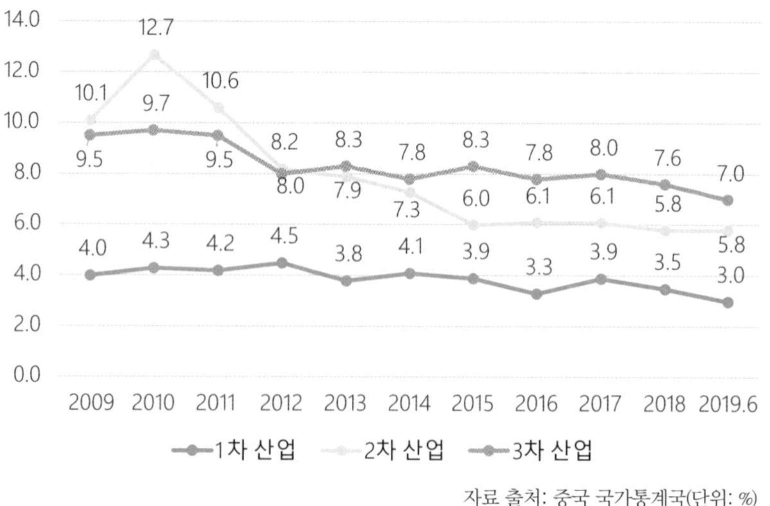

자료 출처: 중국 국가통계국(단위: %)

[그림 3] 중국의 산업별 성장률(2009~2019.6)

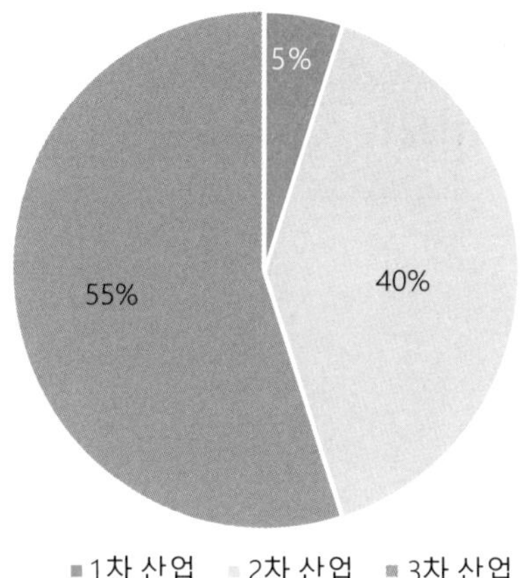

자료 출처: 중국 국가통계국

[그림 4] 중국의 산업별 GDP 비중(2019.6)

사회주의 현대화 강국 02

제19차 중국 공산당 전국대표대회 업무 보고

시진핑 집권 2기 지도부를 선출하는 중국 공산당 제19차 전국대표대회(당대회)가 2017년 10월 18일 막을 올렸다. 중국 공산당 중앙정치국은 성명을 통해 이번 당대회가 중국 특색 사회주의 발전의 관건적 시기를 맞아 개최되는 매우 중요한 대회라고 의미를 부여했다. 그러면서 대회를 통해 시진핑 총서기의 중요 연설 정신과 당 중앙의 '치국이념 신사상(新思想) 및 신전략'을 관철해 지난 5년간의 업무를 충실하게 결산해야 한다고 강조했다. 제19차 당대회의 모든 관심은 오로지 시진핑 한 사람에게 집중됐고, '시진핑의, 시진핑에 의한, 시진핑을 위한' 시진핑 단독 주연의 독무대였다.

불망초심(不忘初心), 뢰기사명(牢記使命)

시진핑은 2017년 10월 18일 개막한 제19차 중국 공산당 당대회 업무 보고를 통해 자신의 집권 1기(2013~2017년) 5년 동안 '신시대 중국 특색의 사회주의 사상'이 이미 형성됐음을 15차례나 언급하며 거듭 강조했다.

또한 시진핑의 국가 통치 방침으로 일컬어진 '치국이정(治國理政) 신이념, 신사상, 신전략'을 '신시대 중국 특색 사회주의 시진핑 사상'으로 수정하고, 이를 정식으로 당장(黨章)에 삽입했다. 시진핑은 제19차 당대회의 핵심 주제가 "초심을 잃지 말고 사명의식을 되새겨 '신시대 중국 특색 사회주의'의 위대한 승리를 쟁취하고, 중화민족의 위대한 부흥, 즉 '중국몽(中國夢)'을 실현하기 위해 부단히 분투하는 것"이라고 천명했다. 시진핑은 덩샤오핑(鄧小平)이 최초로 제시한 '중국 특색의 사회주의 노선'을 계승한 점을 강조함으로써 덩샤오핑 이후 신중국 최고의 지도자임을 내세우고 있다. 덩샤오핑은 1982년 제12차 당대회 업무 보고에서 처음으로 '중국 특색의 사회주의 건설' 노선을 천명하고, 전면적인 개혁개방에 착수했다.

시진핑은 2021년 '샤오캉(小康, 모든 인민이 편안하고 풍족한 생활을 누림) 사회 건설'과 2049년 '사회주의 현대화 강국' 등을 통한 장기적인 중국의 비전을 제시하면서, 신시대 중국 특색 사회주의 시진핑 사상의 구체적인 목표와 과제 및 내용을 "신사상의 총 임무는 사회주의 현대화와 중화민족 대부흥을 실현하는 것으로, 전면적 샤오캉 사회 건설의 기반에서 21세기 중엽에 부강하고 민주 문명적이며, 조화롭고 아름다운 사회주의 현대화 강국을 동시에 추진하는 것"이라고 규정했다. 또한 중국 특색 사회주의 사업의 전체 구도는 "오위일체(경제·정치·문화·사회·생태문명 건설을 통해 샤오캉 사회 건설 및 사회주의 현대화를 실현하는 전략)이고, 전략 구도는 4개 전면(전면적인 샤오캉 사회 건설, 개혁심화, 의법치국, 종엄치당), 4개 자신감(중국 특색의 사회주의 노선·이론·제도·문화에 대한 자신감), 평화 공존 5원칙(각국과의 상호 존중, 주권 인정, 비

[非]간섭, 공평정의, 협력의 국제관계 형성)"이라고 강조했다.

[표 6] 시진핑의 제19차 당대회 업무 보고 주요 내용

향후 5년 기조	"전면적 샤오캉 사회 최종 실현" "새로운 시대 중국 특색 사회주의의 위대한 승리와 중화민족의 중국몽(中國夢) 실현"
경제	• 질적 · 효율적 성장 우선시 • 공급 측면 구조 개혁 심화 • 혁신형 국가 건설 • 지역 균형 발전 및 농업 진흥 전략 실시 • 사회주의 시장경제 체제 보완
민생 · 환경	• 교육사업의 우선 발전 • 취업의 질 향상 및 소득 수준 향상 • 빈곤 퇴치 • 대기오염 등 환경 문제 해결 • 생태 관리 체제 개혁
제도	• 의법치국 실천 심화 • 가구와 행정 체제 개혁 심화
군	• 중국 특색의 강군의 길 • 국방과 군대의 현대화
홍콩 · 대만	• 일국양제 견지 및 통일 추진

자료 출처: 중국 공산당 제19차 전국대표대회 업무 보고

두 단계 전략적 배치

시진핑은 제19차 중국 공산당 당대회 업무 보고에서 "전면적인 샤오캉 사회 실현을 통해 첫 번째 100년의 분투 목표를 완성해야 할 뿐만 아니라 이 기세를 몰아 사회주의 현대화 국가를 전면적으로 건설하는 새로운 여정을 시작해야 하고, 두 번째 100년의 분투 목표를 향해 전진해야 한다"고 선언했다. 2020년까지 '전면적 샤오캉 사회'를 건설하고, 2020년부터 2035년까지 '1단계 사회주의 현대화'를 조기에 실현하며, 2035년부터 금세기 중엽(2050년)까지 '2단계 사회주의

현대화 강국'을 건설하겠다는 것이다. 첫 단계로 2018년부터 2020년까지를 전면적 샤오캉 사회 건설의 관건적 시기로 규정하면서 경제·정치·문화·사회 및 생태문명 건설을 추진하고 지역 균형발전 및 지속 가능한 발전을 중시하며, 특히 리스크 예방에 중점을 둘 것이라고 강조했다. 이것은 '대국방략(大國方略)'으로, 중국 특색의 사회주의가 신시대로 진입하는 역사적인 시기에 '두 단계' 혹은 '두 걸음'의 전략적 배치가 출범한 것으로 볼 수 있다.

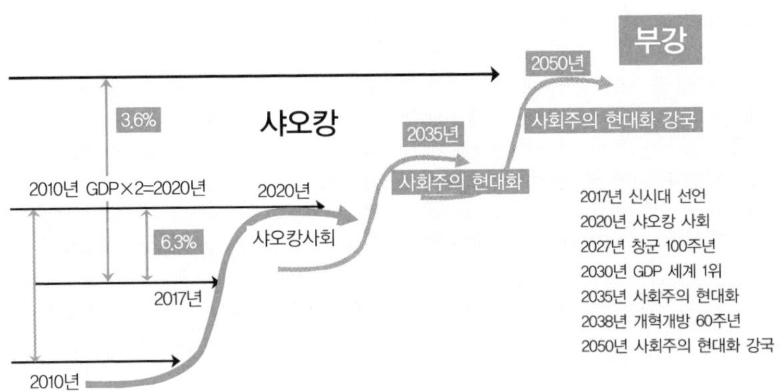

자료 출처: 중국경제금융연구소

[그림 5] 시진핑 신시대 '2035, 2050 계획'

개혁개방 이후 중국 공산당은 사회주의 현대화 건설을 위한 전략적 배치를 시작하면서 '세 단계(三步走)' 전략 목표를 제시했다. 인민의 기본적인 의식주 문제를 해결하고, 인민의 생활을 대체로 샤오캉 수준에 도달하게 만들겠다는 2가지 목표는 이미 실현됐다. 시진핑은 "이 토대 위에서 중국 공산당은 당 창건 100년(2021년)이 될 때까지 경제를 더욱 발전시키고, 민주주의를 더욱 온전하게 하고, 과학과 교육을 더욱 진보하게 하고, 문화를 더욱 번영하게 하고, 사회를 더욱 조화롭게 하고, 인민의 생활을 더욱 부유하게 하는 전면적 샤오캉 사회를 실현할 것이며, 이후 다시 30년을 분투해 신중국 수립 100년(2049년)이 될 때까지 중국을 사회주의 현대화 강국으로 만들겠다"고 선포했다. 더불어 "과학과 교육을 통한 국가 부흥 전략, 인재강국 전략, 혁신으로 발전을 이끄는 전략, 향촌 진흥 전략, 지역 협력 발전 전략, 지속 가능한 발전 전략, 군민(軍民) 융합 발전 전략을 확고히 실시하고, 확실하게 중점을 장악하고 단점을 보완하고 약점을 강화하며, 특히 중대한 위험을 방지하고 해소함으로써 빈곤을 완전히 해결하고 오염을 방지하는 전투를 적극적으로 전개해야 한다"고 강조했다.

신시대 강국

1982년 채택된 중국 헌법은 국가주석의 임기를 10년으로 제한하고, 3연임을 금지했다. 덩샤오핑 이후 10년 단위 국가주석 임기에 '7상8하(七上八下)'의 연령 제한과 '격대지정(隔代指定)'의 지도자 선정 방식이 원칙으로 존재해왔다. 그런데 시진핑은 격대지정의 원칙을 깨고 공청단(共青團)파의 후춘화(胡春華)를 후계자로 지정하지 않았다. 특히 2018년 개헌을 통해 국가주석 임기 제한이 철폐되면서 시진핑이 과연 언제까지 장기 집권할지가 중국은 물론 전 세계의 관심거리가 됐다. 집권 2기의 시진핑은 '신시대' 건설을 강하게 외치고 있다. 3세대 지도자 장쩌민(江澤民)이나 4세대 지도자 후진타오와는 다른 새로운 시대를 열겠다는 것으로, 2017년 말 집권 2기를 시작하며 내세운 구호다. 시진핑이 주창한 신시대란 5가지 의미를 내포하고 있다. ① 사회주의 승리 ② 강국 건설 ③ 공동의 부유 달성 ④ 중국몽(中國夢) 실현 ⑤ 인류 공헌 등이다. 사회주의 국가인 중국을 세계의 모범 국가로 만들겠다는 야망이 번득인다.

[표 7] 신시대 시진핑 사상 5개 키워드

1	하나의 중국 꿈　중화부흥
2	두 개의 100년: 중국 부흥 시간표 • 샤오캉 사회 건설(2021년)　• 현대문명국가 건설(2049)
3	삼엄삼실(三嚴三實): 공직 지침서 • 삼엄: 자신의 수양, 권한 행사, 당 기율을 엄하게 함 • 삼실: 업무 추진, 창조적 업무 수행, 사람됨에 각각 내실을 기함
4	네 개 전면: 전면적인 개혁 • 샤오캉 사회 건설　• 개혁심화　• 법치　• 공산당 통치
5	오위일체: 정책의 균형 경제 · 정치 · 문화 · 사회 · 생태문명의 균형 발전

자료 출처: 중국 공산당 제19차 전국대표대회 업무 보고

최근 중국 공산당 중앙당사 · 문헌연구원 취칭산(曲青山) 원장은 당 이론지인『추스(求是)』(10월호)에 게재한「신시대가 당사(黨史)와 신중국 역사에서 갖는 중요한 지위와 의의」라는 기고문을 통해 2050년까지 '시진핑 신시대'가 이어질 것이라 주장했다. 취 원장은 2021년 100돌을 맞은 중국 공산당 역사를 4단계로 구분했다. 1단계는 1921년 중국 공산당 창당 이후 1949년 중화인민공화국을 성립할 때까지의 28년으로, 이 기간을 규정하는 핵심 단어는 '혁명'이다. 2단계는 1949년부터 1978년 개혁개방 정책을 채택한 11차 중앙위원회 3차 전체회의(3중전회) 때까지로, 이 29년의 핵심 단어는 '건설'이다. 3단계는 1978년부터 시진핑이 국가주석 자리에 오른 2012년 18차 당대회까지로, 이 34년은 '개혁'의 시대로 규정했다. 4단계는 2012년부터 시진핑이 전면적인 사회주의 현대화 강국을 완성하겠다고 천명한 시한인 2050년까지로, 이 38년은 '부흥'의 시대로 정의했다. 그는 중국이 1단계인 1949년까지 '구국(救國)'을 위해 분투했다면, 2단계인 1978년까지는 '흥국(興國)'을 위해, 3단계인 2012년까지는 '부국(富國)'을 위해,

그리고 2050년까지는 '강국(强國)'을 위해 분투할 것이라고 진단했다. '구국 → 흥국 → 부국 → 강국'으로 이어지는 흐름이 바로 중화민족의 위대한 부흥인 '중국몽(中國夢)'을 실현하는 과정이란 주장이다. 취 원장이 2050년까지 시진핑 신시대가 이어질 것이라고 전망한 것은, 시진핑이 2050년까지 당과 국가에 대한 정치적 영향력을 유지하려고 할 것이라는 해석을 낳게 한다. 물론 2050년이 되면 97세의 노인인 시진핑이 계속 집권하고, 이때까지 국가주석과 당 총서기를 맡는다는 것은 사실상 불가능하다. 하지만 시진핑이 후계자를 신중하게 선택해 자신의 정치적 영향력을 계속 유지하려 할 가능성은 높아 보인다.

글로벌 리딩 국가

팍스 시니카

과연 중국의 '팍스 시니카(Pax Sinica)-차이나 드림(China Dream)' 시대는 올 것인가? 그 가능성을 판단하기 전에 중국이 팍스 시니카 시대를 준비하고 실행해나가고 있는 것만은 확실하다. 건국 70년 만에 확고하게 G2 반열에 오른 중국의 목표는 팍스 시니카를 향해 있다. 팍스 시니카는 중국이 주도하는 세계평화의 시대를 의미한다. 2차 세계대전 이후 지금까지 미국 중심의 세계평화 체제인 '팍스 아메리카나(Pax Americana)'가 유지되고 있는 가운데, 중국은 미국이 주도하고 있는 세계질서의 중심축을 중국으로 옮기려는 구상을 진행하고 있다. 시진핑은 2018년 12월 중국 개혁개방 40주년 경축사에서 "중국은 영원히 패권을 추구하지 않을 것"이라 강조했지만, 시진핑 집권 이후 중국이 걸어온 행보를 비춰보면 패권을 향한 강한 야망이 읽혀진다.

시진핑은 "일대일로(一帶一路)는 운명 · 이익 · 책임 공동체"라면서 "공동의 발전과 번영을 위해 개방 협력을 유지하고, 시장 운영과 상호공존 원칙을 실천할 것"이라는 점을 자주 강조해왔다. 중국은 일대일로를 통해 연선국가(주변국)와 항구 · 철도 등 교통 인프라를 연결하고, 송유관 · 가스관 · 전력 등 에너지 협력도 전격 추진하고 있다. 또 연선국가와의 투자 · 융자 등 신용 시스템을 구축하고, 양자 통화스와프 확대와 자유무역 지대 건설 등을 통해 금융 분야에서도 각국과의 협력을 확대하고 있다. 하지만 미국과 서방 일각에서는 일대일로 프로젝트가 개발도상국에 '부채 함정'을 만들었다고 비판한다. 실제로 지부티, 키르키스스탄, 몰디브, 몽골, 파키스탄 등이 인프라 투자를 위해 차입한 중국 부채를 상환하지 못해 자국 인프라 사업권을 통째로 중국에 넘기거나, 국가부도 위기에 직면하는 상황이 벌어지고 있다.

팍스(Pax)는 '한 국가가 압도적인 힘으로 세계 평화를 장기적으로 유지'할 때 붙여진다. 중국이 팍스 시니카 시대를 실현하기 위해서는 미국을 뛰어넘어야 한다. 중국이 미국을 뛰어넘기 위해서는 단순히 경제력과 군사력이 큰 것만으로는 부족하다. 미국이 가진 언어(영어), 통화(달러), 문화(대중문화) 등의 패권 요소를 중국이 가져야 하고, 전 세계 국가를 설복시킬 수 있는 보편적 가치관을 갖춰야 한다. 그리고 무엇보다도 가장 중요한 것은 세계를 경영해본 경험이 있어야 한다는 점이다. 중국이 열망하는 팍스 시니카는 세계인이 중국에 대해 차이나 드림을 가질 때 가능한 것이다. 차이나 드림은 가능할까? 세계인의 마음속에 중국에 가면 나도 성공할 수 있다는 열망과 열정이 있을까? 과연 중국이 부르짖는 중국몽은 단지 중국인만의 꿈인가? 차이나 드림은 몇 가지의 조건을 전제로 한다. 첫째, 국가의 DNA 속에 포용력과 유연성이 있어야 한다. 둘째, 세계인이 중국을 리더로 받아들이려면, 중국은 세계문제에 대한 리더십을 가져야 하고 혁신적인 대안을 제시해야 한다.

1949년 신중국 수립 이후 지난 70년 동안 중국은 괄목할 만한 경제적 성과를 이뤘지만, 앞으로 미국을 뛰어넘는 세계 선도국가로 도약할지 여부는 지켜볼 일이다. 현재 중국이 처한 현실은 만만치 않다. 우선 미국의 견제가 심해지면서 무역, 군사, 외교 등 사실상 모든 분야에서 미 · 중 간 충돌이 악화되고 있다. 특히 2018년 7월부터 본격화된 미 · 중 무역전쟁의 여파로 중국의 2019년 경제성장률은 1/4분기, 2/4분기와 3/4분기 각각 6.4%, 6.2%, 6.1%를 기록하며 하향 곡선을 그렸다. 중국은 세계를 향해 중국식 모델과 가치를 제시하고 싶어하지만, 이에 대한 반감도 커지고 있다. 중국은 공산당이 국가와 인민을 수직적으로 지배하는 통치 체제하에서의 민주 가치를 추구한다. 이는 최근 반중(反中) 홍콩 시위 사태가 거세게 일어나고, 일대일로에 대한 세계 각국의 경계심이 커지고 있는 이유가 되고 있다. 또 시장경제를 지향하지만, 시장을 공산당의 통제 속에 가둬놓고 경제를 운영하는 시스템이기 때문에 시장 활력이 떨어질 수밖에 없는 태생적 한계를 지니고 있다. 니얼 퍼거슨(Niall Ferguson) 하버드대 교수는 "중국의 계획경제 발전 모델은 더 이상 먹히지 않을 것"이고, "시진핑과 공산당 중심의 권력 집중은 개인과 기업의 자유를 위축시켜 장기적으로 국가 비전을 불확실하게 만들 것"이라고 주장했다.

미래 중국 경제의 길

한 나라의 경제력은 잠재력이 큰 산업에서 리딩기업이 가지는 글로벌 경쟁력으로 결정된다. 중국이 중진국 함정에 빠질 것인지, 아니면 이를 극복하고 선진국 대열에 진입할 것인지에 대한 의견이 분분하다. 중국은 거대한 시장, 유연한 정책, 혁신적인 기업들이 결합하면서 4차 산업혁명이라는 호랑이 등에 올라탔다. 다소 시간은 걸리겠지만, 중국은 구경제의 구조조정을 완수해 소프트 랜딩에 성공할 것으로 예측된다. 하지만 국가 주도의 경제 발전 모델에 대한 과신, 국영기업의 과도한 부채, 국영기업의 개혁에 대한 소극적인 태도가 중국의 경제성장을 가로막고 있다. 전면적인 확장을 진행하고 있는 국유기업 개혁, 민간 부문의 경쟁력 향상을 위한 시장개방, 국영기업과 지방정부에 막대한 부채를 안겨준 금융 제도의 개혁 등은 중국 경제가 지속 성장하기 위한 선결 과제이다. 통상적으로 2020년대 중반 중국의 1인당 GDP는 15,000달러를 넘어 중국 경제는 선진국의 반열에 오르고, 2030년경 중국의 GDP 규모는 미국을 추월할 것으로 예측하고 있다. 그럼에도 중국의 실질 GDP 성장률이 5%를 넘는 고도 성장기는 대체로 2020년대 중반에 막을 내리고, 2020년대 후반에는 도시화의 정체, 고속철도 · 도로 · 공항 등 대규모 인프라 건설의 감소, 저출산 고령화에 따른 재정 부담의 증대 등으로 경제성장률이 3~4%대까지 하락할 가능성이 높다.

베이징대 장웨이잉(張維迎) 교수는 저서 『중국 경제의 미래를 이끌 성장 동력』에서 중국의 경제 발전은 사람들이 '이념의 힘'을 믿었기 때문이라고 지적했다. 그는 "시장경제를 향해 가는 과정에서 중국인들은 이미 커다란 발전을 이룩했지만, 개혁의 길은 아직 멀기만 하다. 중국 경제는 여전히 권리라는 기초 위에 세워진 경제가 아니라, 특권 위에 세워진 경제이기 때문이다. 서방세계가 지난 200년 동안 이룩한 것처럼 사유재산권은 기본적인 권리로 변했지만, 중국 사회는 오늘날까지도 여전히 특권이 권리보다 크다. 시장경제의 가장 중요한 기초는 첫째가 자유이고, 둘째가 사유재산권이며, 셋째가 기업가 정신이다. 수십 년의 개혁을 거쳤지만 중국인들은 여전히 정부의 경제적 간섭을 받고 있고 사유재산권이 효과적으로 보호받지 못하고 있으며, 기업가 정신도 억압과 왜곡의 대상이 되고 있다. 중국이 진정한 정치체제 개혁을 진행하지 않는다면, 헌법과 법치의 수립이 부실해질 것이다. 경제 개혁만으로 밀고 나아가서는 진정한 시장경제를 구현할 수 없다"고 주장했다.

장기적인 시각에서 바라본 중국의 경제 상황은 어떨까? 중국 경제는 엄청난 잠재력을 지니고 있다. 가장 큰 잠재력은 산업화와 도시화를 포함한 시장의 규모다. 시장의 규모가 커질수록 분업이 활성화되고, 분업은 기술의 발전을 가져오며, 기술의 발전이 경제성장을 가져온다. 그렇다면 경제성장의 원천은 무엇인가? 정부 관료나 화폐 정책이 아닌 기업가 정신이다. 어떤 사회의 개혁이든 단기적으로는 정치 지도자들의 이념이 중요하다. 하지만 장기적으로는 보통 사람들의 이념이 더 중요하다. 어떤 정치 지도자도 장기적으로 대다수 사람들의 이념에 거스르면서 개혁을 진행할 수 없기 때문이다. 대규모 개혁은 반드시 전 국민의 일이 되어야지, 소수 엘리트들만의 일이 되어선 안 된다. 또한 정치 지도자들의 이념 형성이든 대중의 관념 변화든, 이 모두는 자유로운 사상의 시장이 원활하게 작동한 결과다. 사상의 자유 없이는 중국의 미래는 없다. 따라서 중국의 개혁은 공리주의에서 권리주의로 전환돼야 한다. 더 나은 미래를 위해 중국은 경제성과가 중요하겠지만, 사실상 경제와 정치의 관계가 중요한 열쇠가 될 것이다. 중국이 정치 개혁을 병행하지 않은 채 복잡한 덤불을 헤치고 경제적 구조조정만을 추구한다면, 결코 '사회주의 현대화 강국' 목표를 성공적으로 달성하지 못할 것이다.

03 중국 경제의 미래

자립경제 모델 가동

자국 경제 의존도 강화

미국의 중국에 대한 견제에 대해 중국은 미국의 태도가 '적개심'에 가깝다고 판단하고 있다. 2020년 5월 발표된 「중국에 대한 미국의 전략적 접근」이라는 백악관 보고서는 중국을 미국의 가치와 경제에 대한 심각한 도전으로 규정하고, 지난 20여 년의 연계 협력 기반의 사고를 전환하여 전략적 경쟁과 미국의 이익 보호라는 측면에서 접근해야 한다고 기술했다. 미국은 전 세계에서 중국만을 제외한 나머지 국가들에게 협력적 경제 관계를 구축하자는 제안을 하며, 각국에 이를 타진하는 등 중국 때리기와 함께 중국 배제를 위한 활동을 노골적으로 전개하고 있다. 물론 미국 정부의 이 같은 구상은 다원주의, 자유무역 원칙에서는 도저히 이뤄질 수 없는 것으로 여겨지고 있지만, 미국의 전방위 압박은 중국이 위협을 느낄 수밖에 없는 매우 심각한 상황이다. 이로 인해 향후 미국과 중국 중심의 국제정치적 동맹 대결 양상과 경제적 탈동조화가 가속화될 것으로 예상된다.

SCMP(사우스차이나모닝포스트)는 2021년부터 2025년까지 추진되는 중국의 제14차 5개년 규획은 기존의 대외 의존성을 탈피하기 위해 완전히 새로운 판을 짜는 방향으로 수립되고 있다고 보도했다. 중국 국무원 산하 싱크탱크인 중국 사회과학원은 "중국이 향후 5년간 적대적 대외 환경에 맞서 국내 경제에 초점을 맞추고, 자국 경제 의존도를 강화해야 한다"고 제안했다. 작금의 중국은 아시아와 서구를 연결하는 글로벌 공급망의 중심국 지위를 유지하기 위해 '개방과 개혁'이라는 정책의 틀을 견지하면서 리스크를 상쇄하려 하고 있다. 시진핑은 "중국이 해외 시장에만 의존하지 않고, '국내 경제대국'과 '국제 경제대국'의 새로운 발전 패턴을 사용할 것"이라고 언급했다.

중국이 향후 5개년 계획에서 자국의 경제 의존도 강화를 위해 돌파구를 모색하는 또 다른 핵심 분야는 첨단기술이다. 미국의 화웨이(華爲)에 대한 제재와 첨단기술의 대중국 수출 제한이 중국 정부를 자극한 것이다. 시진핑은 중국에 대한 미국의 하이테크 수출 제한 조치를 중국의 목에 칼을 대는 것으로 비유했다.

중국은 제14차 5개년 규획을 통해 해외 투자 확대라는 기존의 방식을 일부 수정할 것으로 관측되고, 미국과 유럽이 중국의 행동에 대해 어떻게 반응하는가를 고려하여 해외 투자의 강도를 조절할 것으로 보인다. 중국은 해외 시장 의존도를 낮추고, 거대한 국내시장의 수요를 충족시키기 위해 제조업을 더욱 육성할 방침이다. 이 경향은 2020년 발간된 「서쪽으로 가자(向西去)」라는 청사진에 잘 나타나있다. 이 청사진은 코로나19의 여파로 국제적 수요 감소로 인해 동부 연안 지역의 피해가 상대적으로 컸고, 이를 상쇄하기 위해 중서부 지역의 산업을 육성한다는 계획이다. 중국 정부는 제14차 5개년 규획 기간 과거 수출 · 투자 위주의 성장에서 내수 중심의 성장 및 대외 개방 확대를 통한 성장으로의 경제성장 모델의 대전환을 통해 2035년까지 선진국 중간 수준으로 도약하겠다는 중장기 목표를 추구할 계획이다.

내수 시장 · 중산층 확대

미국의 중국 때리기는 2020년 5월 14일 트럼프(Donald Trump) 전 미국 대통령이 "중국과 모든 관계를 끊을 수 있다"고 언급한 것처럼 전면적이다. 미국과의 디커플링(탈동조화)이 이미 시작됐다는 판단이 나오는 가운데, 이에 대한 중국의 대책은 뭘까? 최근 "서부로 가자(Go West)"라는 구호가 중국에서 다시 등장하고 있다. 중국은 미국의 디커플링 전략에 내수 진작으로 맞서고자 한다. 미국과의 관계가 끊어질 경우 서부 대개발을 통한 내수 진작으로 경제 불황 압력과 목전의 어려움을 극복하겠다는 것이다. SCMP는 중국이 미국의 도움이 없는 '투 트랙' 전략을 계획하고 있다고 보도했다. 그 하나는 첨단기술 개발을 미국 아닌 유럽이나 아시아 국가와 함께 진행하는 것이고, 다른 하나는 내수 진작이며 핵심이 '서부 대개발'이다. 중국과 관계를 끊을 수 있다는 트럼프 전 대통령의 말이 나온 지 3일 만에 중국 국무원은 '신시대 서부 대개발 추진' 계획을 발표했다. 지난 1999년에 이어 20여 년 만에 서부 대개발이 중국 역사에 또다시 모습을 드러낸 것이다.

서부 대개발은 중국 경제 역사에서 자주 등장한다. 마오쩌둥(毛澤東)이 삼선건설(三線建設)을 추진하던 1950년대 서쪽으로 나가자는 바람이 처음 일었으나, 계획은 크게 성공하지 못했다. 그 후 정부 주도의 대대적인 행동이 취해진 것은 1999년에 장쩌민에 의해 '서부 대개발 전략'이 확립되면서부터다. 중국 동부지역의 발전이 궤도에 오르자 여세를 몰이 서부 개발에 나선 것이다. 당시 4대 사업이 추진됐고,

서부의 전력과 가스를 동쪽으로 보내는 '서전동송(西電東送)'과 '서기동수(西氣東輸)', 칭하이(青海)성과 티베트를 잇는 '칭장(青藏)철도'는 기본적으로 완성됐다. SCMP는 시진핑 '신시대 서부 대개발'의 구체적인 프로젝트로 쓰촨(四川)성과 티베트를 연결하는 철도와 창장(長江) 일대를 따라 달리는 고속철도, 여러 공항과 댐 건설, 각종 관개사업 등이 서부 내륙을 중심으로 대대적으로 펼쳐질 예정이라고 언급했다.

중화권 인터넷 매체 둬웨이(多維)는 이번 서부 대개발 프로젝트에 포함되는 지역이 12개 성 · 시 · 자치구와 3개 자치주에 이른다고 보도했다. 쓰촨, 산시(陝西), 깐쑤(甘肅), 칭하이, 윈난(云南), 구이저우(貴州), 충칭(重慶), 광시(廣西), 신장(新疆), 티베트 외에 지린(吉林)성의 옌볜(延邊) 조선족자치주도 포함됐다. 이들 지역의 면적은 무려 685만㎢로, 중국 국토의 71.4%를 차지한다. 그러나 인구는 중국 전체의 25%, GDP 규모는 중국 전체의 20%밖에 되지 않아 발전 공간이 무한하다. 특히 20여 년 만에 다시 시동을 거는 신시대 서부 대개발로 서부지역을 발전시킬 경우, 이들 지역은 시진핑이 야심적으로 추진하는 일대일로 대상 국가들과 직접 연결되기 때문에 대단한 시너지 효과를 창출할 것으로 중국 정부는 기대하고 있다. 중국 정부는 신시대 서부 대개발과 함께 현재 5~7억 명에 이르는 중산층을 더욱 확대하는 데 총력을 기울이고 있다. 거대한 내수 시장을 적극 진작하고 중산층을 든든한 버팀목으로 경제를 운용한다면, 미국의 거센 압박을 충분히 이겨낼 수 있다는 것이 중국 정부의 판단이다.

신형 인프라(SOC) 집중 투자

2020년 양회(兩會) 기간 중국 정부는 정부 업무 보고를 통해 '양신일중(兩新一重)' 건설에 집중할 계획이라고 발표했다. '양신(兩新)'은 신형 인프라와 신형 도시화를 의미하고, '일중(一重)'은 중대공정사업(도로, 철도, 항만, 교량 등 전통적인 인프라 건설사업)을 의미한다. 총 투자 예산 규모는 정확히 밝혀지지 않은 가운데 약 40조 위안 이상으로 추정되고 있고, 지방정부 특별채권 발행 확대와 민관 합작투자(Public Private Partnership, PPP) 등 민간 자본 유입 확대를 통해 자금을 조달할 계획이다. 제14차 5개년 규획에 대한 구체적인 내용이 완전히 공표되지는 않았지만, 중국의 다수 언론 보도에 따르면 양적 성장 기조에서 질적 성장으로 정책 목표를 전환하는 것은 확실해 보인다. 산업경제 경쟁력 확보에 내실을 기하고, '중국 제조 2025'에서 밝힌 바와 같이 핵심 소재·부품·장비의 자급률 제고 및 디지털 경제의 주도권 선점을 위한 대규모 인프라 투자 추진이 주요 내용이 될 것이다. 신형 인프라의 범위는 지속해서 확대 조정될 전망이며, 2020년 3월 중국 정부가 7대 신형 인프라를 처음 발표한 이후 국가발전개혁위원회에서 신형 인프라의 범위를 세부적으로 제시함에 따라 범위가 지속 확대되고 있다.

중국 정부는 신형 인프라 투자를 통해 3가지의 기대를 달성하고자 한다.

첫째, 신형 인프라 투자는 경기 침체 압력에 대응하는 묘안이 될 수 있다는 것이다. 2008년 글로벌 금융 위기 당시 중국 정부가 과감하게 추진한 재정적 경기 부양 정책은 중국으로의 금융 위기 확산을 막고, 경기 침체에서 빠져나오는 데 결정적인 역할을 했다. 또한 당시 재정 투자 가운데 상당 부분이 철도, 도로, 항만 등 전통적인 인프라 건설사업(구형 인프라)에 투입되면서 중국의 전체적인 기반시설 강화에 큰 도움이 됐다, 코로나19로 심각한 경기 후퇴가 현실화되는 상황에서 대규모 신형 인프라 투자는 거시경제 진작과 미래산업의 기반 확충 차원에서 매우 중요한 의미를 갖는다.

[표 8] 중국의 신형 인프라 범위

7대 인프라 (2020.3)	국가발전개혁위원회 지정 인프라 범위(2020.4)		
5G 네트워크	정보 인프라	통신 네트워크 인프라	5G, 사물인터넷, 공업인터넷, 위성인터넷
공업인터넷			
인공지능(AI)		신흥기술 인프라	인공지능(AI), 클라우드 컴퓨팅, 블록체인
데이터센터		컴퓨터 파워 인프라	데이터센터, 스마트 컴퓨팅 센터
도시철도	융합 인프라	스마트교통 인프라	자율주행, 도심궤도(철도) 교통
특고압 설비, 전기차 충전소		스마트에너지 인프라	특고압, 스마트 그리드
–	혁신 인프라	혁신 인프라(R&D)	중대 과학기술 인프라, 과학 교육 인프라, 산업기술 혁신 인프라

자료 출처: 기계신문

둘째, 신형 인프라 투자의 파급효과에 거는 기대가 크다. 중국의 신형 인프라는 혁신단계에서 지속적인 투자 육성 단계로 이행하는 과정으로 신형 인프라 투자 수요가 상당히 큰 상황이다. 신형 인프라는 현대화된 산업 체계의 핵심 요소로서 다운스트림 산업을 포함해 교통 · 에너지 · 의료 · 교육 등의 디지털화, 스마트화를 통해 더 많은 산업의 추가 투자를 유발할 수 있다. 또한 공공재의 성격을 갖고 있어 정부의 집중적인 투자가 필요한 분야다.

셋째, 신형 인프라는 '신경제' 발전을 촉진할 것으로 기대하고 있다. 신형 인프라 투자는 기존 기반시설의 수준을 끌어올리는 동시에 신산업, 신업종, 신모델의 혁신과 발전을 자극할 수 있다. 다시 말해 '무(無)에서 유(有)를 창조하는' 신경제 영역의 발전에 양호한 기반을 제공한다는 것이다. 중국 정부는 적정 속도와 규모로 신형 인프라 투자를 추진하여 중국 경제의 성장 동력을 자연스럽게 전환시킴과 더불어, 특정 영역에서 세계 신경제 발전의 선도적 역할을 기대하고 있다.

비즈니스 환경 개선

경제체제 현대화

2017년 개최된 중국 공산당 제19차 당대회에서 시진핑은 '현대화된 경제체제 건설'을 명확하게 제시했다. 현대화된 경제체제는 ① 고도의 시장화 ② 고도의 법제화 ③ 고도의 국제화 ④ 기업가가 주도 ⑤ 재산권이 명확하다는 특징을 갖고 있다. 작금의 '뉴 노멀' 시기 중국의 경제 개혁 전략의 핵심은 국내 소비 진작, 금융 및 서비스산업 육성, 고부가가치 산업 발전과 신성장 동력 등을 중심으로 경제성장 방식의 질적 전환을 성공적으로 달성하는 것이다. 중국 정부의 경제 발전 전략은 첫째, 고속 성장에서 중속 성장, 그리고 보다 장기적으로 저성장 시대로의 연착륙을 유도하고 둘째, 민간경제, 서비스산업, 고부가가치 산업을 동시에 집중 육성하며, '일대일로' 전략과 경제 발전을 응축해나가는 것이다.

세계 경제성장이 둔화하고 보호주의와 일방주의 등 불확실 요소들의 영향으로 중국 경제 역시 침체 압력을 받고 있는 상황에서, 중국 경제가 6% 이상의 중고속 성장을 지속한다는 것은 매우 어려워 보인다. 최근 리커창(李克强) 총리는 "중국은 '세계의 공장'이자 '세계의 시장'으로 여전히 많은 투자가 필요하고, 중국은 대외 개방을 확대하고 시장화, 법제화, 편리화 등을 통해 비즈니스 환경을 보완하는 데 주력할 것이며, 자본 · 금융 시장의 건강한 발전을 대대적으로 추진하고 투자자를 철저히 보호하는 한편, 시장화 · 법제화 개혁의 방향으로 일관되게 나아갈 것"이라고 강조했다.

자본 자유화를 통한 위안화의 통용 확대 등의 편익을 잘 알고 있음에도 불구하고, 지금까지 중국 정부가 자본 자유화를 서두르지 않은 것은 자본 자유화로 인한 금융 불안과 금융 위기 촉발 가능성을 우려하기 때문이다. 즉, 투기성 단기자금의 유출입이 늘어나 경기반동이 단기화되고 경제 위기가 발생하는 등의 부작용을 염려하고 있는 것이다. 자본시장의 개방도가 커져 외국 자본의 자유로운 유출입을 감당해낼 수 있을지에 대한 자신감이 결여돼 있다는 뜻이다. 현재 중국 자본시장 시스템은 중국 공산당이 모든 것을 좌지우지할 수 있는 통제 시스템이 작동되고 있어 자신감 있게 경제 발전을 지속적으로 추진할 수 있다. 그러나 규제가 없는 금융의 자유화가 자칫 경직된 중국 실물경제에 미칠 심각한 악영향을 우려하고 있다.

최근 중국 정부는 시장화 · 법제화된 자본시장을 건설하겠다는 명확한 의견을 제시했다. 향후 중국 자본시장의 개혁은 ① 지배 구조 강화, 엄격한 부실기업 퇴출 등을 통한 상장사 수준 제고 ② 정보 공개 제도 강화 ③ 행정 간섭 축소 ④ 국제 관례에 따른 각종 자산 관리 상품의 시장 진입 허용 ⑤ 감독 부문과 시장 간 소통 강화 등 5대 방향으로 이루어질 전망이다.

중국 정부가 경제 개혁을 강력하게 추진하고 있지만, 이것이 경제 자유화를 약화시킬 것이라는 우려가 동시에 제기되고 있다. 그 이유는 경제 개혁은 경제 자유화와 근본적으로 차이가 있기 때문이다. 2015년 말부터 시진핑이 추진해온 경제 개혁은 금융 시스템 위험 저하와 디레버리징(부채 축소), 산업구조 조정, 주택 재고 감소 등을 목표로 하는 공급 측면의 개혁으로, 엄격하게 말해 이는 '시장화'가 아니라 '공급 측면의 구조 개혁'이다. 이러한 개혁은 시장화의 확대와는 거리가 먼 것으로, 불투명한 법과 규제 부문은 여전히 해외 투자자들이 대중국 투자를 꺼리는 가장 큰 이유가 되고 있다.

중국에는 아직 '규제를 강화하면 죽고, 규제 고삐를 풀면 혼란에 빠지는(一管就死, 一放就亂)' 계획경제 시대의 딜레마가 상존하고 있다. 중국 정부는 거시경제 조정을 할 때 더욱 시장화된 수단과 비행정적인 수단을 동원하고, 프로젝트 심사에 구체적이고 정치적으로 관여하는 정도를 대폭 낮춰나가야 할 것이다. 금융 정책과 재정 정책을 통한 간접적인 거시조정이 장기적으로 부패를 줄이고 시장의 활력을 높이는 경제 시스템의 구축으로 연결되도록 해야 한다. 이 과정에서 단기적인 정책 효과가 줄어들 것이기 때문에 일견 비효율적으로 여겨질 수 있지만, 이것은 시장화를 위한 진통이다.

제3차 개혁개방 · 혁신

2018년은 중국의 개혁개방 40주년이 되는 해였다. 2018년 12월 18일 베이징 인민대회당에서 개혁개방 40주년을 기념하는 대회가 열렸다. 이 자리에서 시진핑은 이론 혁신, 경제 건설, 정치 건설, 문화 건설, 사회 건설, 생태문명 건설, 국방 및 군대 건설, 조국 통일과 외교 업무 건설, 당 건설 등에서 거둔 개혁개방의 위대한 성과를 종합했다. 시진핑은 "지난 40년간 이룬 성과는 하늘에서 떨어진 것이 아니고, 다른 누군가가 베풀어준 것도 아니다. 당과 전국 각 민족 인민의 성실함과 지혜, 용기로 이룩한 것이다. 우리는 선진국이 수백 년에 걸쳐 이루었던 산업화를 수십 년 만에 이루었다. 중국 인민의 손에서 불가능이 가능이 됐다. 우리는 인간 기적을 창조한 중국 인민에 대해 비견할 수 없는 자부심과 자긍심을 느낀다"고 말했다. 더불어 "중국이 전진하지 않으면 안 되는 단계에 도달했으며, 중국 같은 큰 나라가 원대한 포부와 장한 뜻을 가지고 있어야 한다. 중국은 중국 특색의 사회주의 발전 노선과 중국 공산당의 영도를 견지하고, 인민 복지를 최우선 순위에 두고 개혁과 혁신을 심화해나가야 한다"고 강조했다.

1978년 개혁개방 이후 지난 40년간 중국은 가히 기적이라 할 수 있는 엄청난 경제적 성과를 이루었다. 개혁개방은 '중화민족의 위대한 부흥 실현'이라는 신중국 국가목표의 위대한 출발점일 뿐만 아니라 세계적으로도 중요한 의의를 갖는다. 그동안 중국 지도자들은 중국이 경제 개혁에 있어 개혁의 내용과 방향을 끝까지 견지하고, 중국 특색 사회주의 제도의 완비 및 발전, 국가 운영 체계 및 운영 능력의 현대화 추진이라는 총 목표를 일관되게 추구해왔다. 중국은 이미 세계 제2대 경제체가 됐고 자신의 경제정책을 다른 나라에 강요하지 않는다는 원칙하에 '인류 운명 공동체' 건설에 매진하고 있다.

중국이 개혁개방에 성공할 수 있었던 가장 중요한 원인은 '장기적 약속'이었다. 전체 개혁개방 과정에서 중국은 시종일관 장기적 약속을 실천하고자 노력했고, 자신의 목표를 흔들림 없이 견지해왔다.

2017년 1월 7일 중국 국가발전개혁위원회 국제협력센터는 「중국 대외 개방 40년 개요」를 발표했다. 내용은 대외 개방의 3개 단계, 대외 개방의 6대 핵심 분야, 대외 개방 40년의 5대 경험 및 4대 시사점으로 이루어져 있다. 현재 중국은 1970년대 말 덩샤오핑이 강력하게 드라이브를 걸었던 '제1차 개혁개방', 중국의 WTO 가입에 따른 '제2차 개혁개방'에 이어 '제3차 개혁개방'을 진행하고 있다. 중국의 제3차 개혁개방은 과거 중국이 WTO에 가입할 때만큼 파격적이고 상징적인 의미를 갖고 있으며, 중국은 3차 개혁개방을 통해 강력한 개혁개방의 의지를 대외적으로 과시하고 있다. 지금까지 중국이 추진해온 3개 단계 개혁개방의 대표적인 특징은 ① 1단계(1978~2000년)－우선 연해를 개방한 후에 하천과 국경 연안 및 내륙으로 개방 확대 ② 2단계(2001~2012년)－WTO에 가입, 세계 시스템에 적극적 · 능동적으로 융합 ③ 3단계(2013~현재)－일대일로 구축 선도, 전면적 개방 신규 구도 구축이다.

2019년 1월 8일 중국 국무원은「제2차 혁신관련 개혁을 지원하는 조치의 보급에 관한 통지」를 발표했다. 구체적인 내용을 살펴보면, 지식재산권 분쟁에서 민사 · 형사 · 행정 사건의 일원화된 판단, 전문 기술 사건에 대한 병합 심리, 특허보험제도 마련을 통한 손실 보전, 기술조사관 제도 도입 등을 통한 지식재산권의 보호 강화, 직무 발명에 대한 인센티브 부여, 기술 경영인이 기술 거래 전반에 참여해 성과 전환 지원, 과학기술과 금융 서비스의 융합 추진, 기술개방이 성과로 전환돼 사회에 환원되게 하는 일련의 시스템 연구 등을 통한 과학기술 성과 전환 지원 확대, 과학기술형 기업에 대한 전 주기 금융 서비스 제공, 창업 기업을 위한 국가 펀드 조성, 중소기업에 대한 상표 담보 대출 모델 마련 등을 통한 과학기술 금융 지원 확대, 지방정부의 인재 육성 및 직능 평가 제도 추진, 과학기술 연구를 위한 설비의 개방 · 공유 체계 구축, 지방정부의 혁신 관련 정책 결정 장려 등을 통한 관리 체계 및 인재 육성 강화 등이다.

중국의 제3차 개혁개방과 혁신은 현재진행형이고, 중국 경제가 세계경제에 얼마나 막대한 파급효과를 미칠지 전 세계가 중국을 주시하고 있다. 중국은 최근 세계 지역경제의 성장 엔진인 광둥성(廣東省)의 도시들과 홍콩, 마카오를 통합하는 웨강아오 대만구(粤港澳大灣區, Big Bay Area) 가동을 시작했다. 세계 최장대교인 총연장 55km의 홍콩

(香港)-주하이(珠海)-마카오(澳門)를 연결하는 강주아오대교(港珠澳大橋)가 개통됐다. 만리장성이 중국 왕조들이 유목민을 막기 위해 건설한 방어용 방패라면, 강주아오대교는 중국이라는 용(龍)이 홍콩과 마카오라는 두 개의 여의주를 쥐고 비상하는 공세적인 창이다. 중국은 최근 들어 일대일로 추진, 외국인투자법 개정, 국제수입박람회 개최, 국가급 신규 개발사업 추진, 자유무역구 확대, 창업 지원 등을 통해 창조와 혁신을 전제한 제3차 대외 개방과 대내 개혁에 박차를 가하고 있다.

미·중 간 격차 축소

중국의 미국 따라잡기

코로나19와의 전쟁에서 승리했다고 자평하는 중국은 2020년 최소 6조 위안에 달하는 대규모 경기 부양책을 추진했다. 이를 기반으로 첨단기술 분야 세계 1위 자리를 차지하고 있는 미국과의 기술 격차 줄이기를 시작했다.

코로나19 사태 이후 중국이 본격적으로 야심을 드러내고 있는 분야는 첨단 신기술이다. 리커창 총리가 2020년 5월 22일 발표한 양회 정부 업무 보고 내용에 따르면, 중국은 효율적인 투자 확대 부문에서 신형 인프라 건설, 차세대 정보 네트워크 개발, 첨단 신형 도시 건설 등에 업무 우선순위를 두겠다고 강조했다. 신형 인프라 투자의 중점 항목은 5G를 비롯해 산업 인터넷, 빅데이터, AI(인공지능) 등이다. 이를 두고 블룸버그는 중국이 미국으로부터 세계 첨단기술 분야 1위 자리를 쟁취하기 위해 2025년까지 약 10조 위안을 투자할 것이라고 추정했다.

중국이 첨단기술 분야의 주도국으로 도약함에 있어 중국의 거대 IT 기업들은 든든한 지원군이다. 중국 최대 전자상거래 업체인 알리바바는 2020년 4월, 향후 3년 동안 데이터센터 등 클라우드 관련 인프라 확충에 약 2,000억 위안을 투입한다고 발표했다. 2020년 5월 26일 중국의 또 다른 IT 공룡기업인 텐센트는 향후 5년간 디지털 인프라 구축에 약 5,000억 위안을 투자하겠다고 약속했다.

미 · 중 간 무역전쟁과 코로나19가 세계 무역질서를 바꿔놓고 있다. 미국은 첨단기술과 산업에 대한 패권을 유지하기 위해 중국 때리기를 이어가고 있다. 미국은 이제 중국의 부상을 용인하기 어려워졌으며, 당파를 불문하고 중국을 굴복시켜야 한다는 합의 구조를 형성했다. 향후 누가 대통령이 되든 첨단기술 패권 유지를 위한 미국의 중국 때리기는 지속될 것이다. 트럼프 전 미국 대통령의 화웨이 반도체 규제 강화도 이런 차원이었다. 미국 행정부는 2020년 5월 15일 미국의 기술을 활용하는 해외 기업도 화웨이에 반도체를 공급하려면 미국의 허가를 받도록 수출 관리 규정을 개정했다. 이번 규제 확대는 화웨이와 대만 TSMC(세계 최대 반도체 위탁생산 기업) 사이의 연결고리를 제거하는 데 목적이 있다. 또한 미국이 자국에 TSMC의 최첨단 시스템 반도체 공장 건설을 유치한 만큼, TSMC를 중국에서 분리하고 미국의 공급망에만 편입시키려는 의도를 명확히 한 것이다. 첨단 반도체 제조 능력이 없어 큰 타격을 입은 중국은 이번 경험을 통해 첨단 반도체 국산화에 박차를 가하고 있다. 더불어 중국은 반도체뿐 아니라 AI, 빅데이터, 클라우드 등 4차 산업혁명 핵심 부품 전반에 대해 국산화를 추진함으로써, 첨단기술 분야에서 미국과의 격차를 줄이기 위한 맹렬한 돌격전을 펼치고 있다.

미국 리더십의 한계

중국과 미국 사이에 미묘한 변화가 나타나기 시작했다. 코로나19로 미국이 큰 충격을 받고 있는 상황에서 중국의 변화는 무시할 수 없는 현실이 됐다. 미국의 쇠퇴는 코로나19 때문이기보다는 그동안 계속 진행돼왔고, 코로나19로 인해 추세를 되돌리기가 어렵게 된 것으로 보는 게 정확할 것 같다. 미국의 쇠퇴가 중국의 급격한 부상을 의미하는 것은 아니지만, 코로나19로 인해 글로벌 밸류 체인(GVC)이 약화되고, 차이나 밸류 체인(CVC)이 강화되고 있는 것으로 관측된다.

세계 권력 지도의 지형 변화 측면에서는 상이한 견해가 관찰된다. 세계 도처에서 진행 중인 코로나19는 그 결과의 파급력에 따라 향후 자유무역주의 세계질서를 근본적으로 변화시킬 수 있는 게임 체인저가 될 것이라는 전망이 나오고 있다. 코로나19 사태는 미국과 유럽으로 대표되는 서구 권력 질서의 퇴각을 촉진시킬 것이며, 이는 아시아로의 점진적인 권력 이동을 의미한다는 주장이다. 미국과 주요 유럽 국가들은 코로나19 사태에 대응하는 과정에서 국가 리더십과 정책 판단 능력 부족, 국가 시스템의 취약성, 위기에 대처하는 사회적 역량과 국민적 공감대의 부재 등을 여과 없이 드러냈다. 바이든(Joe Biden) 대통령은 '바이 아메리칸(Buy American, 미국 제품 우선 구매) 행정명령'에 서명하고, 동맹국들의 반발에도 EU(유럽연합)산 철강 및 알루미늄에 고율의 관세를 유지하는 등 미국 경제 재건을 위한 정책을 추진하고 있다. 하지만 EU는 바이든 행정부가 표방하는 대서양 동맹 복원에는 동의하지만, 미국과 EU가 중국을 위협으로 상정하고 공동 대응하자는 주장에는 이견을 보이고 있다.

미 · 중 무역전쟁에서 미국이 쉽게 승리하고 조기 종전할 것이라는 예상과는 달리, 미국은 중국과 2차 무역협상을 여전히 개최하지 못하고 있다. 미 · 중 무역전쟁이 미 · 중 충돌의 서막이 될지, 아니면 미 · 중 갈등의 관리와 봉합으로 판가름 날지는 두고 봐야 한다. 하지만 세계 권력 지도라는 관점에서 볼 때, 몇 가지 흥미로운 상황이 관찰된다.

첫째, 중국 경제가 해외 시장 의존도가 높아 취약성이 크다는 문제만큼, 국제정치 무대에서 미국의 권력과 리더십의 한계가 노정됐다는 것이다. 미국은 미 · 중 무역전쟁 과정에서 당초 목표했던 결과를 얻는 데 실패했고, 뿐만 아니라 미국 글로벌 파워의 핵심 자산인 동맹국 다수의 지지를 이끌어내지도 못했다.

둘째, 미국 내부의 이견과 갈등이다. 미 · 중 무역전쟁이 예상보다 길어짐에 따라 백악관, 상무부, 재무부, 국방부 등에서 대중국 압박 수위와 방법을 놓고 정부 내 이견이 표출됐다.

셋째, 핵심 동맹국 다수가 미국의 화웨이 제재 동참 요구를 거절했거나 미온적인 반응을 보임으로써, 미국에게 뼈아픈 마음의 상처를 안겨줬다. 미국의 핵심 동맹국들이 미국의 제재동참 요청에도 불구하고, 화웨이를 부분적으로 혹은 전면적으로 계속 수용하기로 한 결정은 세계 권력 지도가 중대한 지각변동의 시기에 본격적으로 접어들었다는 방증일 수 있다.

미래의 중국 경제

'쌍순환' 발전

'쌍순환(雙循環, 이중순환)'은 '국내 대순환'을 중심으로 '국내 · 국제 순환'을 상호 촉진한다는 새로운 발전 전략으로, 미 · 중 갈등의 심화와 장기화에 대응하기 위해 중국이 거대한 내수 시장을 활용하여 자체적으로 선순환할 수 있는 경제체제를 구축하는 것을 목표로 하고 있다. 국내 대순환은 거대한 국내시장을 기반으로 생산-분배-유통-소비를 연결하는 효율적 공급 체계 구축 및 산업과 실물경제의 균형 발전, 산업 간 협력 등을 추진함으로써 내부 경제의 선순환적 구조를 형성하는 것을 의미한다. 중국 정부는 핵심.원천기술 자주화, 산업구조 고도화를 통한 공급망 강화, 소비 및 투자 촉진을 통한 내수 활성화 등을 통해 중국 경제의 내부 역량을 강화해나갈 방침이다.

국내 · 국제 순환의 상호 촉진은 중국이 핵심 부품 및 중간재 수입, 원자재 및 식량의 안정적 공급, 수출 고도화, 대내외 무역 규범 및 표준 일체화 등을 통해 글로벌 경제와의 연계를 유지 · 강화하겠다는 것을 의미한다. 쌍순환 전략은 중국이 경제의 질적 전환을 위해 추진하던 기존의 정책들을 미 · 중 갈등에 대응하는 새로운 전략 프레임으로 재구성하여 새로운 역할과 의미를 부여한 것으로 볼 수 있다.

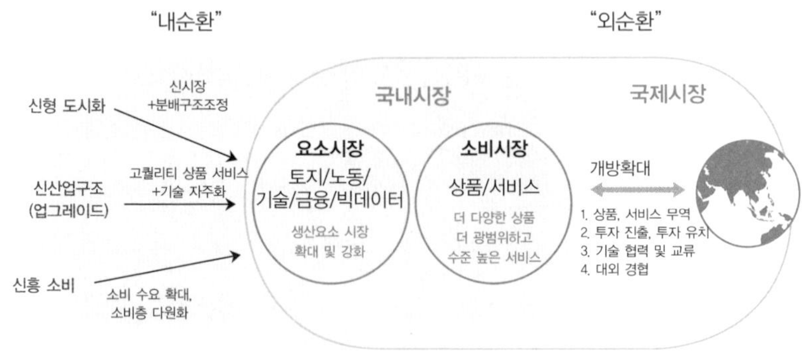

자료 출처: 中信證券, KOTRA

[그림 6] 내순환 위주의 쌍순환 발전 전략(구도)

'14.5 규획(2021~2025년)'에서 중국 정부의 소비 촉진 정책은 가계 가처분소득 제고와 중산층 형성에 초점이 맞춰질 예정이며, 이를 위해 산업 고도화를 통한 양질의 고용 창출, 소득 분배 제도 개선, 사회보장 체계 개선 등을 추진할 계획이다. 분배와 소비의 병목현상 완화를 위해 주민소득을 제고하고, 산업 정책 방향과 부합하는 소비 진작책을 지속적으로 추진함으로써 향후 5년간 중산층 수입 확대를 위해 노력할 것으로 예상된다. 그리고 내수 확대 전략을 공급 측 구조개혁 심화(산업 고도화)와 유기적으로 결합하여 혁신 주도와 높은 수준의 공급을 통한 새로운 수요 창출을 촉진하고, 코로나19로 인해 확대되고 있는 온・오프라인 융합 소비 및 비대면 거래 등 새로운 형태의 소비를 촉진함과 동시에 서비스 소비 발전과 농촌의 소비시장 및 연휴 소비의 확대 등을 추진할 것으로 전망된다.

[표 9] 중국의 신흥 소비시장 형성을 위한 정책

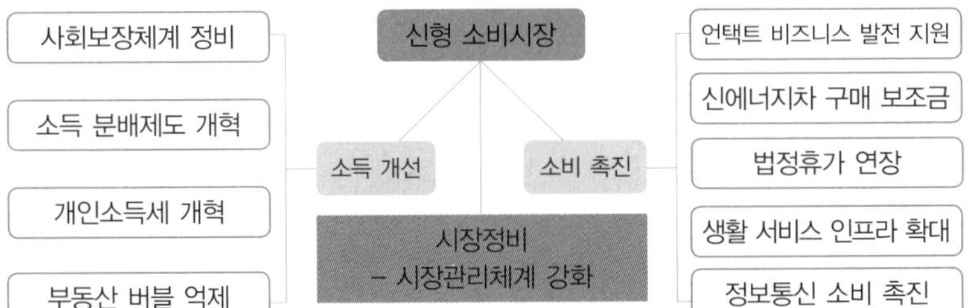

자료 출처: KOTRA

지속적 외연 확대

중국 정부가 주장하는 '핵심이익'의 기준이 변하고 있다. 변화의 특징을 살펴보면 첫째, 영원불변의 핵심이익은 '국가주권'이고, 구체적 이슈는 '대만 문제'이다. 둘째, 2009년부터 '중국 헌법이 확립한 국가 정치제도 및 사회의 전반적 안정'과 관련된 이슈들을 거론하기 시작하고, 2011년을 기점으로 관련한 이슈가 증가했다. 셋째, 2013년부터 '경제사회의 지속적 발전을 위한 기본 보장'과 관련된 이슈들이 본격적으로 제기되고 있다. 넷째, 시진핑 집권 시기에 들어서면서 중국은 자국의 핵심이익에 관한 규정을 적극적으로 주장하고 있으며, 그 내용과 적용 범위를 지속적으로 수정, 확대하고 있다. 특히, 기존의 외교안보 분야에 치중돼 있던 국가 핵심이익의 범위를 정치 · 경제 · 사회 · 문화 등 전반 분야로 확대하고 있다.

중국은 신(新)실크로드 경제권 건설 구상인 '일대일로' 및 '인류 운명 공동체' 등을 통해 세계 진출을 가속화하고 있다. 특히 동북아 지역에서의 영향력을 지속 확대해나가고 있다. 중국은 2019년 6월 러시아와의 관계를 '신시대 전략적 협력 동반자 관계'로 승격하고, 2024년까지 양국간 교역액을 현재의 2배로 확대하기로 했다. 러시아는 중국기업이 러시아 투자 진출 시 사업에 특혜를 부여하고, 양국은 5G 건설 독점 등 23개의 양해각서(MOU)를 체결했다. 2018년부터 중국과 일본 양국은 관계 개선을 위해 정상들의 상호 방문을 추진해오고 있다. 2018년 5월 리커창 총리의 일본 방문을 시작으로, 그해 10월에는 일본 아베 전 총리가 중국을 방문했다. 양국은 제3국 시장 공동 진출을 위한 양해각서를 체결하고, 최근 경제협력 및 상호 교류를 확대해 나가고 있다.

최근 일대일로는 스마트 그리드(지능형 전력망) 분야까지 확장하는 모양새로, 중국 국유기업이 사우디아라비아에서 스마트 전기 계량기 교체 사업권을 수주했다. 중국은 그간 일대일로 프로젝트를 통해 이집트와 카타르, 사우디아라비아 등 중동 국가들에 투자를 확대해왔다. 블룸버그의 보도에 따르면, 중국은 일대일로 사업의 일환으로 국

자료 출처: SERI China

[그림 7] 중국의 외연확대 상황

부펀드를 참여시켜 사우디 국영 석유기업 아람코(Aramco)의 주식 매입을 협의 중인 것으로 알려졌다. 또한 국영 중국석유화공그룹(Sinopec)과 국부펀드 중국투자공사(CIC)도 최근 수개월간 아람코와 투자를 논의했다. 중국 주도로 세계 교통 · 무역망을 연결하는 경제 구상인 일대일로는 시진핑 시대를 대표하는 공격적 대외 전략이다. 지금까지 일대일로 프로젝트와 관련해 125개 국가와 29개 국제기구들이 중국과 일대일로 협력 문서를 체결했고, EU 동맹국들의 반대에도 불구하고 이탈리아가 서유럽 국가로는 처음이자 주요 7개국(G7) 최초로 일대일로에 참여했다. 유럽 국가들은 중국이 일대일로를 통해 지정학적 · 군사적 확장을 꾀하려 한다고 간주해왔다. 따라서 이탈리아가 중국의 확장 정책에 '트로이 목마' 역할을 할 수 있다며 유럽 국가들이 이탈리아의 일대일로 참여를 계속해서 반대해왔음에도 불구하고, 룩셈부르크 또한 일대일로 양해각서에 서명했다.

시진핑은 2019년 브릭스(BRICs, 브라질 · 러시아 · 인도 · 중국 · 남아공)

비즈니스 포럼 개막식 기조연설에서 "브릭스 국가 간 협력의 파급과 수혜 범위를 확대해 개방적이고 다원적인 발전 동반자 네트워킹을 구축하겠다. 이를 통해 더 많은 신흥국가와 개발도상국이 함께 협력에 참여할 수 있도록 할 것이다"라며, 브릭스의 외연 확대와 '다변주의'를 강조했다. 다변주의란 3개 이상의 국가 간 협력을 통해 국제 현안에 대처한다는 의미다. 중국은 미국 중심의 일방적 패권주의에 대항하기 위한 과도기적 국제질서를 도모하는 방편으로 다변주의를 내세우고 있다. 시진핑이 2019년 브릭스 비즈니스 포럼에서 몸집을 늘리자는 이른바 '브릭스+(플러스)' 구상을 밝힌 것도 신흥개발국과 개발도상국 등을 추가로 포함시킴으로써 다변화를 모색하겠다는 뜻으로 보인다. 중국은 실제로 2019년 브릭스 포럼에 5개 회원국 외에 이집트, 멕시코, 태국, 타지키스탄, 기니 등 신흥 5개국을 옵서버로 초청했다. 또한 중국이 동 포럼에서 '통합 대시장'이라는 구체적인 목표를 제시한 것도 경제 다변주의를 실행하기 위해서라는 분석이 나오고 있다.

2019년 12월 23~25일 중국 청두(成都)에서 개최된 한중일 정상회담을 계기로 중국이 적극적으로 한 · 일 중재에 나서며, 역내 영향력 확대를 도모하고 있다. 2019년 한중일 정상회담은 미국의 가장 중요한 역내 동맹국인 한국과 일본이 역사와 무역 문제로 출구 없는 갈등을 겪고 있는 가운데 열린 것으로, 중국은 2019년 한중일 정상회담에서 일본과 한국의 교착상태를 깨고 한중일 3국 자유무역협정(FTA)의 길을 촉진할 필요성을 피력했다. 중국은 한 · 일 분쟁에서 중재자 역할을 자임하며, 두 나라 간의 갈등 해결을 위한 플랫폼을 제공할 수 있고, 한중일 3국 정상회담이 바로 그런 것임을 강조했다. 시진핑은 "지난 몇 년간 동북아 지역에서 미국의 간섭으로 갈등이 커지고 있다. 한중일 3국 간 정치적 신뢰를 강화하는 것은 각국의 핵심이익을 증가시키는 데 도움이 될 것"이라 언급하고, RCEP(역내포괄적경제동반자협정)과 한중일 자유무역협정(FTA)의 중요성을 거듭 강조했다.

지금 중국은 미국의 전 방위적인 압박정책에 대응해 일대일로, 세계 주요 지역과의 FTA 체결 등 중국이 주도하는 경제 외연을 확대하는 방식으로 돌파구를 마련해나가고 있다.

중속 성장 진입

제13차 5개년 규획 기간인 2016년부터 2018년까지 중국은 비교적 안정적 경제성장을 기록했고, 2019년에는 6.1%의 경제성장률을 달성했다. 중국 정부는 2020년 양회 정부 업무 보고에서 경제성장률 목표치를 공개하지는 않았지만, 코로나19의 엄중한 상황을 고려해 암묵적인 성장률 목표치를 4~5%로 설정한 것으로 해석됐다. 그럼에도 불구하고, 코로나19의 직격탄을 맞은 중국은 2020년 1/4분기 −6.8%, 2/4분기 3.2%라는 최악의 성적표를 받았다. 2020년 초 글로벌 투자은행, 국제기구, 싱크탱크 등은 2020년 중국의 경제성장률 전망치를 5.5~6.0% 수준으로 전망했고, 이 또한 미·중 무역전쟁의 장기화 분위기를 감안한 것이었다. 하지만 실제 코로나19 팬데믹으로 대내외 불확실성이 높아져 2020년 중국은 예상보다 극히 저조한 2.3%의 경제성장률을 기록했다.

중국 정부는 코로나19 팬데믹 사태에 대응하여 2020~2021년 확장적인 통화 운영을 통해 경기 하강을 방지하고, 적극적인 재정 정책으로 내수 경기를 살리면서 대외 리스크를 최소화하는 데 주력할 것으로 보인다. 또한 고용 안정과 소득 증대, 경제 발전의 질적 향상을 동시에 추구할 전망이다. 2020년 중국의 경제성장률이 '바오류(保六, 6% 이상 경제성장률 유지)'를 수성하기가 불가능할 것이란 전망이 봇물

터지듯 나왔지만, 중국 정부는 1~3%의 성장률만으로도 중국 경제의 안정을 유지하고 인민 삶의 질을 개선시키는 목표를 충족시키는 데 무리가 없다는 입장을 견지했다.

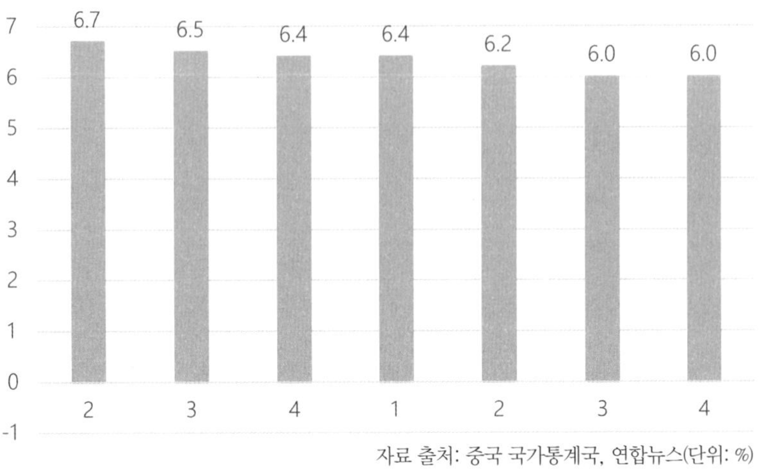

[그림 8] 중국 경제성장률 추이(2018~2019년)

중국은 2021년부터 2025년까지 추진되는 제14차 5개년 규획을 시작했다. 이와 관련한 회의에서 리커창 총리는 "제14차 5개년 규획 기간 외부 환경이 더욱 심각하고 복잡해져 불확실성과 도전이 커질 것이기 때문에, 중국은 현재 발전 모델을 바꾸고 성장 동력을 교체하는 시기에 있다"고 진단하고, "발전을 견지하는 것이 제1의 임무이고, 경제성장이 합리적인 구간에서 운행될 수 있도록 해야 하며, 높은 질적 발전을 추진하는 것이 중요하다"고 강조했다. 리커창 총리의 발언을 근거로, 시장에서는 중국 정부가 미 · 중 무역전쟁과 코로나19 팬데믹으로 인한 경기 둔화라는 양대 도전에 직면한 가운데, 과거와는 달리 제14차 5개년 규획 기간의 경제성장률 목표를 제시하지 않을 가능성이 큰 것으로 전망하고 있다. 2019년 말 기준 1만 달러를 돌파한 중국의 1인당 GDP는 제14차 5개년 규획의 마지막 해인 2025년경 14,000~15,000달러 수준에 도달할 것으로 예상된다.

2020년 이후 중국 경제는 바야흐로 고속 성장의 시대가 막을 내렸고, 이른바 중속의 경제성장이 대세가 될 것으로 관측된다. 일부에서는 '바오쓰정우(保四爭五, 경제성장률 4%대를 유지하고 5% 돌파를 노림)'라는 말이 나오고 있다. 중국의 경제 규모가 2019년 말을 기준으로 15조 달러에 이르는 만큼 6% 이상의 고속 성장을 목표로 내거는 것은 무리라고 할 수 있다. 중국처럼 거대한 경제체가 매년 6% 이상 경제성장을 지속한다는 것은 거의 불가능한 일이고, 자칫하면 경기 과열이라는 부작용을 일으켜 상상할 수 없는 위기를 맞을 수 있다.

중국인민은행은 중국 경제가 중속 성장 플랫폼에 이미 진입했지만 아직 안정되지 않았다고 평가하고, 2020~2025년 중국 경제 잠재성장률은 기본적으로 6% 미만인 5~6% 사이라고 예상했다. 삼성경제연구소(SERI)는 중국의 연간 GDP 성장률이 2021년부터 7~8년간 5%

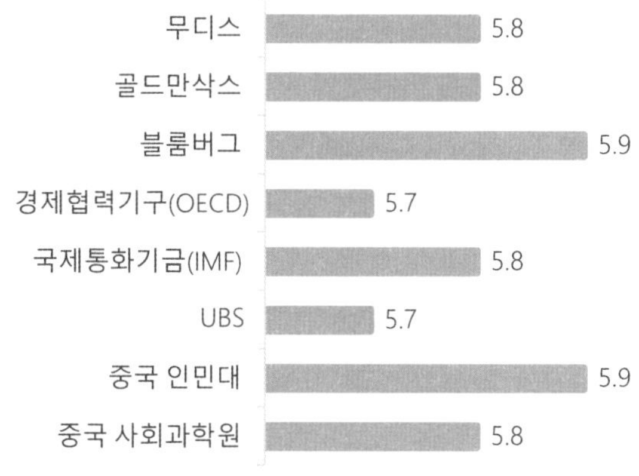

자료 출처: 아시아경제(단위: %)

[그림 9] 기관별 2020년 중국 경제성장률 전망(2020년 초)

대에 머물다가 2030년 이후에는 미국보다 1~2% 높은 3~4% 수준을 유지할 것으로 예측했다. 일본경제연구센터는 중국의 경제성장률이 2030년에는 2.8%에 그칠 것으로 내다봤다.

중국이 경제성장률을 높이려면 국유기업의 구조조정과 민영화 등 생산성 향상이 필요하지만, 공산당 일당 지배하에서 개혁이 순조롭게 진행되기가 쉽지 않아 보인다. 또한 개혁이 순조롭지 못할 경우, 2030년 이후 중국의 경제성장률은 '바오싼정쓰(保三爭四, 경제성장률 3%대를 유지하고 4% 돌파를 노림)'를 달성하기도 녹록지 않을 전망이다.

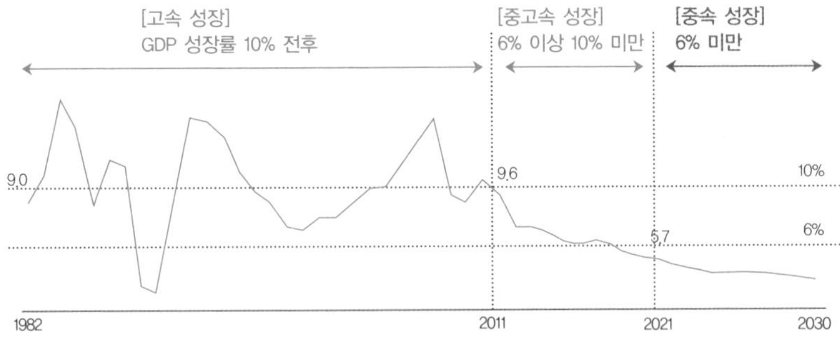

자료 출처: EuroStat, OECD, UN, IMF, WEO, SERI China

[그림 10] 중국의 GDP 추이 및 전망(1982~2030년)

도시화율 지속 상승

2014년 중국 중앙정부는 2020년까지의 새로운 도시화 계획을 발표했다. 이른바 '신형 도시화' 계획으로, 신형 도시화는 도시와 농촌의 일체 통합 발전이라고 할 수 있다. 농촌을 도시와 똑같은 방식으로 발전시키는 것이 아니라, 농촌과 낙후된 지역 등을 중심으로 산업 협력, 거주 환경, 사회보장, 생활 방식 등을 도시형으로 탈바꿈시키겠다는 것이다. 이런 과정을 통해 자연스레 농민공들의 1선 도시로의 유입 문제도 해결할 수 있다는 게 중국 정부의 생각이다. 이 계획에 따르면, 2030년까지 신도시 주민 2.5억 명이 필요하다. 신도시 거주민 대부분은 기존 도시 이주민을 공식적인 도시 거주민으로 전환시키고, 나머지는 토지 관리 및 호구 제도의 개혁을 통해 새로운 이주민을 받아들이는 방식으로 신도시 주민 2.5억 명을 충당할 방침이다. 신형 도시화는 공식적 도시민화, 그리고 사회복지 개혁을 통한 확실한 도시 중산층 구축을 목적으로 한다. 중국은 신형 도시화의 가속화를 통해 소비시장을 활성화시키고, 주민소득을 증가시켜나간다는 복안이다.

주요 도시군을 주축으로 하는 도시화 청사진이 이미 완성됐고, 오는 2030년까지 32개 도시군의 진영이 짜여졌다. 상주 소비 인구 10억 명이 거주하게 될 중국의 장기 도시화 건설 계획은 3단계에 걸쳐 추진될 것으로 전망된다.

1단계는 우선 이미 건설돼 있는 11개 도시군을 중심으로 추진될 전망이다. 여기에는 주장삼각주, 창장삼각주, 징진지, 산둥반도, 랴오닝반도, 창장 중류, 중위안(中原, 허난성), 청두·충칭, 관중(산시성[陝西省] 중부), 해협 서안, 해협 동안 등이 포함된다.

2단계는 현재 건설 중에 있는 14개 도시군이 그 대상이다. 우한(武漢), 창주탄(후난성 중동부), 장준(안휘성 허페이), 후바오어(네이멍구 중서부), 란저우(蘭州), 우루무치(維吾爾), 첸중(黔中), 인촨(银川), 라싸(拉薩), 타이위안(太原), 스자좡(石家庄), 뎬중(滇中), 환포양후(環陽湖), 난닝(南寧) 등이 포함된다.

3단계는 7개의 잠재적인 도시군이 그 대상이다. 위완(취양, 하오저우, 상추, 저우커우), 지루위(안양, 허비, 푸양, 랴오청, 허저, 한단), 어위(신양,

난양, 샹판, 쑤이저우, 주마뎬), 쉬저우, 저둥, 산터우, 충하이 등 소도시들이다.

이들 32개 도시군이 2030년 무렵 건설이 완료되면, 인구 1천만 명 이상을 보유한 중국의 도시는 베이징, 상하이를 포함해 10개 전후가 될 것으로 전망된다. 여기에다 인구 500만 명 이상 도시 20개, 100만 명 이상 도시 200개, 50만 명 이상 도시 500개, 10만 명 이상 도시 1,000개가 각각 출현할 것으로 추산된다.

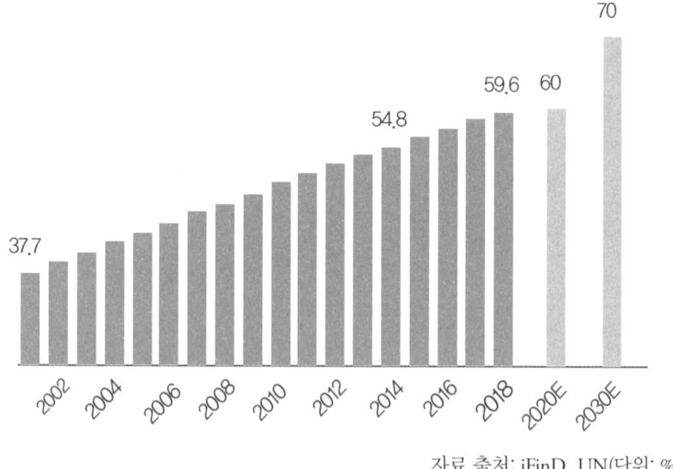

자료 출처: iFinD, UN(단위: %)

[그림 11] 중국의 도시화율 추이 및 전망(2002~2030년)

중국 국가통계국에 따르면, 2018년 말 중국의 도시화율은 59.6%에 달한다. 선진국의 도시화율 80%와 비교하면 아직 큰 차이를 보이는 수치지만, 중국의 도시화는 향후 20~30%의 상승 여지를 갖고 있는 것으로 평가된다. UN개발계획(UNDP)은 2030년까지 중국의 도시 인구는 3억 1,000만 명이 늘어나 도시화율이 70%에 달하고, 중국의 도시 인구는 총 10억 명을 넘어설 것으로 전망했다. 20세기 80년대

초, 중국의 도시 인구는 1억 9,100만 명에 불과했으나, 매년 2,000만 명이 넘는 인구가 도시로 진입하고 있다. 중국의 도시화율이 1% 높아질 때마다 GDP 1~2%, 서비스산업 총액 0.6%, 취업률 0.7% 가량이 상승하는 것으로 분석된다.

[표 10] 국가별 도시화율 비교

국가	2000년	2018년	AAGR
일본	78.6	91.6	0.7
영국	78.7	83.4	0.3
미국	79.1	82.3	0.2
한국	79.6	81.5	0.1
중국	35.9	59.2	1.3
인도	27.7	34.0	0.4
선진국 평균	76.8	81.5	0.3
신흥국 평균	41.6	52.6	0.6
글로벌 평균	46.7	55.3	0.5

자료 출처: SERI China(단위: %)

중국의 힘이 더 막강해지고 있다. 14억 인구의 대륙에 새로운 부르주아가 탄생하고 있기 때문이다. 그들은 중국의 새로운 부유 세력으로서 '신흥 중산층(the new middle class)'이라 불린다. 신흥 중산층은 중국 전체 인구의 10%를 조금 넘는 1억 5,000만 명으로 추산된다. 중국의 중산층은 구(舊)중산층과 신(新)중산층으로 구분할 수 있다. 중국에서 말하는 신흥 중산층이란 나이 30~40세이면서 연소득 15만 위안 이상이고, 높은 교육 수준 및 안정적인 직업을 가진 사람들을 지칭한다. 중국의 신흥 중산층은 80년대 이후 출생, 90년대 이후 출생의 젊은 연령대로 구성되어 있다. 이들은 주로 베이징, 상하이, 선전(深圳), 광저우 등 1선, 2선 도시에 거주한다.

신흥 중산층 1억 5,000만 명을 포함해 2019년 기준 중국의 중산층 인구수는 3~3.5억 명 정도로 추산된다. 현재 중국에서 GDP 규모가 2조 위안급의 도시는 베이징, 상하이, 선전이고, GDP 규모가 1조 위안급의 도시는 베이징, 상하이, 광저우, 선전, 톈진(天津), 항저우, 청두, 쑤저우(蘇州), 우한, 난징 등 총 14개가 있다.

중국 정부는 14억 인구에서 중산층이 차지하는 비율이 여전히 낮다고 지적한다. 중산층의 부상은 소비를 촉진시킴으로써 궁극적으로 중국 내수 시장 확대와 경제성장에 기여할 것이다. 중국은 2030년 무렵, 국민 3명 중 1명이 중산층인 상황을 목표로 하고 있다.

중국이 이러한 목표를 달성하고, 사회적 모순도 함께 풀어낼 수 있을지는 미지수다. 산업화의 그늘인 빈부 격차의 심화, 도시와 농촌 간의 불균형, 최근 두드러진 저출산 및 고령화 문제는 중국 정부가 최우선적으로 해결해야 할 가장 큰 고민이다.

TFP 경제성장 주도

'TFP(Total Factor Productivity, 총요소생산성)'는 노동 증가와 자본 증가에서 다른 생산성 증가분을 제외한 생산량 증가분으로, 노동과 자본 등 생산요소가 전체 산출에 얼마나 기여하고 있는지를 보여주는 지표이다. 또한 노동, 자본, 원자재 등 눈에 보이는 생산요소 외에 기술 개발, 경영 혁신 등 눈에 보이지 않는 부문이 얼마나 많은 상품을 생산해내는지 파악하는 생산 효율성 지표이기도 하다. 따라서 TFP의 하락은 성장의 가장 큰 걸림돌이다.

2008년부터 발생한 TFP의 하락은 중국 경제 발전추세 둔화의 주요 원인으로 작용했다. 중국의 TFP 하락은 경기 순환 변동, 산업구조 조정, 국제 선진 기술에 대한 추격세 둔화 등과 관련이 있는 것으로 분석된다. 중국 경제는 2008년을 전후한 2001~2014년 사이에 뚜렷한 주기 변동을 겪었고, 산업구조의 최적화를 위해 끊임없이 산업구조 변화를 단행하고 있으며, 중국의 기술 수준이 향상됨에 따라 선진 기술 추격 속도가 감소한 점 등이 TFP에 부정적인 영향을 끼쳤다는 것이다.

하버드대학교 동아시아연구소(Fairbank Center)는 개혁개방 30년간 중국 경제가 급성장한 이유로 크게 7가지를 꼽았다. 첫째, 정부의 자원 할당 방식에 변화가 생겼다. 즉, 사회주의 경제체제에 공통적인 중앙정부 주도의 하향식 자원 할당 방식에서 시장에 기반을 둔 할당 방식으로 바뀌었다. 둘째, 국가적 차원에서 고립에 가까웠던 국내경제체계가 세계경제와 협력하는 쪽으로 바뀌었다. 셋째, 세계 각지에 퍼져 있는 중국 교포를 적극적으로 활용했다. 넷째, 생산인구 비율이 높아져 경제성장이 촉진되는 이른바 '인구 배당 효과'가 있었다. 다섯째, 농경사회에서 산업사회로 급격한 변화가 일어났다. 여섯째, 저축률과 투자율이 단 몇 년 만에 총생산량의 절반에 육박할 정도로 높아졌다. 마지막 성장 요소는 바로 교육이었다. 이상의 7가지 요소가 개혁개방 정책 이후 30년 동안 중국의 고도 경제성장을 이끈 주요 동력이었다고 이 연구소는 분석했다.

2008년을 주변으로 발생한 중국의 TFP 하락 현상은 사회주의 경제에서 시장경제로 전환하는 과정에서 나타난 이중 정책에 기인한 것으로 보인다. 국유기업을 유지하는 중국에서 상품시장은 시장원리로 작동하지만, 노동 · 자본 등 요소시장에서는 정부가 엄격하게 통제한

탓에 왜곡 현상이 발생했다. 중국 경제는 1978년 개혁개방 이후 30년간 요소 가격을 낮게 억제해 국유기업에 대한 인센티브를 인위적으로 조장해왔다. 경제이론상 성장에는 노동력(교육 및 경험 수준의 향상 포함), 자본 그리고 TFP의 증가가 필수적이다. 대다수 연구 결과, 1978년 이후 30년 동안 중국의 경제성장을 견인한 2가지 핵심 동력, 즉 노동력과 자본이 성장에 기여한 비중은 10~20%에 불과한 것으로 나타났다. 이는 성장의 핵심요인을 자본이나 노동이 아니라, TFP의 급격한 상승에서 찾아야 한다는 의미일 수 있다. 이를 인지한 중국 정부는 성장모델을 재조정하고 있다. 중공업 중심에서 서비스업 중심으로, 수출주도형 성장에서 소비 주도형 성장으로 구조개혁을 진행하고, 신흥산업 드라이브 정책을 강력하게 추진하고 있다.

중국의 GDP 성장에 대한 TFP 공헌도는 2013년 20%에서 2018년 32%까지 확대됐고, 둔화되는 GDP 성장률과는 반대로 TFP 증가율은 지속 상승하고 있다. TFP의 증가는 주로 기술적 진보나 혁신을 의미한다. 향후 10~20년간 중국의 노동력은 계속 마이너스 성장을 할 것으로 예상되기 때문에, 중국 경제의 미래 잠재 성장률은 TFP의 성장추세에 달려 있다 할 것이다. 중국 정부의 구조 개혁과 '신형 도시화' 계획이 성공한다면, 향후 10년간 TFP가 연평균 2~3%의 성장세를 유지할 것으로 전망된다.

영국 경제분석기관 옥스퍼드 이코노믹스 보고서에 따르면, 2016~2025년 10년간 세계 GDP 성장에서 중국이 차지하는 비중은 26.1%이고, 전 세계 국가 가운데 가장 높다. 인도가 15.6%로 뒤를 이었고, 미국은 인도의 절반 수준인 8.1%를 차지했다. 중국과 인도 비중을 더하면 전체의 41.7%에 달하고, 비중이 두 자릿수인 나라는 중국과 인도뿐이다. 구매력평가(PPP) 환율을 반영한 GDP로 계산하면, 중국과 인도 비중은 45%를 넘어설 것이라고 이 보고서는 설명했다. 보고서는 "최근 몇 년간 글로벌 생산성을 측정하는 TFP 성장이 장기 평균의 절반에 불과하지만 앞으로 10년간은 연평균 1%에 달할 것으로 가정하고 있고, 특히 중국(2~3%), 인도(1.5~2.5%) 등 주요 신흥국 TFP가 연평균 1.5%로 가장 높아 글로벌 생산성을 견인할 것"이라고 내다봤다. 또한 "중국은 성장 속도가 2000년대 초의 절반으로 느려졌지만, 세계 경제에 미치는 기여도는 높을 것"으로 예상했다. 중국의 잠재성장률은 지난 2005~2014년까지 연평균 9.4%에서 2016~2025년 10년간 5.5%로 크게 낮아지는 반면, 같은 기간 인도는 7.1%에서 6.2%로 둔화하는 데 그칠 것으로 전망했다.

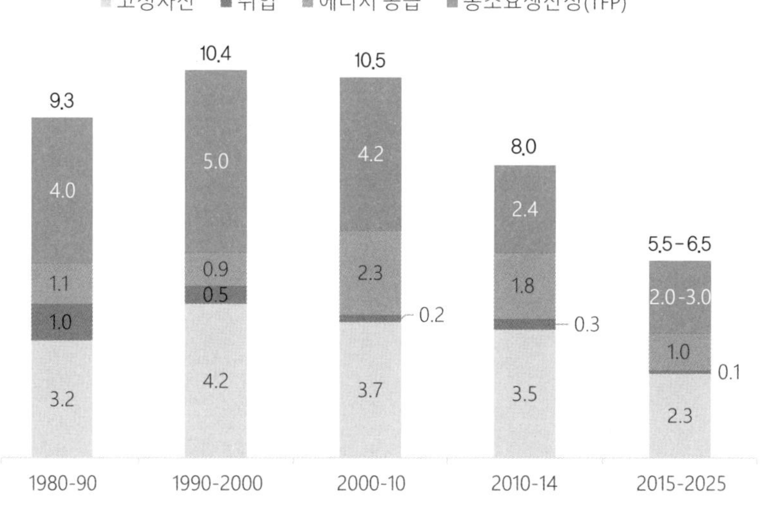

자료 출처: 맥킨지(Mckinsey)(단위: %)

[그림 12] 중국의 GDP 성장률 중 TFP 기여도 전망

중국 경제의 미래

중국 부의 향방

중국 정치의 전망

중국의 신시대

제2장

중국 부의 향방

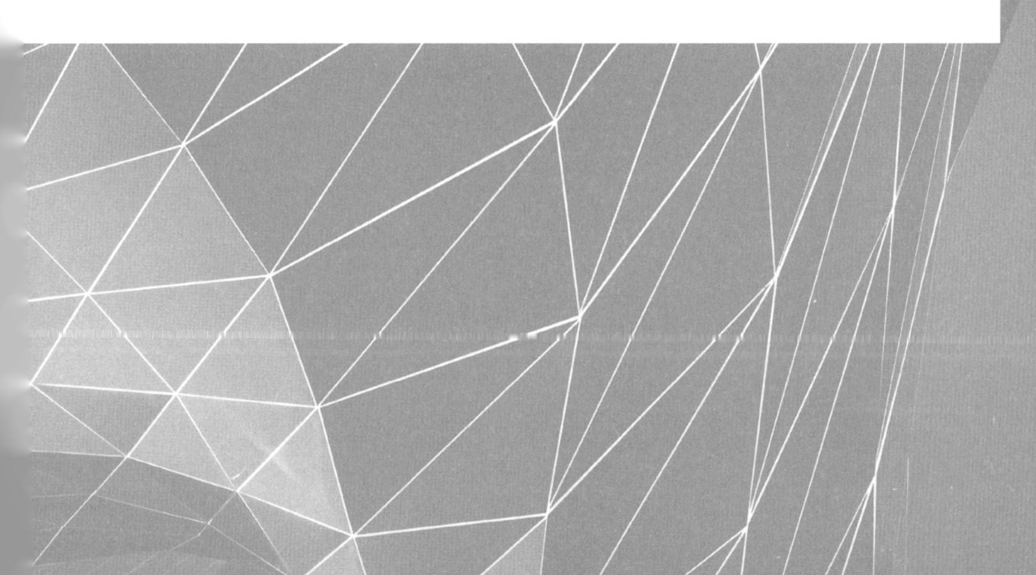

01 국가 주도 성장

경제성장 모델 전환

덩샤오핑의 개혁개방은 '효율'의 문제를 해결하는 전환점이었다. 덩샤오핑이 추진한 개혁의 목적은 마오(毛)경제의 실패를 극복하는 것이었다. 계획경제의 비효율은 시장질서로 대체됐고, 대내적으로는 경쟁의 촉진, 대외적으로는 개방의 확대를 통해 경제적 효율을 증진할 수 있었다. 농촌에는 '농가생산도급제'가 도입돼 경쟁이 촉진됐고, 국유기업의 경제적 비중을 축소하는 대신 비공유 경제가 확대됐다. 개혁개방 초기 중국은 동부 연안 지역을 개방해 화교 자본과 외자 기업을 유치했다. 중국이 '세계의 공장'으로 성장할 수 있었던 것은 비교열위에 있는 기술과 자본을 도입하고, 비교우위에 있었던 노동을 충분히 활용했기 때문이다. 2000년대 중반까지 외자 기업은 중국 전체 수출의 60%를 차지하면서 중국의 대외 지향적인 발전을 주도했다. 중앙정부가 독점하던 계획 기능이 분권화되고 행정적 효율성도 증대됐다. 더구나 지방정부가 경쟁적으로 시장 규제를 완화하면서 시장경쟁과 대외 개방이 촉진됐다. 그러나 시장에 의한 효율의 증대는 필연적으로 정치에 대한 갈등을 키울 수밖에 없었다.

효율 이후 '혁신'의 문제가 본격적으로 등장한 것은 2000년대 들어서다. 혁신의 문제는 경제 발전이 초래한 지역 간, 산업 간, 계층 간의 불균형을 해소해야 하는 정치적 과제로부터 비롯됐다. 산업기술 및 과학기술의 대외 의존을 줄여야 한다는 인식도 확대됐다. 무엇보다 고부가가치 혁신산업의 대부분이 외자 기업의 가공무역에 의존하고 있었기 때문에, 중국 경제가 하위 저부가가치 산업에 고착될 수 있다는 위기의식이 정치적으로 주목받기 시작했다. 2006년 전면적 샤오캉 사회 건설 계획이 포함된 제11차 5개년 규획이 발표됐고, 자주적인 혁신 능력의 강화를 목표로 하는 '국가 중장기 과학기술 발전 계획 2006~2020'이 추진되기 시작했다. 정책 실행을 위한 정책기구도 대대적으로 개편됐다. 2009년 거대 중앙부처였던 경제무역위원회가 해체되고, 국유기업의 감독 · 관리 · 개혁을 담당하는 국유자산관리위원회와 산업부문별 산업 정책, 경제 관리 및 규제, 기술혁신 및 투자 등을 담당하는 국가발전개혁위원회와 상무부가 신설됐다. 국유기업과 비공유 경제 부문의 정책 기능이 분화되고 전문화된 경제기구가 등장한 것이다. 정책기구의 개편 이후 중소기업 육성, 신흥산업 육성 등을 위한 국가 중심의 정책 기능이 강화됐다.

시진핑 체제 출범 이후 중국의 국가 주도 혁신 정책은 더욱 가시적이다. 시진핑 정부는 2015년 포괄적인 산업 육성을 목표로 하는 '중국 제조 2025' 계획을 발표했다. 이 계획의 기본적인 목표는 중국의 산업 혁신 능력을 전반적으로 향상시켜 2020년까지 핵심 부품 소재의 자급 비중을 40%, 2025년까지 70%로 높이는 것이다. 세부적으로는 차세대 정보기술, 고정밀 수치 제어 및 로봇, 항공 · 우주 장비, 해양 장비 및 첨단기술 선박, 선진 궤도교통 설비, 에너지 절약 및 신에너지 자동차, 전력 설비, 농업 기계 장비, 신소재, 바이오 의약 및 고성능 의료기기 등 10개 산업을 그 대상으로 한다. 중국 정부는 2000년대 중반부터 자주적인 혁신 능력 강화와 전략 신흥산업 육성을 위한 산업 정책을 추진해왔다. 하지만 2015년 발표된 중국 제조 2025 계획은 특정 기술이 아닌 산업 공정 전반의 혁신을 목표로 삼고 있고, 육성 대상은 신흥산업과 전통산업을 포괄하고 있으며 혁신 방향, 질적 변화, 정보 생산, 녹색 성장 등과 같은 구체적인 평가 지표 등을 제안하고 있다는 점에서 과거 계획과는 차별화된 것이다.

2019년 중국의 경제성장률은 6.1%에 불과했다. 이는 중국 정부가 '제13차 5개년 규획(2016~2020년)' 기간 동안 달성하겠다고 제시한 연평균 성장률의 하한치보다도 낮은 것이다. 이처럼 2019년 경제성장률이 낮았던 결정적인 원인은 미 · 중 무역전쟁의 악영향이 절대적이었다. 중국 국가통계국은 '온중구진(穩中求進, 안정적 성장)'의 기조를 순조롭게 유지하고 있다고 자평했지만, 외신들은 중국의 '국가 주도 경제성장 모델'이 한계를 드러내고 있다고 평가했다. 미 · 중 무역전쟁으로 악화되고 있는 중국 경제 상황은 단순한 증상을 넘어 중국 경제가 확실한 이상 징후를 보여주고 있다는 점을 암시하고 있다.

2020년 중국 경제는 코로나19 팬데믹의 여파로 신중국 수립 이래 가장 저조한 결과를 기록했다. 중국의 국가 주도 경제성장 모델이 이제 시험대에 놓인 것이다. 작금의 중국 경제 상황을 경제 침체 또는 경제 위기의 전조로 해석하기에는 다소 무리가 있지만, 확실한 것은 중국 경제의 장기 전망이 녹록지 않다는 것이다. 만약 중국 경제에 전방위적인 변화가 없다면, 미래 중국 경제는 상당한 어려움에 직면할 개연성이 높다.

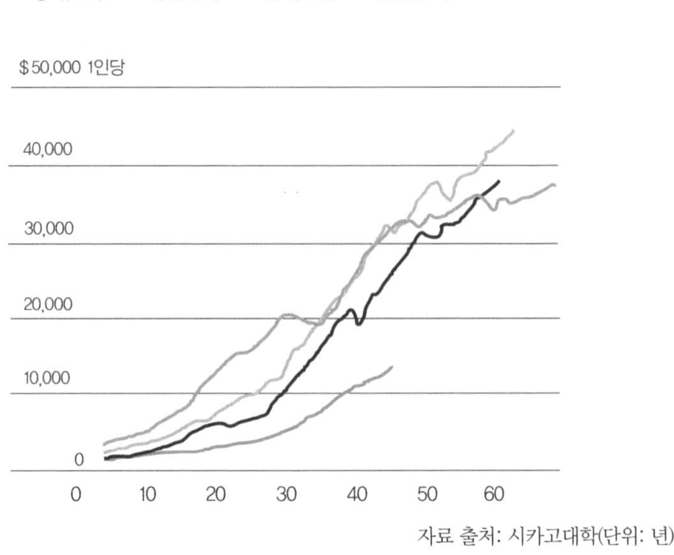

자료 출처: 시카고대학(단위: 년)

[그림 13] 세계 각국별 급성장 소요 기간 비교

자료 출처: UN, World Population Prospects

[그림 14] 아시아 국가별 생산가능인구 비율(1950~2030년)

중국 경제는 인플레이션, 환율, 구매력 등을 어떻게 조절하느냐에 따라 주요 경제국 중 가장 빠르게 성장하는 경제이다. 그러나 최근 중국은 다른 동아시아 국가들보다 더 빨리 경제가 둔화하고 있는 듯하다. 시카고대학 창타이셰 등 3명의 학자는 다른 동아시아 국가들이 2019년 현재 중국의 GDP 수준일 때, 추후 10년간 평균적으로 대만은 7.5%, 한국은 6.3%, 일본은 4.7% 정도 성장했지만, 현재 중국이 펼치는 경제정책하에서는 4% 이상의 성장이 매우 힘들 것으로 예측했다. 중국 경제성장의 또 하나의 변수는 노동인구의 증가(인구 보너스)가 멈췄다는 것이다. 즉, 농촌의 노동력이 도시 공장의 노동력으로 전환되는 대변동이 이제 끝났다.

중국의 국가 주도 경제성장 모델은 과연 계속 성공할 수 있을 것인가? 오늘날 중국은 일본, 한국, 대만이 비슷한 경제 발전 과정을 밟아온 것과 상당히 다른 길을 가고 있다. 중국 공산당은 사회주의에 대한 신념을 저버린 적이 없으며, 2000년대 중반 이후 군사적으로나 경제 · 전략적으로 중요하다고 생각되는 통신기기 등의 분야들에 대해 통제를 강화해왔다. 인프라 건설의 대부분은 국가에 의해 주도되고, 이는 중국 내 전체 투자의 절반을 차지한다. 중국 정부 산하 싱크탱크인 중국개발연구재단에 따르면, 중국의 TFP(총요소생산성)는 서비스산업의 동력에 힘입어 더 빠르게 성장했다. 중국 은행보험감독관리위원회는 중국의 고속 성장이 '국가 독점 자본주의'에 의한 것이 아님을 강조하고, 외국과 민간 자본이 대부분의 산업에 허용되어야 하며 금융 분야를 더 개방하겠다고 밝혔다.

미 · 중 무역전쟁의 상황에서 민간기업들이 엄청난 피해를 입고 있는 와중에도 국영 중심의 경제 모델을 수호하자는 민족주의적 목소리 또한 커지고 있다. 하지만 2018년 이후 중국의 경제성장률이 급속히 하락하고 있다는 점을 중국 정부는 심각하게 받아들이고 있는 것으로 보인다. 개혁개방 이후 40여 년간 중국이 선택한 국가 주도 경제성장 모델은 현재 중국 경제와 중국의 부(富)를 만들어낸 원동력이었다. 그럼에도 불구하고, 중진국 함정, 고령화, 빈부 격차 등 중국 경제의 미래를 짓누르고 있는 여러 당면과제를 해결하기 위해 중국 정부는 국가 주도 경제성장 모델의 한계를 극복할 수 있는 창의적인 해법을 신중히 모색하고 있다.

중국식 국가자본주의 개혁

1차 세계대전 이후 유럽의 주요 국가들이 국가자본주의적인 경제정책을 단행해 큰 성장을 거뒀고, 대표적으로 독일 제국이 있다. '국가사회주의'와 '국가자본주의'의 관계를 상부구조와 하부구조로 표현하는데 국가사회주의는 언뜻 국가자본주의와 반의어 같지만, 국가사회주의는 국가자본주의를 포용하는 개념이다. 사실상 이 두 용어의 의미는 비슷하나, 차이점은 국가사회주의의 목적이 대량의 국유화 정책으로 노동자의 복지를 향상시키고 국가가 직접 노동자를 관리하여 근무 환경을 제고하는 것이라면, 국가자본주의는 단순히 국가사회주의가 실현해야 할 경제정책일 뿐이다. 일반적으로 중국의 국가자본주의는 정부가 막강한 권한을 갖고 시장에 개입하고, 지역 간, 기업 간, 개인 간에 치열한 경쟁이 전개되고 있으며, 정부나 정부조직 내에 효율적인 인센티브 메커니즘이 존재한다는 특징을 갖고 있다. 우쥔화(吳軍華, 2008년)는 작금의 중국식 국가자본주의를 '관제(官制)자본주의'라 정의했다. 그의 정의에 따르면, 관제자본주의는 관(官)의 의지와 계획에 따라 만들어지고, 그 관계자가 혜택의 대부분을 향유하는 자본주의를 말한다.

중국의 국가자본주의는 3가지의 특징을 갖고 있다. 첫째, 정부가 강력한 권한을 가지고 직간접적으로 시장에 개입한다는 점이다. 개혁개방 이래 중국이 진행해온 시장경제화는 경제에 대한 정부의 개입을 점진적으로 축소시켜온 과정이었다. 그렇다고 정부가 지배하는 자원이 감소된 것은 아니다. 경제 규모가 개혁개방 이전과 비교할 때 몇백배 확대된 오늘날, 중국 정부가 지배하는 자원의 절대 규모는 오히려 크게 증가했다.

둘째, 거의 대부분의 산업에서 지역 간, 기업 간, 개인 간에 치열한 경쟁이 존재한다는 점이다. 따라서 이러한 격렬한 생존경쟁을 이겨내기 위해 때로는 정부의 지지를 얻어야만 했다. 이로 인해 지방정부가 주도적으로 해당 지역 경제의 진흥을 도모하는 발전 모델이 광범위하게 진행됐다. 이러한 발전 모델은 중복 건설이나 지역보호주의와 같은 부정적인 측면을 노출하기도 했지만, 전체적으로 경쟁 원리가 작동함으로써 효율성을 담보했다.

셋째, 정부의 권한이 강대해진 반면, 경제의 효율성을 크게 손상시키지 않으면서 정부가 시장에 개입할 수 있었다는 점이다. 통상 정부가 임의로 경제활동에 개입할 경우 시장에 조절을 맡기는 경우보다 효율성이 떨어질 가능성이 높고, 부정부패의 정도가 심할수록 경제성장에 악영향을 초래한다. 하지만 중국은 부정부패의 정도가 상당히 컸음에도 불구하고, 예외적으로 높은 경제성장을 실현했다.

동아시아 전문가 윌리엄 오버홀트(William Overholt) 하버드대학교 캐네디스쿨 연구위원은 최근 자신의 저서 『중국의 경제 위기(China's Crisis of Success)』에서 "중국의 경제 발전 모델이 엄청난 성과를 거둘 수 있었던 것은 권위주의 중국 정권의 지도자들이 공산당 정권 붕괴에 대한 두려움을 갖고 있었기 때문이다. 이 두려움이 가열찬 개혁개방의 원동력이었다. 하지만 지금은 다르다. 중국이 직면한 내 · 외부 환경은 이미 엄청나게 변했고, 국가 전략을 바꿔 새로운 세상에 직면해야 한다. 경제 발전에 따라 국가는 더 많은 정치적 요구를 받게 된다. 상황이 어떻든 경제 개혁 뒤에 따르는 정치체제의 변화는 피하기 어렵다. 만일 중국이 정치 개혁에 나서지 않는다면, 중국의 기적은 물거품이 될 수도 있다"라고 지적했다. 중국식 국가자본주의의 특징들이 향후에도 지금처럼 유지될 것인지 여부는 지속적 경제성장이 이루어질 것인지 여부에 달려 있다. 또한 글로벌화가 진행 중인 세계경제는 중국이 어떤 경제 발전 방식을 선택하느냐에 따라 상당한 영향을 받게 될 것이다.

2015년부터 중국 정부는 국유기업 개혁에 강력한 시동을 걸었다. 국유기업 개혁은 그동안 '사회주의 시장경제'를 표방해온 중국의 경제 시스템을 보다 자본주의적으로 개편하는 핵심 개혁으로 간주됐다. 중국 정부는 우선 약 15만 5,000개에 달하는 국유기업을 국민경제에 미치는 중요도에 따라 '공익성 기업'과 '상업성 기업'으로 분류했다. 이 같은 분류를 토대로 중국 정부가 보유하고 있는 국유기업 지분의 일부 또는 전부를 민간기업에 매각하고 있다. 부동산 개발, 호텔, 요식업 등 상업성 기업의 지분은 통째로 민간에 넘기고, 전력, 자원개발, 통신 등 국가 전략산업에 속하는 기업은 지분의 일부만 민간에 매각하는 방식이다. 일종의 '공기업 민영화'와 비슷한 형태지만, 중국은 이를 '혼합소유제' 개혁이라고 부른다.

이 개혁방안에 따르면, 외국인 투자자도 원칙적으로 국유기업의 지분을 매입할 수 있다. 다만 해당 국유기업이 속한 산업에 대한 외국인 투자지분 한도 범위 내에서다. 중국 정부는 이 밖에 이사회의 경영진 선출 권한 보장, 경영진의 인사권 보장, 성과연동형 임금 체계 도입 등을 통해 국유기업의 경영 시스템을 개선해나가고 있다. 실물경기가 둔화되고 금융시장의 불안이 가중되는 상황에서 중국 정부가 국유기업 개혁을 추진하기로 한 것은, 경제구조 개혁을 통해 지금의 경제 위기를 정면 돌파하고 국유기업을 보다 시장친화적으로 운용하려는 의도로 보인다.

세계의 시장 02

광활한 내수 시장

2018년 말 기준, 세계 소비시장은 영어권(미국, 호주, 캐나다, 영국, 뉴질랜드) 국가가 35%, 유럽이 20%, 동북아시아가 20%를 차지하고 있고, 미국은 인구가 세계 인구의 5% 정도임에도 세계 최대의 소비시장이다. 하지만 최근 중국 소비시장의 확대가 현격하다. 2018년 중국 소비시장은 역대 최대 규모를 갱신했고, 전년 대비 9.0% 증가한 38조 987억 위안을 기록했다. 미 · 중 무역전쟁 등 대내외적 악재 속에서도 국내 수요 증가, 소비재 수입 관세 인하 등의 효과로 성장세를 이어갔기 때문이다. 중국 경제 전문가들은 미국 소비자들이 여전히 세계경제를 주도하고 있지만, 머지않아 중국 중산층이 세계경제를 주도할 것으로 예상하고 있다. 2018년 중국의 소매 판매 총액이 미국의 95.36%로 집계됐다. 중국의 내수 시장이 팽창하는 추세와 속도로 볼 때, 2021년경에는 중국이 미국 내수 시장 규모를 추월할 것이란 전망이 나온다.

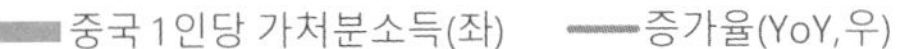

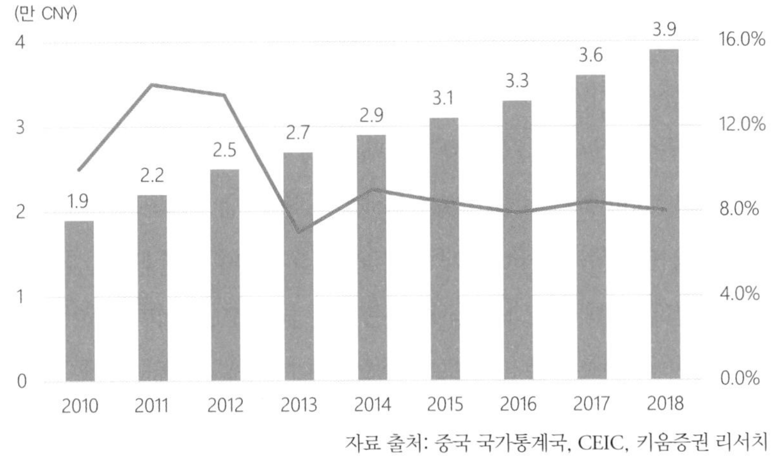

자료 출처: 중국 국가통계국, CEIC, 키움증권 리서치

[그림 15] 중국의 1인당 가처분소득 추이(2010~2018년)

2015년 4월 중국 정부가 '국내 소비 촉진을 위한 5대 소비 진작책'을 발표한 이후 1년 동안 중국 정부는 내수를 확대하기 위한 정책들을 높은 강도와 빠른 속도로 추진했고, 더불어 2016년 11월 28일 중국 국가발전개혁위원회는 소비 관련 신정책을 발표했다. 신정책의 핵심 대상분야는 관광, 문화, 체육, 건강, 양로, 교육 등이며, 서비스 품질과 공급 수준 향상, 다양한 소비 수요 충족을 주요 내용으로 하고 있다. 신정책의 주안점은 개성화 · 다양화 · 고수준 소비 수요를 만족시킬 수 있는 공급 체계 구축, 소비시장 상품과 서비스 수준 제고, 소비 환경 개선 등에 있다. 신정책의 목적은 국내 소비 진작 및 해외 소비분의 국내 환류(U턴)이다.

신정책은 10대 분야, 35개 세부 소비 확대 정책으로 구성돼 있다. 10개 분야는 ① 관광 ② 문화 ③ 체육 ④ 건강 ⑤ 양로 ⑥ 교육 ⑦ 자동차 ⑧ 녹색소비 ⑨ 도 · 농 간 유통 ⑩ 상품 서비스 표준 체계 등이며, 각 분야별로 2~5개 항목의 세부 소비 확대 정책이 제시됐다.

최근 중국 정부는 소비시장 활성화를 주요 경제성장 과제로 설정하고, 다양한 정책을 잇달아 발표하며 소비 확대를 위해 총력을 기울이고 있다. 스마트 상품 소비 촉진, 야간 및 휴일 소비 확대, 국경 간 전자상거래 활성화 등 구체적인 정책 방향을 통해 민간 소비 활성화를 도모하고 있다.

한편 중국 소비자들의 소득 증가와 소비 업그레이드 현상에 따라 소비시장에는 다양한 트렌드가 나타나고 있다. 첫째, 중국인들의 해외 직구가 새로운 소비 트렌드로 부상하고 있다. 2018년 온라인 직구 플랫폼을 통한 수입액은 전년 대비 26.7% 증가한 1조 9,000억 위안을 기록했고, 이용자 규모도 꾸준히 늘어 8,850만 명까지 확대됐다. 이들 중 90후(後), 95후(後)가 45.2%를 차지해 신세대들이 해외직구 시장 확대를 주도하고 있는 것으로 나타났다. 둘째, SNS를 활용한 소셜 e커머스 시장도 빠르게 확대되고 있다. 2018년 웨이보(微博), 웨이신(微信) 및 각종 동영상 플랫폼 등을 활용한 소셜 e커머스 시장은 2017년 대비 87.4% 증가한 1조 2,625억 위안을 기록했다. 아울러 합리적 소비를 추구하는 소비자들이 늘어나면서 품질과 가격, 브랜드의 균형을 맞춘 소위 가성비를 강조한 온라인 PB 마켓들이 새로운 소비 채널로 인기를 끌고 있다. 셋째, 8억 명이 넘는 소비자가 모바일을 통해 소비활동을 하는 것으로 나타나 모바일 소비는 중국 소비자들에게 이미 새로운 표준이 됐을 뿐만 아니라, 오프라인에서의 모바일 결제 비중도 확대되며 소비의 모바일화가 더욱 심화되고 있다.

2020년 중국 경제는 2.3%의 낮은 성장률을 기록했다. 현재 중국 경제의 최대 리스크는 코로나19 팬데믹, 미·중 간 무역전쟁이지만, 그 외에도 장기간 이어지고 있는 홍콩 시위, 내수 부진, 기업부채와 가계부채의 급증 등도 중국 경제에 악영향을 미치는 요인으로 꼽힌다. 가계부채의 경우, 2018년 말 기준 중국의 GDP 대비 51.5%로 미국의 76.4%, 선진국 평균 72.2%와 비교할 때 낮은 수준이나, 2017년에만 11%가 증가했고 최근 지속 증가 추세를 나타내고 있다.

중국 가계대출에서 가장 큰 비중을 차지하는 것은 주택담보대출(Mortgage Loan)로 GDP의 40%에 육박하고 있다. 중국의 가계부채는 신흥국에 비해 상당히 높은 수준으로, 만약 중국 정부가 이러한 상황을 간과할 경우 미·중 무역전쟁과 경기 둔화 등으로 가뜩이나 불안한 중국 금융시장에 또 다른 뇌관이 될 것으로 보인다. 중국 거시경제는 투자와 수출 중심의 고도성장에서 소비 중심의 안정적 질적 성장으로 패러다임을 전환하는 중이다. 최근 교역과 투자는 둔화되는 양상인 반면, 소비는 견고한 증가세를 나타내고 있다.

[표 11] 중국의 경제성장 패러다임 변화

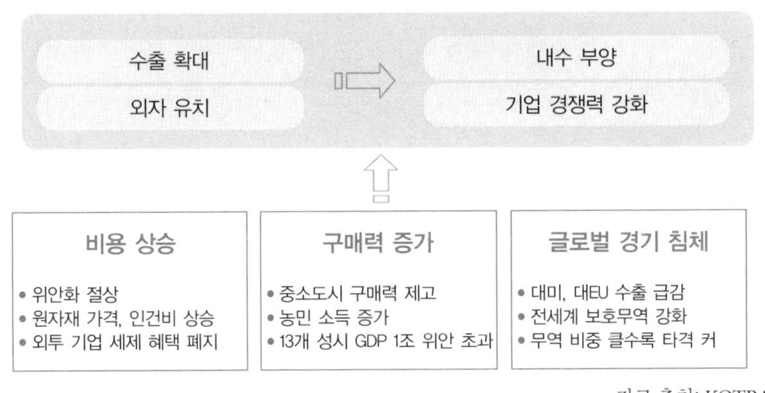

자료 출처: KOTRA

제조업 강국

2015년 중국 정부는 제조업 육성을 위해 '중국 제조 2025'를 전격 발표했다. 중국 제조 2025는 중국이 제조 강국으로 도약하기 위한 30년간의 장기 전략(구상)이며, '양적 측면'에서 이미 제조업 강국인 중국이 인터넷 · IT와 제조업의 융합을 통해 '질적 측면'의 제조업 강국 실현을 비전으로 수립한 전략이다. 중국 정부는 제조업 경쟁력 강화와 제조 강국 건설을 위해 향후 30년간 10년 단위로 3단계 산업 고도화를 추진할 계획이며, 10대 핵심산업, 23개 분야와 5대 중점 프로젝트를 제시했다.

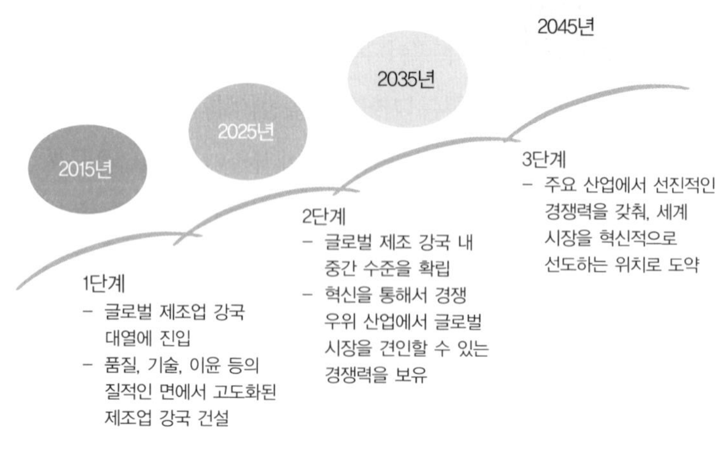

자료 출처: KOTRA

[그림 16] '중국 제조 2025' 단계별 목표

중국 정부가 제시한 중국 제조 2025 계획의 9대 과제와 10대 핵심 전략산업을 살펴보면, 9대 과제는 ① 제조업 혁신력 제고 ② 제조업 기초 역량 강화 ③ 제조업 국제화 수준 제고 ④ IT기술과 제조업 융합 ⑤ 서비스형 제조업 및 생산형 서비스업 육성 ⑥ 친환경 제조업 육성 ⑦ 품질 향상 및 브랜드 제고 ⑧ 구조조정 확대 ⑨ 10대 핵심 전략산업 육성 등이다. 그리고 10대 핵심 전략산업에는 차세대 IT 기술 산업, 고정밀 수치 제어 및 로봇산업, 항공 · 우주 장비 산업, 해양 장비 및 첨단기술 선박산업, 선진 궤도교통 설비산업, 에너지 절약 및 신에너지 자동차산업, 전력 설비산업, 농업기계 장비산업, 신소재산업, 바이오 의약 및 고성능 의료기기 산업 등이 포함됐다. 중국 정부는 9대 과제 달성과 10대 전략산업 육성을 위해 IT기술을 통한 제조업의 스마트화를 꾀하고, 기술 및 부품의 해외 의존도를 낮추기 위해 국가 제조업 혁신 센터 구축, 스마트 제조업 육성, 공업 기초 역량 강화, 친환경 제조업 육성, 첨단장비 혁신 등 5대 중점 프로젝트를 추진하고 있다.

중국 제조 2025 계획은 제조업 혁신 센터 건설, 시범도시 건설 등 인프라 구축과 지역별 특성에 맞는 추신 계획 수립 등 부문에서 정책적 성과가 나타나기 시작했다. 동시에 R&D 투자 세계 2위, 지적재산권 등록 세계 2위, 과학 논문 발표 수 세계 1위 등 중국의 기술혁신 성과도 빠르게 나타나고 있다. 특히 5G, 고속철도, 전력장비(태양광 포함) 등 3개 산업 분야에서 기술혁신을 선도하는 등 차세대 첨단산업 분야에서 가시적인 성과를 내고 있다. 반면, 반도체와 민간 항공장비 분야는 대규모 투자에도 불구하고 세계 수준과는 여전히 격차가 존재하고 항아리 형태로 발전하고 있다.

분야별로 보면, 전기자동차 분야는 정부의 집중적 지원과 글로벌 업체와의 합작 등으로 시장을 주도하고 있다. 5G(5세대 이동통신)의 경우, 4G 서비스에서는 뒤처졌던 중국이 5G 경쟁에서는 선두권을 유지하고 있고, 고속철도 분야는 선진 외국 기술을 받아들이고 소화한 후 중국식으로 다시 혁신하면서 고속철도의 원조인 프랑스, 일본 등과 세계시장에서 경쟁하고 있다. 산업용 로봇 분야는 세계 최대 산업용 로봇시장으로 부상했으나, 중국 브랜드 비중은 아직 낮은(1/4에 불과) 실정이다. 한편, 반도체는 중국이 '반도체 굴기'를 외치며 대규모 투자 계획을 발표하고 정부와 기업이 중점적으로 투자를 진행하고 있음에도 불구하고, 낙후된 공정, 높은 원가, 부족한 인력 등으로 인해 글로벌 반도체 빅3인 삼성, SK, 마이크론과는 여전히 3~5년 정도의 기술 격차를 보이고 있다.

최근 중국은 제조업 혁신 센터를 주축으로 한 국가 제조업 혁신 시스템 구축을 가속화하고, 제조업 발전을 위한 핵심 기술과 공용 기술을 끊임없이 개발하고 있다. 제조업 혁신력과 국제 경쟁력을 전면 제고하는 것이 중국 제조업을 한 단계 업그레이드시키고 도약하게 하는 전략적 포인트임을 잘 알고 있는 것이다. 중국은 국가 제조업 혁신 센터 건설안을 기획해 9개 센터를 이미 운영하고 있고, 산업 기초 강화 사업을 지속적으로 추진해 핵심적 기초 부속품과 기초 원자재 및 선진 기초공업 분야에서 돌파구를 마련했다. 아울러 정보기술과 제조 기술 간 적극적인 융합(스마트 제조)으로 인공지능(AI) 로봇, 디지털 선반, 3D 프린터, 스마트 설비 등 핵심 제품과 장비 분야에서 혁신적 발전을 가속화하고 있고, 제조업과 인터넷 간 융합을 통해 새로운 모델, 새로운 경영 방식을 빠르게 생성해나가고 있다.

2019년 말 중국 정부 산하기관이 공동으로 발표한 「2019 중국 제조 강국 발전지수 보고서」에 따르면, 중국의 제조업 수준이 미국, 독일, 일본의 뒤를 이어 세계 4위를 차지했다. 이 보고서는 중국공정원 전략컨설팅센터, 기계과학연구총원 장비제조업발전연구센터, 국가

공업정보국 안전발전연구센터가 공동으로 작성한 것으로, 2019년 중국 제조 강국 발전 지수는 109.94로 2018년보다 다소 상승했다. 한국은 중국보다 한 단계 낮은 5위를 차지했으며, 발전지수는 74.45로 1~4위와는 상당한 격차를 나타내고 있다. 이 지수는 규모, 품질, 구조, 지속 발전 등 4가지 지수를 더해 계산되며, 중국은 규모 지수에서 최근 몇 년간 모든 국가를 압도하는 높은 지수를 얻고 있다. 하지만 품질, 구조, 지속 발전 지수에서는 미국, 독일, 일본과는 여전히 상당한 격차가 있는 것으로 나타났다. 중국은 2012년부터 2018년 사이 규모 지수가 급등했으나, 다른 지수들은 소폭 상승한 것으로 나타났다. 아울러 2018년 기준 중국의 제조업 노동생산성은 인당 2만 8,975달러로 미국의 19.3%, 독일의 27.8%, 일본의 30.2%에 불과하다고 보고서는 지적했다.

2018년부터 중국은 미 · 중 간 무역분쟁 해소를 위해 중국 제조 2025 계획을 일부 수정하고, 대외적인 홍보를 극히 자제하고 있다. 하지만 중국 제조 2025는 단순한 산업 고도화 전략이 아닌 '중국몽' 실현을 위한 핵심 추동력으로, 중국 정부는 그 목표 달성을 위해 앞으로 전력을 다할 것으로 예상된다. 다만, 미국 등 서방 국가들의 견제로 반도체 등 첨단산업 분야의 목표 달성은 지연이 불가피할 것으로 보인다. 중국 정부는 혁신 역량 · 핵심 기술 · 첨단 설비 분야에서의 높은 대외 의존도, 낮은 에너지 효율과 환경오염 문제, 정보 인프라 구축 · 응용 저조, IT와 공업 간 융합 부족이라는 당면 과제를 명확히 인식하고 있다. 따라서 엄청난 자본력과 다양한 인재 시장 활용, 정책적 지원 등을 통해 향후 중국의 제조업은 질적 성장과 도약을 거듭할 것으로 전망된다.

무한한 중산층

2020년 5월 22일 개최된 제13차 전인대 3차회의 정부 업무 보고에서 리커창 총리는 "지난해 경제 발전이 여러 가지 어려운 도전에 직면한 상황에서 중국은 연간 주요 목표와 임무를 무난히 달성했으며, 전반적인 경제 운영이 안정적이고 민생이 한층 개선돼 중산층 수준의 사회, 이른바 샤오캉 사회의 전면적 건설을 위한 결정적인 토대를 마련했다"고 보고했다. 그리고 "지난해 중국 GDP은 6.1% 성장해 99조 1,000억 위안을 달성했고, 도 · 농 신규 취업 인원 수는 1,352만 명을 기록했으며, 농촌 빈곤 인구가 1,109만 명 감소했고, 주민 1인당 가처분소득이 3만 위안을 넘어섰다"고 밝혔다.

크레디트스위스은행(Credit Suisse Bank)이 발표한 「세계 부(富) 보고서 2015」에 표시된 세계 주요국의 중산층 인구를 살펴보면, 중산층은 자산을 기준으로 5만~50만 달러를 보유하고 있는 성인 인구를 가리키는데, 2015년 세계 중산층 인구는 6억 6,500만 명 수준으로, 세계 인구의 14%를 차지하고 있다. 최근 들어 중산층 인구가 놀랍게 증가한 나라는 바로 중국이다. 2015년 중국의 중산층 인구는 1억 876만 명으로 9,185만 명인 미국을 제치고 세계 1위로 올라섰다. 물론 중국의 중산층 인구가 세계 1위지만, 중국의 인구가 미국에 비해 4배가량 많기 때문에 미국과 단순 비교하는 것은 무리가 있다. 어떻든 2000년 이후 중국의 중산층 증가 규모는 미국에 비해 2.5배 이상 컸다. 중산층에 대한 기준이 각 나라마다 다소 차이가 있으나, 2019년 기준 14억 명에 달하는 중국 인구 가운데 중산층 인구는 약 3.5억 명으로 추산되며, 2030년에는 6억 5,000만 명으로 늘어날 것으로 전망된다.

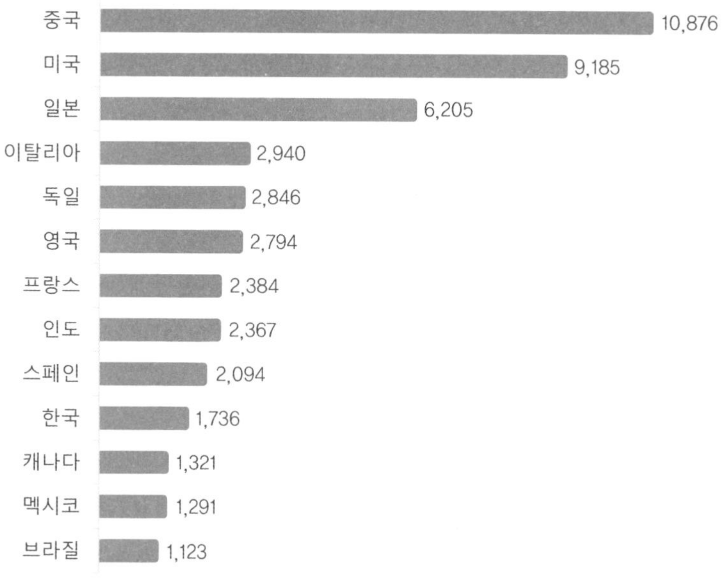

자료 출처: 크레디트스위스은행(단위: 만 명)

[그림 17] 세계 주요국의 중산층 인구(2015년 기준)

중국 정부는 중산층의 범위를 확대하기 위한 다양한 정책들을 추진하고 있다. 농민공 등 저소득층의 소득 증대, 대중 서비스 균등화, 세제개혁, 사회보험제도 확충, 교육 강화 및 취업 기회 평등 등을 포함한 정책들을 실시하고 있다. 베이징사범대학 중국소득분배연구원에 따르면, 2030년까지 현행 정책에 변화가 없을 경우 중산층 규모가 43%에 이르고, 만약 효과적인 정책을 시행한다면 인구의 절반이 중산층에 포함될 것으로 전망된다. 중국 정부는 중등 소득층으로 발돋움할 수 있는 저소득층을 겨냥해 농민들의 소득 증대에 집중하고, 3억 명에 가까운 농민들이 향후 중등 소득층 확대의 주인공이 될 것으로 기대하고 있다. 또한 개인사업자, 소규모 기업가, 창업자 등 중등 소득층을 추후 중산층으로 도약할 수 있는 잠재력을 갖춘 계층으로 설정하고, 이들에 대한 정책적 지원을 시행하고 있다.

최근 중국에서 기존 중산층과는 다른 새로운 성격의 '신중산층'이 주목받고 있다. 대한무역투자진흥공사(KOTRA)에서 발표한 「중국의 신중산층을 잡아라」 보고서에 따르면, 신중산층은 1채 이상의 주택과 300만 위안 이상의 순자산을 보유하고 있으며, 높은 교육수준과 안정적인 직업을 가진 부유계층을 가리킨다. 후룬연구원(胡润研究院)의 자료에 따르면, 중국의 신중산층은 약 2천~3천만 명에 이를 것으로 추산되고, 평균 연령이 35세로 비교적 젊은 편이며 평균 연수입이 65만 위안에 달하는 것으로 나타났다. 이들은 90% 이상이 대학 이상의 교육을 이수하고, 주로 하이테크 · 언론 · 통신 · 제조 · 금융 등 업종에 종사하고 있으며, 94%가 기혼이다. 신중산층 가정의 80% 이상이 취학 연령 자녀를 둔 것으로 조사됐으며, 최대 관심사 역시 자녀 교육인 것으로 나타났다. 신중산층은 자기계발을 중요시해 이에 대한 투자를 아끼지 않는다. 여가 생활을 충분히 즐기는 경향이 있는 신중산층은 여행이나 운동 등 활동적인 여가 생활을 즐기는 추세를 보이고 있다.

중산층의 소득 증가가 매우 더딘 것이 세계적인 추세인 반면, 주택 · 교육 · 보건 · 의료 비용은 훨씬 더 빠르게 상승하고 있다. 그 결과, 중산층들은 갈수록 빚이 늘었고 사회 · 경제 시스템의 불공평에 불만을 표출하고 있다. 중국 역시 마찬가지다. 미 · 중 무역전쟁 악화, 중국 경제성장률 둔화, 글로벌 경기 침체, 코로나19 사태 등으로 인해 중국 경제를 견인해온 중산층들이 소비를 대폭 줄이고, 결혼과 출산을 꺼리고 있다. 내수 시장 육성을 통해 미국과 벌이는 무역전쟁을 견뎌내려던 중국 당국의 계획에도 '빨간 불'이 켜졌다. 제13차 중국인민정치협상회의(정협) 경제계위원 연석회의에서 시진핑은 "중국 경제는 장기적으로 코로나19 위기를 극복하고 회복될 것이다"라고 말했다.

아울러 "중국은 세계에서 가장 포괄적이고 규모가 큰 산업 생태계와 더불어 제조업체 1억 개 이상, 고학력 및 숙련 근로자 1억 7,000만 명 이상, 중산층 인구만 4억 명 이상을 보유한 강력한 생산 기반을 갖추고 있고, 14억 명의 국민이 소비를 하는 엄청난 국내 수요 시장을 갖고 있다"고 강조했다.

폭발적 전자상거래 시장

중국은 거대한 내수 시장에 힘입어 세계 최대 전자상거래 시장으로 성장했다. 2018년 전 세계 전자상거래 규모는 2조 9천억 달러로 집계됐다. 같은 해 중국 전자상거래 규모는 1조 3,621억 달러에 달하며, 세계 전체의 46.9%를 차지했다. 중국 전자상거래 시장은 2위인 미국보다도 3.3배 크고, 특히 중국판 블랙프라이데이인 광군절(光棍節)은 2016년 이미 미국의 블랙프라이데이 판매 규모를 넘어서 2018년에는 격차가 65억 달러까지 벌어졌다. 2019년 광군절 판매액은 383억 달러로 2018년보다 25.7% 늘었다. 최근 5년간 중국의 전자상거래 시장 규모는 연평균 57.2% 성장했고, 이는 세계 평균보다 3배, 한국보다는 6.4배 빠른 것으로 평가된다.

KOTRA가 2019년 12월 5일 발간한 「중국 전자상거래 시장동향과 진출 방안」 보고서에 따르면, 중국의 전자상거래 시장은 규모, 성장 속도, 정부 육성 정책, 글로벌 플랫폼의 약세 등 4가지 특징을 갖고 있다. 우선 시장 규모가 거대하다. 2위 미국보다 3.3배 큰 중국 시장은 미국과 격차를 더욱 벌리고 있다. 둘째, 성장 속도가 빠르다. 2012년부터 2017년까지 5년 동안 세계 평균보다 3배 이상 성장했다.

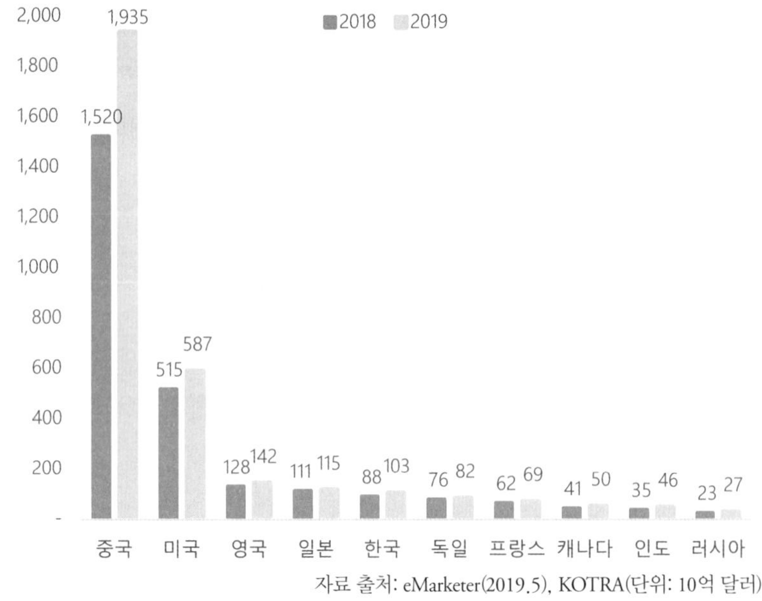

자료 출처: eMarketer(2019.5), KOTRA(단위: 10억 달러)

[그림 18] 세계 주요국의 온라인 소매 판매액

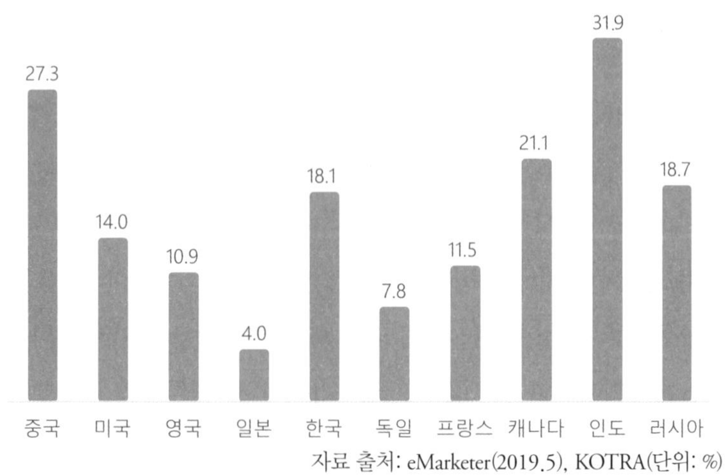

자료 출처: eMarketer(2019.5), KOTRA(단위: %)

[그림 19] 세계 주요국의 온라인 소매 판매액 증가율(2018~2019년)

셋째, 정부의 적극적 전자상거래 육성 정책이다. 중국 정부는 모바일 결제 허용, 국제 전자상거래 시스템 구축, 시범구 선정 등 다양한 지원책을 가동 중이다. 마지막으로 중국 전자상거래 시장은 글로벌 플랫폼의 무덤이다. 아마존, 이베이 등이 모두 중국에서 고배를 마셨다. 중국 전자상거래 시장은 운영 방식과 비즈니스 모델이 다양하다. 타오바오(淘寶)는 국제 전자상거래가 불편하지만, 소액의 관리비 말고는 입점 비용이 없다. 개인은 물론 외국인도 제한적으로 입점할 수 있다. 티몰(Tmall)은 정품을 판매한다는 인식이 퍼졌지만, 심사가 까다롭고 수수료를 받는 경우도 있다. 징둥(京東)은 플랫폼에서 직접 물건을 구매해서 판다. 시장 활동 범위도 다양하다. 타오바오, 티몰, 징둥처럼 '전국구' 전자상거래 플랫폼도 있지만, 광둥, 쓰촨, 후베이 등 특정 지역에서만 이용하는 플랫폼도 많다.

중국의 전자상거래 시장 규모는 최근 몇 년간 폭발적 성장을 구가했다. 이는 모바일 결제, 소비금융, 물류 · 유통 등 기초 인프라의 발전과 빅데이터, AI 기술 등의 도입으로 소비 효율을 제고한 결과다. 알리바바, 징둥을 필두로 한 중국 전자상거래 플랫폼은 안정적 성장기를 거쳐 온 · 오프라인 융합기에 접어들었으며, 해외 직거래를 전문으로 하는 왕이카오라(网易考拉), 3 · 4선 도시 소비자를 겨냥한 핀둬둬(拼多多) 등 플랫폼마다 각자 뚜렷한 타깃을 갖고 있다. 또한 사물인터넷 기술 도입 등 혁신을 거듭한 중국 택배물류는 하루 평균 1억 5,000만 건의 택배량을 문제없이 처리할 수 있는 수준에 도달했고, 모바일 결제 역시 전자상거래 시장의 성장을 뒷받침하고 있다.

최근 중국의 전자상거래 시장은 4가지 트렌드를 보이며, 성장 · 발전하고 있다. 첫 번째 트렌드는 '신유통'이다. 2017년은 중국 신유통의 원년으로, 신유통이란 온라인 플랫폼과 오프라인 매장, 그리고

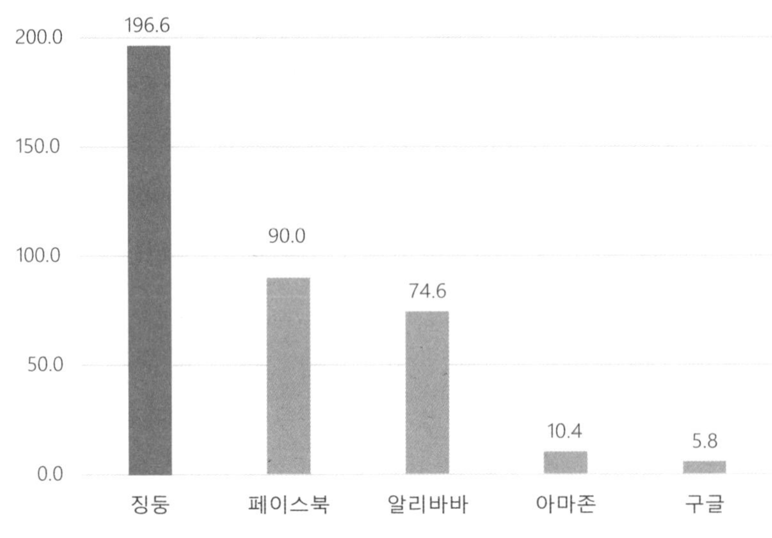

자료 출처: 뉴스핌(단위: 배)

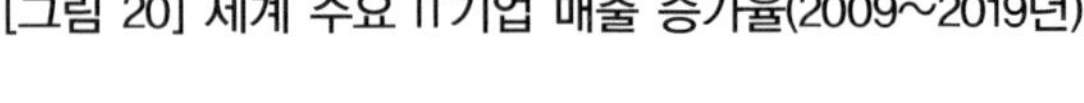
[그림 20] 세계 주요 IT기업 매출 증가율(2009~2019년)

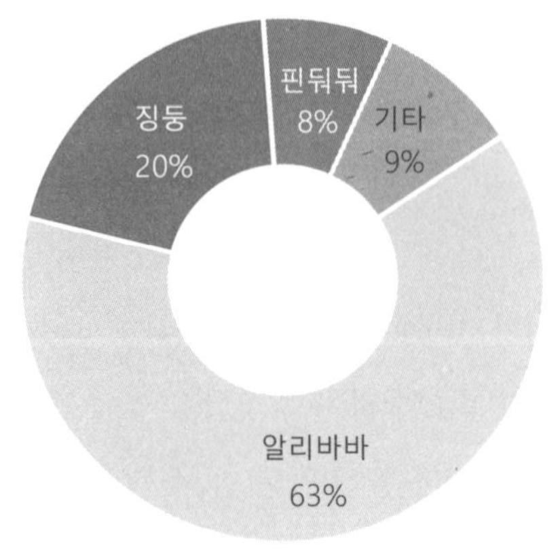

자료 출처: 뉴스핌

[그림 21] 2019년 중국 전자상거래 기업 시장점유율

물류 시스템이 소비자를 중심으로 통합된 유통 형태를 뜻하며, 2016년 알리바바의 마윈(馬雲) 회장이 "기존의 제품 → 채널 → 소비자 순이었던 소비시장이 향후에는 소비자 → 제품 → 채널 순의 유통 3.0시대가 도래할 것"이라고 전망하면서 기초 개념을 제시했다. 2017년 중국의 신유통 시장 규모는 389억 4,000만 위안이었으며, 2022년까지 115%의 연간 복합성장률을 시현하여 1조 8,000억 위안 규모로 성장할 것으로 전망된다.

두 번째 트렌드는 '해외직구'이다. 중국의 국경 간 전자상거래(跨境電子商務) 교역액은 2014~2016년 전체 수출입 교역액이 감소하는 상황에서도 지속 성장해왔으며, 2018년 중국 내 해외직구 이용자는 전년 동기대비 48.4% 증가한 1억 100만 명으로 집계됐다. 해외직구가 증가하는 이유는 중국 소비자의 가처분소득 증가, 해외 상품의 품질과 개성에 대한 수요 증가, 물류 · 유통의 발달로 인한 해외 구매 부담 감소 등이 주된 원인으로 분석된다. 2019년부터 해외직구 관련 정책이 변경됨에 따라 중국의 해외직구 소매품 수입금액은 2020년 1,500억 위안에 이를 것으로 예측된다.

세 번째 트렌드는 '왕홍경제(網紅經濟)'이다. '왕홍'은 왕루어홍런(網络红人)을 뜻하는 용어로 소셜미디어상에서 큰 영향력 및 파급효과를 가진 사람을 의미하며, 왕홍경제의 사회 파급력은 갈수록 커지고 있다. 왕홍의 활동 영역은 기존의 미용, 패션 분야 외에도 건강, 미식 등 다양한 분야로 확대되고 있고, 활동 분야에 대한 전문성이 제고되고 있으며, MCN(Multi Channel Network, 다중 채널 네트워크)의 등장으로 보다 체계적인 질서가 확립되고 있다.

네 번째 트렌드는 '소셜 커머스'이다. 전자상거래 시장 규모의 성장과 함께 모바일 결제와 소셜 매체의 긴밀한 결합을 이용한 중국의 소셜 커머스 시장은 빠르게 성장하고 있고, 2020년 기준 전체 전자상거래 시장의 약 31.3%를 차지하며 시장 규모가 3조 위안에 이를 전망이다. 중국의 전자상거래 생태계는 이미 안정적 성장 단계를 거쳤지만, 관련 법률 및 소비자 트렌드 등은 지속 변화할 것으로 보인다.

03 디지털 G1

모바일 인터넷 강국

GSMA(Global System for Mobile Communication Association)의 연구기관인 GSMA Intelligence에서 조사 및 작성한「중국 모바일 경제 2019(The Mobile Economy China 2019)」보고서에 따르면, 중국의 모바일 생태계가 2018년 중국 경제에 5조 2,000억 위안 규모의 기여를 한 것으로 나타났다. 이것은 2018년 중국 GDP의 5.5%에 해당하는 것이다. 이 보고서는 중국 모바일 시장의 특징을 7가지로 정리했다. 첫째, 중국은 세계 최대 모바일 시장이다. 2018년 말 기준 중국의 모바일 순가입자 수는 약 11.7억 명에 달하며, 이는 중국 전체 인구의 83.5%에 해당한다. 둘째, 중국 내 모바일 연결의 69% 이상이 스마트폰이며, 2025년 스마트폰 보급률은 전체 연결의 88%에 이를 전망이다. 셋째, 현재 중국 내 연결의 77%는 4G 통신망으로 이뤄져 있다. 4G는 소비자들이 5G 통신망으로 이동하면서 2025년에는 72%로 감소할 것으로 예상된다. 넷째, 2025년 중국은 국내 연결 전체의 28%에 해당하는 4억

자료 출처: GSMA Intelligence

[그림 22] 중국 모바일 시장 규모

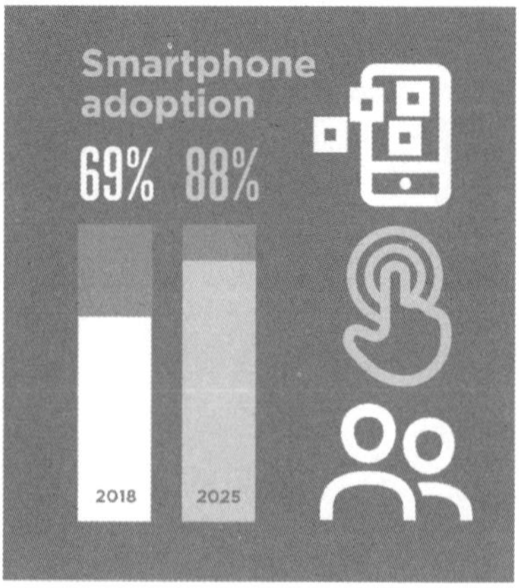

자료 출처: GSMA Intelligence

[그림 23] 중국 모바일 연결 방식 및 스마트폰 보급률

6,000만 건의 5G 연결을 통해 세계 최대의 5G 시장 중 하나가 될 전망이다. 다섯째, 2018년 중국 모바일 생태계의 경제 기여 가치는 5조 2,000억 위안이었으며, 2023년 6조 위안으로 늘어날 전망이다. 여섯째, 중국의 모바일 생태계는 2018년 직간접적으로 850만 개의 일자리 창출에 기여했으며, 5,830억 위안의 세금을 납부해 정부 재정에 공헌했다. 일곱째, 중국 내 허가된 셀룰러 사물인터넷 연결은 2018년 말 기준 6억 7,200만 건으로, 다양한 산업 및 스마트시티 관련 애플리케이션을 지원했다.

중국의 모바일 산업은 경제적 성장, 포용 및 현대화를 주도하는 중국 경제성장 동력의 핵심으로, 새로운 디지털 소비자 시대를 창출하고 산업과 사회를 변화시키고 있다. 중국의 모바일 사업자들은 지난 10년간 수십억 위안을 투자해 전국 각지에 4G 네트워크를 구축했고, 중국 정부는 최근 2년 동안 4,010억 위안을 추가로 투자해 5G 관련 부대 인프라를 구축함으로써 세계 최대 5G 시장 중 하나로 성장할 준비를 마쳤다.

중국은 인터넷 시장에 진입한 지 20여 년 만에 세계적인 인터넷 강국으로 성장했고, 사회경제적 환경이 크게 변화하고 있다. 중국에서 자주 듣는 단어 중 하나가 'BAT'다. 중국 인터넷 기업인 바이두(Baidu), 알리바바(Alibaba), 텐센트(Tencent)의 영문 이름 이니셜을 모아 만든 표현으로, BAT는 중국을 대표하는 인터넷 기업들이고 이미 글로벌 플레이어로 성장했다. 지난 몇 년간 중국의 인터넷 기업이 급성장하면서 과거 미국이 홀로 이끌었던 인터넷 산업을 지금은 미국과 중국이 쌍두마차를 형성해 함께 이끌어가고 있다. 특히 모바일 인터넷 시대로 진입한 후 중국의 영향력이 날로 커지고 있다. 알리바바 마윈 회장은 "미국이 자동차의 나라라면, 중국은 인터넷 모바일 단말기의 나라"라는 말로 중국 모바일 인터넷의 영향력을 표현했다.

최근 중국에서는 모바일 인터넷 기술이 빠르게 보급되고 활용되면서 인터넷과 다양한 업종 간의 융합을 통해 하나의 거대한 시장이 형성되기 시작했고, 나아가 신기술, 신산업, 신업종의 활발한 성장과 함께 관련 일자리를 대거 창출하고 있다. 대표적으로 '인터넷+(인터넷과 전통 업종의 결합)'가 빅데이터, 클라우드 컴퓨팅과 플랫폼 경제, 공유경제의 성장을 이끌면서 새롭고 다양한 형태의 산업 모델이 등장하고 있다. 이에 따라 취업 경로도 다양해지고 있으며, '플랫폼 취업', '온라인 취업', '창업형 취업' 등 새로운 취업 형태가 등장하고 있다.

중국인터넷정보센터(CNNIC)가 최근에 발표한 보고서에 따르면, 2018년 12월 기준 중국의 네티즌 수는 전년 대비 5,653만 명이 늘어난 8억 2,851만 명으로 집계됐다. 2019년 말 기준 중국의 인터넷 보급률은 59.6%로 2017년 말에 비해 3.8% 증가했다. 총 인터넷 사용자 중 모바일 이용자 수는 8억 1,700만 명으로 2017년 한 해에만 6,433

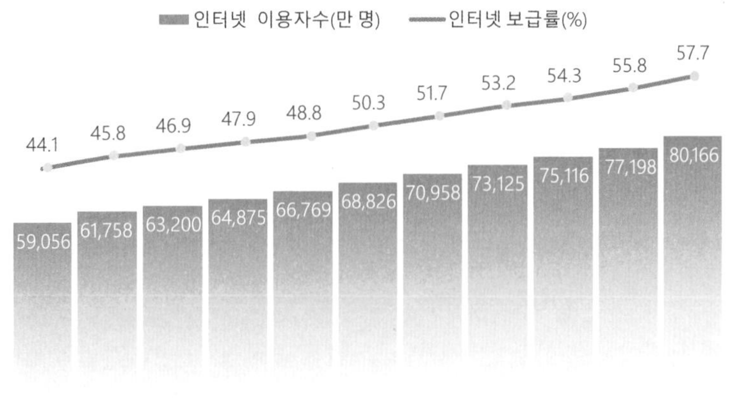

자료 출처: 중국인터넷정보센터(CNNIC)

[그림 24] 중국 인터넷 이용자 수 및 보급률 추이(2013~2018년)

만 명이 신규 가입해 2018년 말에는 전체 인터넷 이용자의 98.6%에 달했다. 인터넷 보급률이 상승함에 따라 온라인 행정 서비스가 빠르게 발전하면서 주민 편익이 향상되고, 인터넷 보급률과 함께 네티즌의 인터넷 이용 신뢰도 또한 상승하고 있다. 한편 온 · 오프라인 소비에 있어 네티즌의 모바일 결제 소비 패턴이 빠르게 자리 잡고 있다.

2020년 1월 1일 중국 관영『인민일보』가 2019년 중국 인터넷을 들썩이게 한 5대 키워드로 ① 5G ② 블록체인 ③ 인공지능 ④ 하침(下侵)시장 ⑤ 전자상거래 생방송을 선정했다. 그중 하침시장이란 인터넷 소비 주류가 상류 도시에서 중하류 도시와 지역으로 확산했다는 의미다. 2019년 중국의 1~2선 도시에서는 네티즌 수가 포화상태에 이르고 온라인 접속량 역시 감소세를 보인 반면, 인터넷 시장의 범위가 3~4선 시장으로 확장되는 모습을 보였다. 더 넓어진 시장에서 중국 인터넷 기업들은 신시장 기회를 발굴했다. 인터넷 소비가 3선 이하 도시와 농촌 등으로 확대되면서 약 10억 명의 시장이 열린 것으로 조사됐다.

중국의 인터넷 수요는 인터넷 구매, 엔터테인먼트, 소셜미디어, 뉴스 등 방면에서 엄청난 시장 잠재력을 보유하고 있고, 알리바바와 징둥닷컴, 쑤닝, 핀둬둬, 콰이서우 등이 인터넷 소비시장을 위한 서비스를 출시해 상당한 성과를 거두고 있다.

디지털 G1의 꿈

2018년 중국 정부의 주도하에 '제1회 디지털 차이나 건설회의'가 푸젠성(福建) 푸저우시(福州)에서 개최됐다. 중국은 2018년까지 총투자액 3,000억 위안 규모의 디지털 경제 주요 프로젝트 400개 중 200개를 착공했고, 일부 프로젝트는 이미 완료해 '디지털 차이나'로서의 무한한 발전 가능성을 과시했다. 전자 공공 서비스, 디지털 경제, 스마트 사회 등 디지털 차이나 혁명이 중국 곳곳에서 일어나고 있다.

중국 국가발전개혁위원회는 디지털 차이나 발전을 가속화하기 위한 3가지 정책을 수립했다. 첫째 지속적인 발전을 위한 디지털 경제 관련 연구개발 지원, 둘째 부문별 디지털 경제정책을 수립하여 스마트도시 건설 가속화, 셋째 중국의 디지털 개혁을 위한 전문적 디지털 차이나 기관 설립 등이다.

중국 인터넷 기업 텐센트 산하 텐센트연구원이 발표한 「2019 디지털 차이나 지수」 보고서에 따르면, 수도 베이징은 전반적으로 중국의 디지털을 선도하는 위치에 있고, 디지털 종합지수, 디지털 산업지수, 디지털 문화지수, 디지털 공공 서비스지수 등 모든 분야에서 1위를 차지했다. 선전과 상하이, 광저우, 청두, 충칭 등이 그 뒤를 잇고 있다.

중국 정부의 디지털화 추진은 안정적으로 진행되고 있고, 디지털 차이나 계획의 핵심 키워드인 디지털 산업, 디지털 문화, 디지털 공공 서비스가 성장을 지속하고 있다. 특히 중국은 ABCD(AI, Blockchain, Cloud, Data) 기술을 보완하면서 산업에 새로운 틀을 탄생시켜 실물경제와 가상경제를 융합한 디지털 경제의 인프라를 구축했다. 중국의 '디지털 산업'은 소비자를 대상으로 하는 서비스 제공에서 점차 기업 자체를 대상으로 확산돼 전통적인 산업 운영의 패러다임과 그 효율을 바꾸는 추세다. '디지털 문화'는 혁신적인 플랫폼과 다양한 매체, 풍부한 문화자원을 통해 새로운 발전 양상을 보여주고 있다. '디지털 공공서비스'는 디지털 차이나를 기반으로 국민의 생활을 더욱 편리하게 도모해 많은 사람들로부터 각광받는 부문 중 하나다.

2018년 11월 아르헨티나에서 개최된 G20 회의에서 시진핑은 디지털 경제의 혁신과 촉진을 재차 강조했다. 중국 정부는 2019년에 발표된 정책 보고서에서도 빅데이터 및 인공지능 기술의 연구와 개발을 심화하고, 신기술과 바이오 의약 및 신에너지 자동차 등 신흥산업을 적극 육성함으로써 디지털 경제를 보다 확대해나갈 것임을 명확히 했다. 2019년 중국 디지털 경제 규모는 35조 8,402억 위안(중국 GDP의 36.2%)이고, 디지털 경제 발전으로 일자리 구조가 변화하고, 서비스업과 통신업이 고도화되고 있다. 디지털 경제는 이미 중국 경제성장을 견인하는 핵심 동력으로 자리매김했다.

최근 상하이 사회과학원이 발표한 연구결과에 따르면, 중국의 디지털 경제 성장률이 3년 연속 세계 1위를 차지한 것으로 나타났다. 동 연구결과는 지난 2016~2018년 중국의 디지털 경제가 전년 동기대비 각각 21.51%, 20.35%, 17.65%의 성장률을 달성했으며, 2019년에는 15% 전후(미국의 디지털 경제 성장률 6% 전후)의 성장률을 기록한 것으로 분석했다.

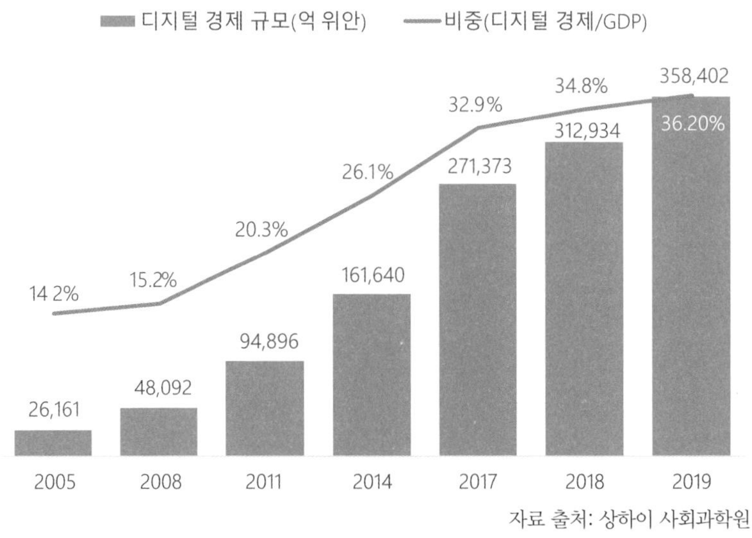

자료 출처: 상하이 사회과학원

[그림 25] 중국의 디지털 경제 규모 및 GDP 비중(2005~2019년)

중국의 디지털 경제는 일반인의 상상을 뛰어넘는다. 중국에서는 노점에서도 QR코드를 사용하고, 심지어 동냥하는 거지도 QR코드를 찍는다. 인공지능과 빅데이터, 클라우드 컴퓨팅 등을 고객을 향한 대중경제에 활용하는 면에서 세계 최고 수준이다. 중국 기업들은 5G, AI, 빅데이터, 클라우드 컴퓨팅 기술 등을 ICT와 결합하고, 소비 변화와 철저한 소비자 분석을 통해 이러한 기술들을 대중경제에 활용하고 있다. 이제 중국은 '디지털 경제의 강자'이며, '스마트 강국'이다. 그 진원지는 베이징에 소재한 중국판 실리콘밸리인 '중관춘(中關村)'이다. 현재 중관춘에는 2만여 개의 첨단기술 기업이 입주해 있다. 바이두(百度), 롄상(聯想), 샤오미(小米) 등 중국 굴지의 IT 기업들이 이곳에서 탄생했다. 중국은 디지털 경제를 사회 전반에 퍼뜨렸다. 중국의 대표 포털인 바이두(百度)와 10억 명이 넘게 쓰는 모바일 플랫폼 '위챗(WeChat)'은 온 · 오프라인을 결합한 신유통과 QR 결제 시스템 등을 통해 지갑이 필요 없는 사회를 만들었다. ICT가 제조와 상품, 그리고 고객을 잇는 새롭고 광대한 창구가 되고 있는 것이다.

이를 기반으로 중국은 도시들을 스마트 도시로 탈바꿈시키고 있다. 또한 세계 최장이자 최고 수준의 고속철도(高鐵)로 대륙에 속도를 부여했다. 중국은 외적 변화뿐만 아니라 활용으로 경험을 축적시키고, 그것을 바탕으로 창조를 구현하고 있다.

중국은 디지털 G1을 핵심 전략과 목표로 디지털 시장에 승부를 걸고 있다. 전 세계 경제에서 디지털 시장의 비중은 아직 20% 수준에 불과하지만, 시간이 갈수록 그 비중이 커지고 있고, 향후 10년 후에는 50%를 넘길 것으로 예상된다. 일방주의와 보호주의가 심화되고 글로벌 경제의 침체 압력이 지속적으로 증가하는 상황에서 중국의 거대한 인구와 시장 잠재력은 디지털 경제 발전에 천혜의 조건을 제공하고 있다. 강력한 신경제의 배경하에 2020년 중국의 GDP 규모는 약 15조 달러로 10년 전에 비해 2배 이상 증가했고, 1인당 GDP도 1만 달러를 돌파했다. 인구 14억 명의 나라 중국의 1인당 국민소득이 한국의 1/3 수준을 넘어선 것이다. 얼마 전까지 개발도상국 중등 수입국에 머물렀던 중국이, 지금 디지털 경제를 기반으로 고수입 국가를 향해 줄달음질치고 있다. 중국은 머지않은 장래에 디지털 G1을 달성하고, 세계경제의 G1이 되기 위해 전략을 집중하고 있다.

디지털 위안화 발행

코로나19 여파로 미국 경제가 위기에 놓이자 미국 연방준비제도(FED)는 천문학적인 액수의 돈을 시장에 풀었다. 이로 인한 달러 가치 하락 우려에 몇몇 미국 투자은행들은 달러화가 기축통화 지위를 잃을 위기에 처했다는 경고음을 내놓고 있다. 이와 맞물려 중국을 비롯한 세계 각국 중앙은행들은 물론이고, 글로벌 IT 기업들은 디지털 화폐 실험에 나서고 있다. 언택트 시대를 맞아 달러 패권을 넘어서는 글로벌 범용성을 지닌 화폐를 설계하겠다는 것이다. 디지털 화폐란 스마트폰 등 기기에 전자지갑을 만들어 예금 인출이나 송금, 결제 등을 하는 시스템이다. 각국 중앙은행이 시도하는 디지털 화폐(CBDC, 중앙은행이 전자적 형태로 발행하는 디지털 화폐)는 중국, 유럽, 필리핀에 이어 최근에는 디지털 화폐에 미적지근한 반응을 보였던 일본까지 가세했다. 특히 중국인민은행은 다가오는 2022년 베이징 동계올림픽을 디지털 화폐의 시험대로 삼고 있다.

중국이 최근 법정 디지털 화폐 도입에 한층 속도를 내고 있다는 관측이 제기된 가운데, 세계 주요국 중 가장 먼저 법정 디지털 화폐를 정식으로 발행해 사용하는 국가가 될 전망이다. 중국은 일찍부터 디지털 화폐 연구에 강력한 드라이브를 걸어왔다. 중국인민은행은 디지털 화폐 출시 연구를 전담하는 기관으로 지난 2016년 디지털 화폐 연구소를 설립하고, 현재 디지털 화폐 발행 및 유통을 위한 관련 법안 제정 등 관련 법규를 정비하고 있다. 또한 2019년부터 1,000억 위안 규모의 디지털 위안화 발행을 추진 중이다. 중국의 디지털 위안화 시험은 '점진성'과 '안정성' 원칙을 바탕으로 선전, 슝안(雄安) 신구, 쑤저우, 청두, 동계 올림픽 개최 예정지 등지에서 폐쇄식으로 진행되고 있고, 이론적 신뢰성, 시스템 안정성, 간편성, 위험 통제 등에 시험의 초점이 맞춰져 있다. 2020년 8월 12일 중국 상무부가 징진지(베이징-톈진-허베이) 지역, 창장삼각주(상하이, 장쑤성 남부, 저장성 북부), 웨강아오 대만구(홍콩, 마카오) 등지로 디지털 위안화 시범 지역을 확대할 계획이라고 밝힘에 따라, 디지털 화폐 전면 심화 시범 지역은 28곳으로 늘었다. 또한 중국의 4대 국영은행도 선전을 포함한 주요 도시에서 전자지갑 앱의 내부 테스트를 대규모로 시작했고, 이들 은행들은 이용자들이 인터넷 없이도 송금할 수 있는 기술 또한 시험하고 있다.

중국인민은행이 발행하는 디지털 화폐는 비트코인과 같은 가상화폐가 아니다. 중앙은행이 직접 발행해 중앙정부에서 통제한다. 중국 디지털 화폐가 유통 방식 면에서 디지털 현금의 성격을 띤다는 것도 가상화폐와 다른 점이다. 일단 발행 기관인 중국인민은행은 개인, 기업 등 경제 주체에게 디지털 화폐를 곧바로 공급하지 않고, 시중은행을 통해 공급하는 2단계 운영 시스템 방식을 사용한다. 개인이나 기업이 시중은행에 디지털 화폐로 교환하고 싶은 만큼 위안화 현금을 지불하면, 시중은행이 각 경제 주체의 스마트폰 전자지갑 플랫폼에 1 : 1 교환 비율로 디지털 화폐를 충전해준다. 현재 중국에서 널리 사용되고 있는 전자결제 플랫폼인 알리페이나 위챗페이 현금 충전 방식과 유사하다. 다만 충전을 실제 화폐가 아니라, 디지털 화폐로 하는 것이다.

중국 인민은행이 이 같은 유통방식을 채택한 것은 디지털 화폐를 본원통화(현금통화)의 일부로 대체하겠다는 뜻이다. 초기에는 디지털 화폐가 본원통화에서 극히 일부분을 대체하는 데 그치겠지만, 중 · 장기적으로 중국인민은행의 판단에 따라 대체 비율이 높아질 것으로 예상된다.

[표 12] 중국의 디지털 화폐 개요

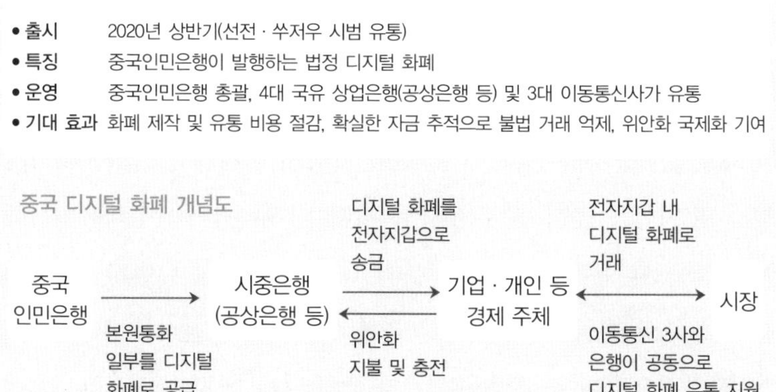

자료 출처: 뉴스핌

일부 경제학자들은 중앙은행의 디지털 화폐 발행의 부작용에 대해 우려한다. 첫째, 중앙은행의 디지털 화폐 발행으로 인해 시중은행들이 일반 소비자, 중소기업, 자영업자 등 중요한 예금주를 잃을 수 있다는 것이다. 둘째, 원칙적으로 중앙은행은 디지털 통화 예금으로부터 얻은 자금을 은행에 다시 대출할 수 있지만, 중앙은행이 신용 흐름을 비롯해 경제에 대한 과도한 권한까지 갖는 부작용이 생길 수 있다는 것이다. 셋째, 보안이 큰 문제라는 것이다.

그럼에도 불구하고 중국 정부는 법정 디지털 화폐가 가져올 기대 효과에 더욱 주목하고 있다. 우선 법정화폐를 디지털화하면, 화폐 제작과 유통에 따른 사회적 비용을 크게 절감할 수 있고 각종 불법 거래를 억제하는 효과도 있을 것으로 기대하고 있다. 중국의 주요 도시에선 디지털 화폐 사용이 빠르게 확산되고 있으며, 중국 정부도 매우 적극적이다. 디지털 화폐는 마이너스 금리 적용이 가능하기 때문에 통화 정책의 효과를 높이는 데도 기여할 것으로 전망된다.

중국 정부는 거시적인 차원에서 디지털 화폐 발행을 추진해왔다. 시진핑 집권 이후 위안화의 국제화에 속도를 내고 있는 중국은 미국 달러화 중심인 국제 금융질서를 재편하고 싶어한다. 중국은 세계 제2의 경제대국임에도 위안화 외환 거래는 전 세계의 4%에 그쳐 미 달러의 88%와는 큰 차이를 보이고 있다. 따라서 디지털 위안화로 위안화의 국제 위상을 높이고, 무역 금융 거래, 국제 송금 등에 사용되는 통화로 만들겠다는 것이 중국 정부의 생각이다. 당장은 디지털 화폐로 자국 내 소액 현금 소비 거래 등 기존 현금을 대체한다는 시나리오지만, 장기적으로는 중국 위안화가 미국의 달러 패권에 도전하는 강력한 무기로 활용될 것으로 전망된다.

아울러 법정 디지털 화폐가 도입되면, 알리페이와 위챗페이 등 기존의 민간 지급 결제 서비스를 중심으로 형성된 중국의 디지털 경제 질서에도 급격한 변화가 초래될 것으로 관측된다.

04 4차 산업혁명 선도

벤처 창업 열풍

개혁개방 이후 40년간 중국의 창업 역사는 소규모 자영업 창업으로부터 혁신 주도 창업까지 지속적인 발전을 거듭해왔다. 크게 네 단계로 구분할 수 있는데, 첫 번째는 1979~1992년 기간으로 개혁개방 초기 자영업 위주의 창업이 시작된 시기이고, 두 번째는 1992~2000년 기간으로 시장경제가 본격화됨에 따라 건설 · 제조업 등 분야의 기업 창업이 시작된 시기이다. 세 번째는 2000~2010년 기간으로 인터넷 보급의 확산에 따라 온라인 게임, 전자상거래, 검색 서비스 등 IT 분야로 창업이 확산된 시기이고, 네 번째는 2014년~현재까지로 IT 융합 서비스업, 첨단 제조 등 혁신 창업으로 기업 창업의 고도화가 추진 중인 시기이다. 중국의 창업 장려 정책은 제12차 5개년 규획과 함께 시작돼 제13차 5개년 규획 시기에도 이어졌다.

리커창 총리가 지난 2014년 9월 톈진에서 개최된 하계 다보스포럼에서 '대중창업 · 만인혁신(모두가 창업하고 혁신하자)'이라는 구호를 외치면서 중국의 창업 열풍에 불을 지폈다. 중국의 벤처 창업 육성은 2015년 창업과 혁신을 통한 산업의 고도화 전략에서 추진됐으나, 점차 늘어나고 있는 고학력 인플레이션과 실질 실업률 해소를 위한 대안으로 부상하고 있다. 매년 신규 설립되는 벤처 창업(스타트업) 기업 수가 2016년 552만 개에서 2017년에는 600만 개, 2018년에는 670만 개로 늘었고, 전년 대비 10.3%가 증가했다. 2018년 기준 매일 18,300개의 신생 스타트업이 탄생했다.

[표 13] 글로벌 스타트업 생태계 평가 순위

항목	종합	성과	펀딩	인재
실리콘밸리	1	1	1	2
뉴욕	2	3	2	7
런던	3	4	4	10
베이징	4	2	5	8
보스턴	5	6	6	4
텔아비브	6	9	8	11
베를린	7	7	9	5
상하이	8	8	3	9

자료 출처: Startup Genome(2017)

중국 청년들은 제2의 마윈이 되기 위한 성공의 수단으로, 그리고 취업난의 대안으로 '취업창업'을 선택하고 있다. 최근 몇 년 동안 대학생 창업자 수는 계속 증가하고 있으며, 해당 연도 졸업생뿐만 아니라 졸업 후 창업에 도전하는 인구도 꾸준히 증가하고 있다. 중국 대학생의 40% 이상이 창업을 희망한다는 통계를 감안해 중국 정부는 2015년부터 대학생 중심의 다양한 벤처 창업 지원 플랫폼을 운영하

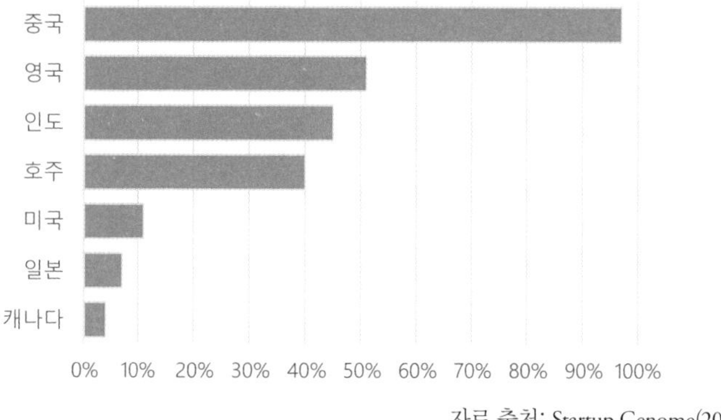

자료 출처: Startup Genome(2017)

[그림 26] 세계 각국의 스타트업 증가 추이(2010년 이후)

고 있다. 기술창업 인큐베이터, 중창공간(衆創空間) 등 창업 지원 운영 플랫폼을 전국적으로 설립하여 혁신기술 서비스, 창업 멘토링, 기업 경영 교육, 기업 간 네트워킹 등 다양한 정책 지원을 하고 있다. 중국에서 인기 있는 청년 창업 업종은 여성의류, 팬시잡화, 디지털기기 수리, 식음료, 골동품, 웨딩 컨설팅 및 대행, 세탁소, 세차장, 어린이집, 이벤트용품 대여 등인 것으로 나타났다.

'혁신창업'은 성공적인 창업을 위한 필수 조건이고, 고객수요 포착 및 참신한 아이디어가 성공 요인이다. 최근 청년 창업가들의 성공 사례는 주로 모바일 소프트웨어에 집중돼 있다. 모바일 소프트웨어는 막대한 자본금 없이 아이디어와 기술력만으로 승부하는 청년들에게 적합한 분야이기 때문이다. 중국은 모바일 시장의 발달로 모바일 이용자의 잠재 소비력이 지속적으로 증가하고 있으며, 끊임없이 새로운 것을 추구하는 젊은 소비자의 특성으로 신제품의 시장 진입장벽이 비교적 낮은 편이다. 중국에서는 지난 몇 년 동안 호의적인 창업 분위기로 인해 창업에 대한 투자가 활발했고, 자금력이 부족한 청년 창업가를 위한 엔젤 투자 및 벤처 캐피털 투자가 활성화됐다. 중관춘(中關村) 창업거리는 젊은이들이 넘쳐났다. 중관춘은 바이두(중국 최대 인터넷 포털), 레노버(PC 세계 1위), 텐센트(온라인게임 세계 1위), 샤오미(중국판 애플) 등이 탄생한 곳으로, 여전히 중국 스타트업의 메카이고 가히 중국의 실리콘밸리라 할 것이다.

중관춘에 2019년부터 한파가 불고 있고, 하루에도 몇 개씩 이뤄지던 스타트업 창업도 뜸해졌다. VC(Venture Capital) 등 스타트업에 투자하는 자금의 고갈 현상이 이어지고, 스타트업 거품 논란이 등장한 것이 그 원인이다. 대박을 꿈꾸며 중국 전역에서 몰려들던 사람들도 크게 줄었다. 중국의 창업 열기는 2014년부터 2017년까지 뜨겁게 달아올랐고, VC는 2015년 2,000억 위안, 2016년 3,581억 위안, 2017년 3,476억 위안이 결성됐다. 이 자금이 창업시장으로 흘러들면서 거품 논란이 제기됐다. 2018년부터 이 투자금의 자금회수가 시작됐고, 미 · 중 무역전쟁으로 경기침체까지 겹치면서 2019년 상반기 중국의 VC 신규 펀드 규모는 893억 위안에 불과했다. 2018년 4,300건 정도였던 중국 내 VC 투자 건수도 2019년에는 2,000건 이하로 급격히 감소했다. 적당한 아이템만 갖춰도 VC의 투자를 받던 호시절은 막을 내리고 있다. 중국 VC 내부에서는 자금이 꽁꽁 얼어붙은 동절기에 접어들었다고 한탄하며, 어떻게 살아남아야 할지 고민하는 흔적이 역력하다. 2018년 12월부터 본격 시작된 자금 고갈 현상은 갈수록 심화되는 추세다.

현재 중국 창업시장은 급속도로 실력과 개방, 그리고 세계 일류라는 3대 키워드로 전열을 재정비하는 모양새다. 실력 중심의 창업기업에 대한 지원과 대외 문호개방이 대표적이다. 미 · 중 무역전쟁으로 인한 경기 침체 압력, 코로나19로 인한 글로벌 공급망 변화, 중국 경제의 내적 리스크 및 벤처에 대한 투자의 급감 등으로 중국의 창업 생태계가 다소 위축돼 있긴 하지만, 이것은 더 높은 도약을 위한 필연적 과정이다. 지금 중국의 창업 생태계는 체질 개선을 위해 와신상담 중이고, 중장기적인 성장 메커니즘 구축을 위해 절치부심하고 있다. 중국의 창업 생태계는 정부와 기업의 수요에 따라 성장을 거듭하고 있으며, 창업 생태계에서 창출되는 혁신이 중국의 미래산업 발전의 거대한 동력이 될 것으로 전망된다.

유니콘 기업 급증

'유니콘 기업'은 혁신기술과 아이디어로 무장한 신생 혁신기업 가운데 기업 가치가 10억 달러 이상인 비상장 스타트업 기업을 의미한다. 많은 벤처 창업자가 꿈꾸는 성공의 상징이다. 투자가들로부터 사업의 성장성과 제품의 독창성, 서비스 경쟁력을 인정받았다는 증표이기도 하다.

유니콘(Unicorn)이라는 단어는 2013년 미국 카우보이 벤처스(Cowboy Ventures)의 창업자인 에일린 리(Aileen Lee)에 의해 처음 사용됐고, '창업 10년 이내', '회사 평가액 10억 달러 이상', '비상장', '테크놀로지 기업'이라는 4가지 요건을 만족하는 기업이 해당된다. 2013년 당시에는 그 기준을 충족하는 유니콘 기업이 39개밖에 없었으나, 6년이 지난 2019년에는 전 세계에 400개 이상 존재한다. 최근에는 유니콘의 열 배인 100억 달러 이상의 비상장 스타트업 기업을 일컫는 '데카콘(Decacorn)'이라는 용어도 생겼다.

중국이 미국을 제치고 사상 처음으로 유니콘 기업 최다 보유국이 됐다. '중국판 포브스'로 불리는 후룬리서치에서 2000년대 이후 설립된 신생 벤처기업(스타트업) 순위인 「후룬 글로벌 유니콘 리스트(Hurun Global Unicorn List) 2019」를 발표했다. 스타트업은 비상장 기업인 경우가 많아 조사기관별 집계 방식에 따라 숫자에 차이가 난다. 따라서 후룬리서치 공개 자료에서는 중국이 유니콘 기업 보유 1위 국가지만, 미국의 생각은 다르다. 어쨌든 2019년 12월 21일 후룬리서치가 공개한 유니콘 기업 순위에 따르면, 세계 유니콘 기업 494개 중 중국이 206개로 1위를 차지했다. 미국의 유니콘 기업은 203개로 중국보다 3개 적었고, 중국과 미국의 뒤를 이어 인도(21개), 영국(13개), 독일(7개), 이스라엘(7개), 한국(6개), 프랑스(4개), 인도네시아(4개) 순이었다.

전 세계 유니콘들의 총 기업 가치는 1조 7,000억 달러에 달한다. 도시 기준으로는 중국 베이징에 세계에서 가장 많은 82개의 유니콘 기업이 있는 것으로 조사됐다. 베이징 외에도 샌프란시스코(55개), 상하이(47개), 뉴욕(25개), 항저우(19개) 선전(18개), 난징(12개) 등 중국과 미국의 도시들이 상위권을 차지했다. 전체 494개 유니콘 기업 중 중국과 미국 기업의 비율이 82%를 차지하고, 기업가치 상위 10곳 모두 미국과 중국 기업이다. 기업가치로 보면, 1위 기업은 구글의 자율주행차 자회사인 웨이모 1,750억 달러, 2위는 중국 전자상거래 업체 알리바바의 금융 계열사인 앤트파이낸셜 1,538억 달러, 3위는 동영상 공유앱 틱톡을 만든 바이트댄스 750억 달러였다.

중국이 세계 최대 유니콘 기업 보유국이 된 배경으로는 거대한 내수 시장의 폭발력, 소비자 수요의 '상품'에서 '체험 서비스'로의 이행, VC 기구와 대형 인터넷 기업의 활발한 투자 활동, 알리바바 등 성공 기업의 모델 효과, 정부의 지원 정책 등을 꼽을 수 있다. 중국 유니콘 기업의 급성장에는 시장 환경, 투자 환경 등 여러 가지 배경과 요인이 있지만, 가장 중요한 요인은 막대한 투자와 정부의 강력한 지원 정책이라 할 것이다. 중국 유니콘 기업의 절반은 텐센트, 알리바바, 바이두와 같은 거대 IT 기업의 투자를 받았다. 중국 정부는 중국 제조 2025 등 혁신 성장 전략을 추진함과 동시에, 최근 세계적으로 각광받고 있는 AI와 전기자동차 영역에 대해 집중적인 육성 정책을 펼치고 있다.

매년 20~30개 유니콘 기업이 생겨났던 중국도 2018년부터 그 기세가 꺾이고 있다. 중국 VC 시장도 투자나 펀딩 규모 자체가 이전에 비해 현격하게 줄었다. 이로 인해 최근 기업가치가 과도하게 부풀려진 중국의 일부 유니콘 기업들이 잇따라 경영상 위기를 맞고 있다. 디디추싱(滴滴出行)은 해외 시장 진출 실패와 안전 논란으로 적자를 기록하면서 경영상황이 나빠졌고, 2019년 상장계획을 무기한 연기했다. 공유자전거 업체 오포(ofo)는 한때 기업가치가 30억 달러에 달해 유니콘 목록에 올랐었지만, 무리한 사업 확장 등을 원인으로 몰락해 2019년 약 65억 위안의 부채를 떠안게 됐다. 미 · 중 무역전쟁으로 인한 미국 정부의 제재 또한 중국 유니콘 기업에게는 악재다. 세계 최대 CCTV 제조회사인 하이크비전은 최근 신장위구르의 인권 탄압에 가담했다는 이유로 미국 정부의 제재 리스트에 올랐다. 바이트댄스도 틱톡 앱을 통해 미국 청소년들의 개인 정보를 탈취한다는 의혹으로 미국 연방거래위원회로부터 570만 달러의 벌금을 부과받았다.

중국 정부는 낮은 규제 장벽과 IT 대기업의 자본 투자, 스타트업 대상의 정부 지원 프로그램 등 스타트업이 유니콘으로 성장할 수 있는 최적의 환경을 조성함으로써 이들의 경쟁력 강화에 힘을 실어주고 있다. 또한 중앙정부 차원에서 인공지능 산업을 지원하고 장려하는 정책을 발표하며 산업을 육성하고 있다. 그뿐만 아니라 개방형 인공지능 플랫폼을 지원하는 정책, 자율주행 자동차에 관련된 규범 정책 등 여러 정책을 기획할 때부터 바이두와 같은 이 분야의 선도 민간 기업을 참여시키며, 민관이 함께 큰 그림을 그려나가는 환경을 형성하고 있다. 미 · 중 무역전쟁 등 여러 이슈로 중국 경제가 어려움을 맞고 있는 상황에서도 4차 산업혁명 분야를 선도하려는 중국 정부의 의지가 중국 유니콘 기업 성장의 견고한 발판을 제공하고 있다.

반도체 자립

중국은 '2025년까지 반도체 자급률 70% 달성'이라는 원대한 목표를 세웠지만, 기대하는 만큼의 성과를 내지 못하고 있다. 현재 반도체 자급률은 20%를 밑돈다. 이마저도 중국에 본사를 둔 실제 중국 반도체회사의 생산 규모를 기준으로 하면 중국산 반도체는 전체의 1~2%에 불과하다. 중국 정부가 반도체 굴기를 선언하고 엄청난 자금을 투자했음에도 아직은 선진 기업과 상당한 기술 격차를 보이고 있다.

중국 정부는 1기 펀드 투자의 실패를 거울삼아 2기 때는 소재 · 장비의 국산화에 공을 들였다. 2019년 미국의 화웨이 제재를 필두로 큰 타격을 입자, 칩(chip) 자급을 위해선 제조기술과 전공정 장비의 내재화가 필수라고 진단했기 때문이다. 중국 정부의 전략적 반도체 자급 의지가 확고한 만큼 반도체 굴기는 계속될 것이고, 여전히 진행형이다. 미국의 제재로 TSMC와 거래가 끊어져 칩 수급에 차질을 빚은 화웨이는 2022년 가동을 목표로 우한에 반도체 파운드리 팹 건설을 시작했다.

미 · 중 경제전쟁의 핵심은 사실상 반도체다. AI, 사물인터넷, 자율주행, 의료, 스마트홈 등 모든 분야에서 반도체는 필수다. 반도체 수급 불균형을 타개하기 위해 미국 바이든 대통령이 세계적인 반도체 기업을 불러 모으고, 중국 시진핑이 2025년 반도체 독립에 박차를 가하는 등 반도체를 둘러싼 패권 경쟁은 한층 치열해지고 있다.

『월스트리트저널(WSJ)』은 네덜란드 반도체 장비기업 ASML이 중국에 첨단 제조 설비를 판매할 계획이었으나, 네덜란드 정부의 수출 허가를 받지 못했다고 전했다. 문제의 장비는 ASML에서 만드는 세계에서 유일한 극자외선(EUV) 노광장비다. 해당 장비를 이용하면 실리콘 웨이퍼에 EUV를 이용해 5나노미터(nm) 이하의 극도로 미세한 회로를 새겨 넣을 수 있다. 대만 TSMC와 미국 인텔 등 주요 반도체 회사들은 ASML의 노광장비를 확보하기 위해 혈안이 되어 있으며, 중국 또한 1대에 1억 5,000만 달러씩 하는 ASML 제품을 수입하려 노력하고 있다. 『월스트리트저널』은 바이든 정부 관리들이 국가안보 우려를 들어 네덜란드 정부에 중국 수출 제한을 요구했다고 전했다. 미 · 중 반도체 전쟁 1라운드는 미국의 승리로 끝난 모양새다. 화웨이 사태를 겪으며 중국은 반도체산업 내재화의 필요성을 더욱 절감했고, 2차 반도체 굴기에 나서고 있다.

중국이 전 세계에서 반도체 장비를 쓸어 담으며 글로벌 반도체 전쟁이 다시 격화하고 있다. 최근 중국 반도체 업체들이 전(前)공정, 후(後)공정 가리지 않고 생산 라인에 필요한 장비를 입도선매하고 있다. 반도체 공장 건설에서 가장 중요한 부분은 장비 확보다. 생산 라인은 제조사들이 갖추지만, 각 라인 공정에 필요한 장비들은 장비회사들이 공급한다. 반도체 굴기를 막겠다는 미국의 제재에도 불구하고, 중국은 자립 의지를 꺾지 않는 것으로 해석된다. 첨단 반도체는 생산하지 못해도 '쇼티지(공급 부족)' 상태인 자동차 반도체 등에서 헤

게모니를 쥐려는 행보로도 보인다. 이에 따라 신규 팹을 건설 중인 삼성전자, SK하이닉스 등 한국의 반도체 업계도 장비 확보에 비상이 걸렸다. 미국과 일본 주요 장비 업체들의 2021년 1분기 국가별 매출 순위에서도 중국이 단연 1위를 기록하고 있다. 실제 미국 업체 램리서치의 1분기 실적을 보면 매출의 32%가 중국에서 나왔다.

중국 당국은 반도체 산업 육성을 위해 보조금 지급 및 세제 혜택 등과 함께 막대한 투자를 하고 있다. 이 같은 반도체 기업에 대한 육성 및 투자 정책에 힘입어 새로 생겨나는 반도체 관련 기업들도 급증하고 있다. 중국의 기업정보 관련 회사인 치차차(企査査)에 따르면, 2021년 1월부터 5월 사이 신규 등록된 중국의 반도체 관련 기업은 1만 5,700여 곳으로, 2020년 동기 대비 3배 이상 늘어났다. 중국 베이징대가 반도체대학원을 설립하는 등 중국 명문대학들이 잇따라 반도체 인재 양성에 나서고 있다. 중국 최대 인터넷 및 통신 빅테크 기업 텐센트가 반도체 사업에도 손을 뻗었다. 이번 텐센트의 반도체 사업 진출로 중국 빅테크 기업 BAT(바이두 · 알리바바 · 텐센트) 모두 반도체 사업을 진행하게 됐다. 차이나모바일(China Mobile)도 사물인터넷용 반도체 설계 및 생산을 위한 자회사를 설립했다.

글로벌 반도체 패권 전쟁이 벌어지는 가운데 중국 자본이 또다시 해외 기업 사냥에 나섰다. 중국 전자업체인 윙테크가 2년 전 네덜란드 칩 제조업체 넥스페리아(Nexperia BV)를 인수한 데 이어, 이번에는 이 회사를 통해 영국 최대 반도체 기업인 뉴포트웨이퍼팹(NWF)을 사들인다. 인수가액은 6,300만 파운드(약 983억 원)에 불과하지만, 자동차 관련 반도체를 생산하는 알토란 같은 기업이어서 주목된다.

중국 반도체 산업은 그동안 선봉장이던 칭화유니(清華紫光)가 지난해 기술력 한계와 과잉 투자의 후유증으로 13억 위안의 사모채권을 상환하지 못해 파산을 선언하는 등 난관에 부딪혔다. 칭화유니 그룹은 중국 반도체 굴기의 선봉에 서 있는 기업이라 이번 디폴트 사태가 중국 반도체 굴기의 종말을 의미한다는 주장도 있지만, 중국 정부가 국영기업들 사이에 만연한 부실 운영과 도덕적 해이에 대한 경고 메시지를 던짐으로써 기강을 잡으려는 의도로도 보인다. 칭화유니의 구원투수로 전자상거래 업체인 알리바바가 등판한 데다 창신메모리(CXMT) 등이 D램 생산을 시작했고, 장비기술 수준도 더디지만 꾸준히 높아지고 있다. 미국이 동맹국들과 함께 '반도체 연대'를 구성해 견제에 나섰지만, 중국 정부는 대규모 투자를 이어가고 있다. 시진핑은 최근 반도체 정책 사령탑에 최측근인 류허(劉鶴) 국무원 부총리를 임명했다.

4차 산업혁명 굴기

4차 산업혁명은 클라우스 슈밥 의장이 2016년 세계경제포럼(World Economic Forum, WEF)에서 주창한 용어이다. 제4차 산업혁명은 물리적, 생물학적, 디지털적 세계를 빅데이터에 입각해서 통합시키고, 경제, 산업 등 모든 분야에 영향을 미치는 다양한 신기술로 설명될 수 있다. 인공지능(AI), 가상현실(VR), 증강현실(AR), 사물인터넷(IoT), 클라우드 컴퓨팅 등 정보통신기술과 지능정보기술이 기존 산업과 서비스 등 경제 · 사회 전반에 융합되거나, 3D 프린팅, 로봇공학, 생명공학, 나노기술 등 여러 분야의 신기술과 결합되어 모든 제품 · 서비스를 네트워크로 연결하고 사물을 지능화하는 혁신적인 변화를 초래하고 있다.

중국 공산당 제19차 당대회에서 시진핑은 "인터넷 · 빅데이터와 AI를 실물경제와 융합해 국가의 새로운 성장 동력으로 만들어야 한다"고 강조했다. 2019년 중국 양회의 핵심 화두 역시 4차 산업혁명이었고, 4차 산업혁명에 대한 다각적인 대응을 언급했다. 주요 내용은 4차 산업혁명 시대를 주도하기 위한 관련 기술 혁신과 제조업 구조고도화, 신산업 육성정책 등을 제시하고, 제조업에 중점을 두어 AI, 빅데이터 등 4차 산업혁명 기반 기술을 활용한 '인터넷+'를 추진하며, 연구개발 강화를 통한 기술혁신과 차세대 정보통신, 첨단장비, 바이오, 신소재, 신에너지차 등 신산업 육성을 가속화하는 것 등이다.

중국은 AI, 빅데이터, 인터넷+, 차세대 IT, 공유경제, 제약 · 바이오, 신소재, 5G, 산업인터넷(IIoT), 신에너지 자동차, 스마트 교통, 전자의무기록 시스템 구축 등 4차 산업 기반 플랫폼 구축에 국가적인 총력을 경주하고 있다. 중국 기업들은 정부의 전폭적인 지원, 해외유학을 경험한 풍부한 인재, 넘치는 투자 재원, 도전적인 젊은 창업자, 거대한 내수 시장 보유라는 자원을 바탕으로 '4차 산업혁명의 실험장'을 구축해나가고 있다.

중국은 정보화가 상당히 늦었지만, 대외적으로 4차 산업혁명을 중국이 주도하겠다는 의지를 강하게 표출하고 있다. 원천기술의 개발과 더불어 다양한 산업 분야에 응용기술을 적용하고, 이를 통해 비즈니스 모델을 육성하고 있다. 거의 모든 산업에 QR코드를 적용하고 있으며, 이를 기반으로 모바일 디바이스를 활용해 다양한 편리성을 제공하고 있다. 특히 2022년 현금 없는 사회를 목표로 하는 '핀테크' 혹은 '테크핀'이라 불리는 모바일 결제 인프라는 세계 모바일 결제 시스템을 선도하고 있다. 전기자동차 1위 BYD 그룹, 세계 유전자시장의 25%를 점유한 BGI 등 현재보다 미래를 열어가는 준비된 기업들이 중국에는 매우 많다.

중국의 4차 산업혁명 경쟁력은 객관적 수치로도 증명된다. 스위스 국제경영개발연구원(IMD)에서 발표한 세계 디지털 경쟁력 순위에 따르면, 중국은 2014년 38위에서 2019년 22위를 차지했다. 그리고 세계경제포럼(WEF)의 글로벌 혁신 능력 경쟁력 평가에서 중국은 2014년 32위에서 2018년 24위로 올라섰다. 중국은 거대 자본과 시장을 전략적 자원으로 활용하면서 인터넷+ 전략과 강력한 내수 시장 연계를 통해 사실상 전 세계 플랫폼을 장악하려는 전략을 추구하고 있다. 특히 중국 제조 2025는 정보화와 산업화의 심층적인 '양화융합(兩化融合)'을 기치로, 중국산업의 대변혁을 가속화하고 있다.

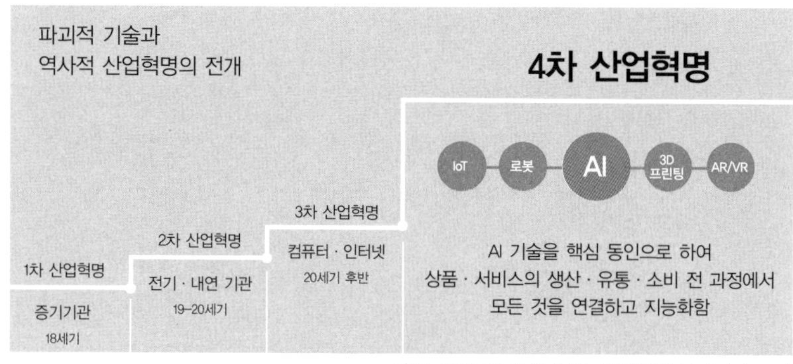

자료 출처: 박하성, 『4차 산업혁명 이야기』(2018)

[그림 27] 4차 산업혁명 개념도

4차 산업혁명이 인간 삶의 조건과 환경 및 사고를 근본적으로 바꾸면서 국력과 권력의 성격 및 양상도 크게 변화하고 있다. 단적인 예로, 기존의 군사력 · 경제력과 같은 국력의 척도들 이외에도 기술력, 정보력, 사이버네틱스(cybernetics) 등이 국력을 가늠하는 중요한 기준으로 등장했고, 권력의 성격 또한 복합적이고 다층적이며 가변적이 되면서 종래의 국제관계 모델 또한 수정이 불가피한 상황이다. 중국이 4차 산업혁명과 관련한 일부 분야에서 미국의 경쟁자로 부상하자, 미국은 이를 견제하려는 움직임을 노골적으로 표출하고 있다. 미국은 2019년 AI 분야에서의 선도적 지위 유지를 위한 국가전략을 발표하는 한편, 화웨이 등 다수의 중국 ICT 기업을 거래제한 기업으로 지정했다.

[표 14] 세계 주요국의 4차 산업혁명 기술력 평가(2018년 기준)

주요 기술	미국	EU	일본	중국
다중 인공지능 공동 플랫폼	100	90	80	88
지능형 빅데이터 분석 활용	100	85	77	83
초고속 대용량 데이터 플랫폼	100	73	60	85
초연결 사물인터넷	100	90	87	78
스마트 제조 로봇	90	100	92	71
3D 프린팅 장비 소재	100	100	79	75
3D 프린팅 소프트웨어 활용	100	99	83	75

자료 출처: 한국과학기술평가원, 한국은행

'세계 1위로 잘사는 국가 건설', 즉 중국의 꿈을 향한 중국의 비상은 이미 시작됐고, 중국의 꿈을 실현하기 위한 중국의 핵심 전략은 첫째, 기초기술 향상과 정보화 융합을 통해 세계 1위의 제조 강국으로 도약하는 것이다. 둘째, 인터넷 및 ICT 기술과 경제 · 사회 각 분야의 융합을 통해 세계 1위의 디지털 경제를 창출하는 것이다.

중국의 모바일 인터넷 인구가 12억 명을 넘어섰다. 2030년이면 데이터 서비스산업 규모가 2조 5천억 위안을 초과하고, 통신설비 제조 분야는 2조 위안을 넘어설 것이라는 전망이 나온다. 중국 정부는

4차 산업혁명 분야에 대한 집중 투자와 독점적 정책 지원을 통해 AI, 사물인터넷 산업을 장악해나가고 있다. 지금 중국은 글로벌 4차 산업혁명을 선도하기 위해 국가와 기업이 동일한 목표를 향해 매진하고 있다.

신흥산업 급성장 05

금융시장

이강(易綱) 중국인민은행장은 '중국발전고위급포럼(中國發展高層論壇) 2019년 연례회의'에 참석해 "중국 금융시장은 접근을 넓힐 여지가 크다. 외국 금융기관에 대한 주식 보유 비율과 사업 범위, 라이선스(면허) 면에서 중국 금융기관과 동등하게 대우하겠다. 금융시장의 대외 개방에 맞춰 리스크를 방지할 메커니즘의 개선도 필요하다"고 밝혔다. 그는 중국 시장에 자금을 투자하는 외국 기업과 투자가의 위험 분산을 위한 헤지 체제 강구에도 적극적으로 협조할 생각임을 내비쳤고, 활용 가능한 금융 수단의 종류를 늘림으로써 자산 배분의 최적화가 가능하다고 주장하기도 했다. 한편 미 · 중 무역 협상의 주요 의제 중 하나인 위안화 환율에 대해 "중국인민은행이 이미 일상적인 개입을 삼가면서 시장 참여자가 점차 유연한 환율 변동에 적응하고 있다"면서 위안화 개혁을 계속할 방침을 확인했다.

중국은 이미 본토의 거래소와 홍콩 거래소를 잇는 '후강퉁(沪港

通, 2014.11.17. 개통)'과 '선강통(深港通, 2016.12.5. 개통)'을 통해 주식시장을 어느 정도 개방했다. 후강통은 상하이 증권거래소와 홍콩 거래소의 투자자들이 각 지역의 증권회사(혹은 브로커)를 통해 매매 규정 범위 내에서 상대 거래소에 상장된 주식을 살 수 있게 한 제도를 의미하고, 선강통은 선전 증권거래소와 홍콩 거래소를 연결했다는 점 외에는 후강통과 같은 개념이다. 후강통, 선강통에 이어 상하이 거래소와 런던 거래소를 잇는 '후룬통(沪伦通)'이 2019년 6월 17일 정식 출범했다. 현재는 조건에 부합하는 양측 거래소 상장기업이 발행한 주식예탁증서(DR)의 거래만 가능하도록 되어 있다. 따라서 현재 출범 초기 단계인 후룬통의 투자 가능 상품과 종목은 제한적이라고 볼 수 있으며, 향후 양 거래소 간의 거래가 더 많아지게 된다면 유럽과 중국 간의 상호 투자의 길이 더 확대될 것으로 예상된다.

2019년 9월 10일 중국 국가외환관리국은 적격 외국 기관투자자(QFII)와 인민폐 적격 외국 기관투자자(RQFII)의 투자 금액 제한을 철폐했다. 동시에, 중국 A주식이 MSCI(Morgan Stanley Capital International) 지수에 계속해서 추가 편입되고 있다. 2019년 7월 22일 '커촹반(科创板)'이 상하이 증권거래소에서 정식으로 거래를 시작했다. 커촹반은 비교적 신생 과학기술 혁신기업을 대상으로 하며, '중국판 나스닥'이라고도 불린다. '촹에반(创业板)'과 커촹반 둘 다 신생 혁신기업이 상장 가능하다는 점에서는 동일하나, 촹에반은 선전 거래소에서 거래되고 커촹반은 상하이 거래소에서 거래된다는 점에 차이가 있다. 커촹반은 2020년 7월 22일 상하이 종합지수에 편입됐고, MSCI 지수도 커촹반 주식들을 일부 포함하는 등 커촹반을 포함한 주식시장의 대외개방이 지속되고 있다.

중국은 외국인 투자 제한도 완화했다. 2019년 7월부터 철도 · 전력 등 인프라, 자동차 · 선박 등 제조업, 금융 · 유통 등에 걸쳐 22개 항목의 제한을 완화해 네거티브 리스트에 열거된 48개 항목을 제외한 모든 분야의 외국인 투자를 허용했다. 특히 금융과 자동차 분야는 각각 2021년과 2022년에 완전 개방하는 일정을 미리 공개했다. 개방의 시험장 역할을 하는 자유무역시험구에서는 중국인의 해외여행 업무를 허용(단, 합자 여행사로 제한)해 관광 서비스 자유화의 전국적인 확대에 대한 기대감을 높였고, 하이난(海南)을 추가로 지정했다. 해외 소비의 국내 전환 등을 위해 해외직구 활성화 조치도 2019년 1월부터 시행 중이다. 허용 품목 수를 1,293개에서 1,321개로 늘리고, 세제혜택 한도도 높였다. 특히 2018년부터 시작한 상하이 국제수입박람회를 매년 개최하면서 참가한 바이어 수와 거래 실적을 공개하고 있다.

중국은 또한 총 45조 달러 규모의 보험 · 선물 · 자산운용 등 자국 금융시장을 2020년부터 개방했다. 미 · 중 무역합의를 위해 대외개방을 확대하고, 상대적으로 부진한 금융시장을 활성화하기 위해서다. 2019년 12월 30일 블룸버그 통신의 발표에 따르면, 중국 정부는 2020년부터 본격적으로 금융시장 개방에 나선다. 2020년 1월부터 보험사와 선물회사의 외국인 지분 제한이 폐지됐다. 4월부터는 증권사와 자산운용사에 대한 외국인 지분 한도도 51%에서 100%로 확대됐다. 2019년 4월 보험사, 선물회사, 증권사, 자산운용사에 대한 외국인 지분 한도를 49%에서 51%로 높인 데 이어, 금융시장 개방을 대폭 확대한 것이다. 2020년 12월부터는 외국인 증권사 지분 제한이 완전 철폐됐다. 그야말로 외국계 금융회사가 중국 내에서 100% 자기지분으로 금융업을 영위할 수 있게 된 것이다. 블룸버그 인텔리전스는 2020년 중국의 금융시장 개방으로 외국계 기업들이 은행과 증권 분야에서만 2030년까지 연평균 93억 달러 이상의 수익을 올릴 것으로 추산했다. 이러한 중국의 금융시장 개방은 미 · 중 무역전쟁 과정에서 불거진 미국의 요구를 수용하고, 동시에 외국 자본 유입을 통해 둔화하는 경제성장률을 만회하는 한편, 자국 금융산업의 경쟁력을 높이기 위한 것으로 풀이된다.

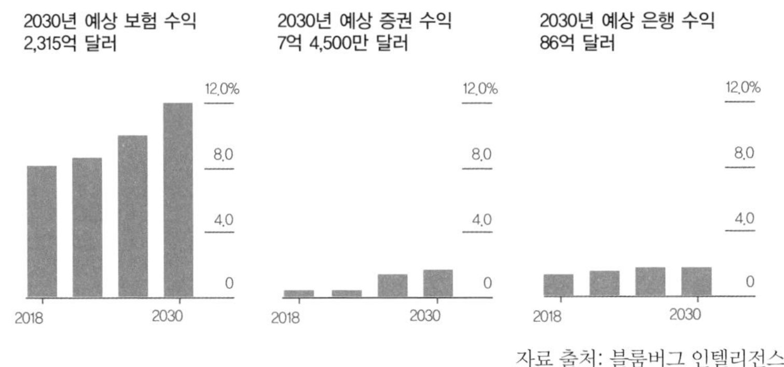

자료 출처: 블룸버그 인텔리전스

[그림 28] 중국의 금융시장 개방에 따른 보험, 증권, 은행의 수익(예측)

2020년 첫날부터 중국 보험시장이 열렸다. 외국계 회사들이 가장 눈독을 들이는 분야가 중국 보험시장이다. 중국 보험시장은 토종업체인 차이나라이프(China Life)와 핑안보험(平安保險) 등이 장악하고 있고, 프랑스의 악사 생명보험과 독일의 알리안츠, 미국의 시그나(CIGNA), 영국의 스탠더드라이프애버딘(Standard Life Aberdeen) 등이 눈독을 들이고 있다. 선물 · 자산운용 부문은 상대적으로 중국 시장이 협소하다. 이미 중국에는 150개의 선물회사, 130개의 증권사가 있지만, 이들 자산 규모를 모두 합쳐도 골드만삭스 한 곳과 비슷한 정도다.

2020년부터 외국계 회사들의 중국 증권 분야 진출도 활발해지고 있다. 중국 증권시장에서는 150개의 토종 업체들이 경쟁하고 있으며, 2019년 상반기 총 수익 규모는 34억 위안이었다. JP모건체이스가

2020년부터 중국에서 과반 이상의 지분을 보유한 증권사 영업을 시작했다. JP모건은 미국계 금융회사로는 처음으로 중국에서 경영권을 갖고 증권사 영업을 하게 됐다. 글로벌 금융회사로는 스위스 UBS은행과 일본 노무라증권에 이어 세 번째다. 2020년 중국이 금융시장을 완전 개방함에 따라 중국 자본시장 진출을 오랫동안 꿈꿔왔던 골드만삭스와 JP모건체이스, 블랙록(BlackRock) 등 외국계 기업들의 중국행이 더욱 가속화될 전망이다.

환경산업

중국 사회의 전반적인 환경보호 의식 강화와 중국 정부의 신흥산업 육성 패러다임 전환에 따라 환경산업에 대한 관심이 고조되고 있다. 중국은 개혁개방 이후 30여 년간 고속 경제성장을 이루는 과정에 환경 파괴라는 엄청난 폐해를 야기했다. 2013년 중국 정부는 에너지 절약 및 환경보호 산업을 국가 전략산업으로 육성하기로 결정했다. 2015년까지 관련 산업의 총생산 목표를 4조 5,000억 위안으로 정하고, 에너지 절약 및 환경보호 산업의 발전을 촉진시키기 위한 4가지 주요 사업 목표를 확정했다. 첫째, 에너지 절약 서비스를 강화하고 혁신적인 모델을 개발하며, 환경보호, 자원재활용, 기술 및 장비의 개발을 촉진하는 기술 수준을 향상시키는 것이다. 둘째, 정부의 주도적인 역할로 기술 변화에 따른 환경오염 제어 프로젝트를 구현하고, 녹색건물 개발, 도시환경 인프라 건설을 가속화하는 것이다. 셋째, 사회적으로 환경을 파괴하는 투자를 지양하고, 환경보호 사업을 선도하는 것이다. 넷째, 에너지 효율의 구현, 환경보호 제품 인증 시스템의 개선, 에너지 절약 제품의 홍보를 통해 시장의 소비자 수요를 확장하는 것이다. 다섯째, 기술혁신과 역량을 강화하고, 핵심 기술을 습득해 에너지 절약 및 환경보호 산업의 시장 경쟁력을 향상시키는 것이다.

중국 정부는 환경보호산업뿐만 아니라 환경오염 발생을 줄이기 위한 신에너지, 신재료산업 등 신흥 전략산업 육성책을 속속 발표했다. 아울러 신환경보호법, 대기오염방지행동계획, 수질오염방지법, 수질오염방지행동계획, 고체폐기물환경오염방지법, 토양오염방지행동계획 등 환경과 관련한 법령들을 정비(개정), 시행하고 있다.

[표 15] 중국의 경제 발전 규획별 환경 정책 방향

시기	9.5 규획	10.5 규획	11.5 규획	12.5 규획	13.5 규획
핵심 개념	지속 가능한 성장	녹색산업 발전	녹색산업 발전	친환경 사회	생태문명 건설
정책 방향	환경보호 개념 제시	환경보호 초기 모델	에너지 개혁	기후 변화 대응 온실가스 감축 목표 제시	강제적 감축, 친환경 인프라

자료 출처: KOTRA

시진핑 집권 2기(2018~2022년)의 3대 경제정책 기조에 따르면, 환경산업, 실버산업, 문화콘텐츠, 영유아산업, 의료건강, 첨단제조업, 사물인터넷 등이 유망할 것으로 보인다. 2012년부터 중국 정부는 '아름다운 중국(美麗中國)'을 비전으로 생태문명 건설을 경제 건설, 정치 건설, 문화 건설, 사회 건설 등의 방면에서 가장 최우선 정책 목표로 삼고, 특히 강조하고 있다. 도시 및 농촌 오수 처리, 탈황 · 탈질 설비 제조 및 기술 업그레이드, 청정 에너지 및 산업 에너지 개발, 민관 협력 활용 환경 부문 활성화 등 분야에 집중 투자하고 있다. 더불어 중국 공업정보화부는 2017년 8월 대기 · 수질 · 토양오염 방지 등 총 7개 부문의 환경보호 장비 제조업 육성책을 발표하고, 2021년까지 환경산업 시장 규모를 1조 위안으로 성장시킬 계획이다.

[표 16] 시진핑 집권 2기 3대 경제정책 세부 내용

키워드	세부 내용
혁신 중국	• 과학기술과 혁신을 통한 성장, '중국 제조 2025' 및 '인터넷 플러스' 전략과 연계
풍요로운 생활	• 소비 업그레이드가 주요 방향으로 중국인들의 먹고, 즐기고, 사용하는 분야가 향후 지속 성장 • 영화, 게임, 출판 등 디지털 경제의 주요 미디어 분야 지속 성장 예상
아름다운 중국	• 생태 환경 건설을 중시한 환경보호 분야 육성

자료 출처: KOTRA

최근 중국 정부는 아름다운 중국 건설 기조에 따라 환경오염 산업에 대한 규제를 강화하고 있다. 전국 31개 성(시)에 중앙정부의 감독팀을 파견해 환경 단속을 상시화하고, 배기가스 기준을 초과하는 자동차와 같은 환경오염 제품 생산업체에 벌금을 부과하고 있다. 2013년 중국의 생태 복원 분야 기업 수는 200여 개에 불과했으나, 2016년 2,000개를 돌파했고 2018년에는 3,380개로 증가했다. 특히 2014년부터 2016년까지 3년간 업체 수 증가율은 연평균 100%를 기록했으며, 2017~2019년에는 증가율이 주춤했지만 여전히 30% 수준을 유지하고 있다.

중국의 환경산업은 연평균 성장률 20%를 초과하는 폭발적 성장기에 진입했고, 중국 경제의 새로운 동력 중 하나가 되고 있다. 중국 정부는 2025년까지 자국에서 판매되는 친환경차의 비중을 25%까지 높이겠다고 발표했다. 이는 2017년 발표한 '자동차산업 중장기 발전계획'에서 제시했던 2025년 신에너지 차량 판매비율 목표인 20%보

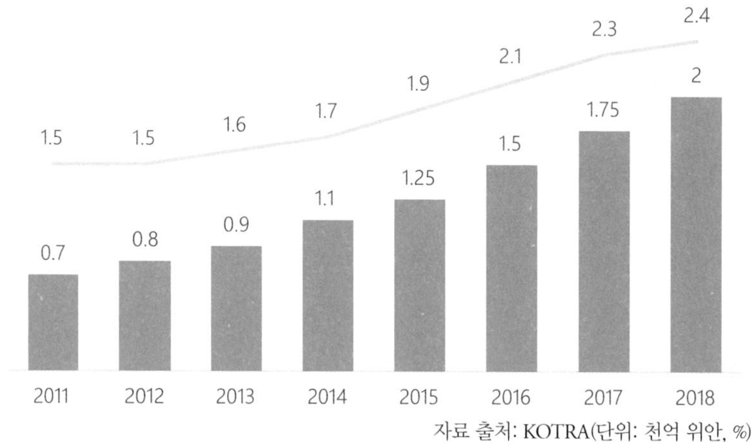

자료 출처: KOTRA(단위: 천억 위안, %)

[그림 29] 중국의 GDP 대비 환경 투자 규모(2011~2018년)

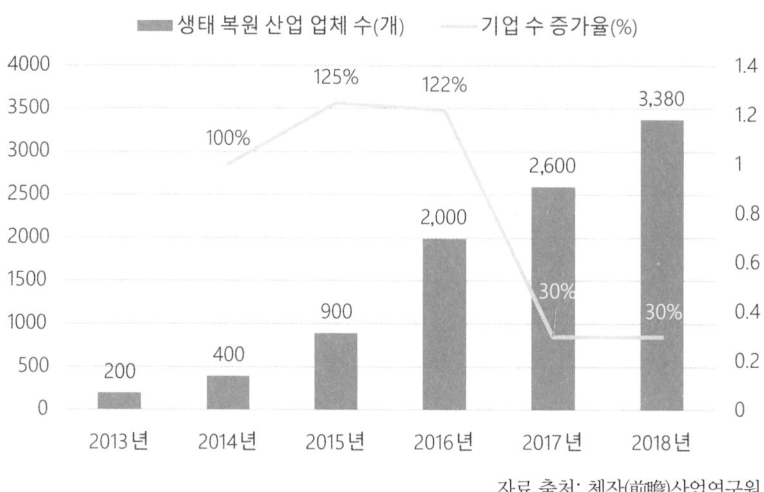

자료 출처: 첸잔(前瞻)산업연구원

[그림 30] 중국의 생태 복원 분야 기업 수 및 증가율 추이(2013~2018년)

다 5% 상향 조정된 것이다. 중국의 전체 자동차 생산목표는 2025년 3,500만 대로, 이 가운데 신에너지 차량 판매 목표는 875만 대에 달한다. 중국 공업정보화부는 이미 상당한 발전 단계에 진입한 것으로 평가되는 순수 전기차와 플러그인 하이브리드 차량, 연료전지 자동차가 주요 육성 대상이라고 밝혔다.

건강산업

'건강산업'이란 건강 유지, 회복, 촉진과 관련된 일련의 건강제품 생산, 경영 서비스 제공 및 정보 전파와 같은 산업의 통칭이다. 구체적으로는 5가지 분야로 세분화되는데, 첫째는 의료 서비스 기관을 주체로 하는 의료산업, 둘째는 약품 · 의료기기 · 의료 소모품의 생산을 주체로 하는 의약산업, 셋째는 건강식품 · 건강제품의 생산과 판매를 주체로 하는 건강제품산업, 넷째는 건강검진 및 평가 · 상담 서비스, 재활 관리 및 보장 촉진 등을 주체로 하는 건강관리(헬스케어) 서비스 산업, 다섯째는 양로 시장을 중심으로 한 건강요양 산업이다.

현재 중국의 건강산업은 의약산업과 건강요양 산업이 주도하고 있고, 그 시장점유율이 각각 50.05%, 33.04%에 달한다. 이에 비해 건강관리 서비스산업의 비중은 2.71%에서 그치고 있다. 현재 중국의 건강산업은 건강산업 클러스터, 전통 의약산업 파생, 전자상거래, 종합 건강 서비스, 의료 부동산, 건강 서비스 조직, 정부 협력 등 총 10가지의 모델로 발전해가고 있다.

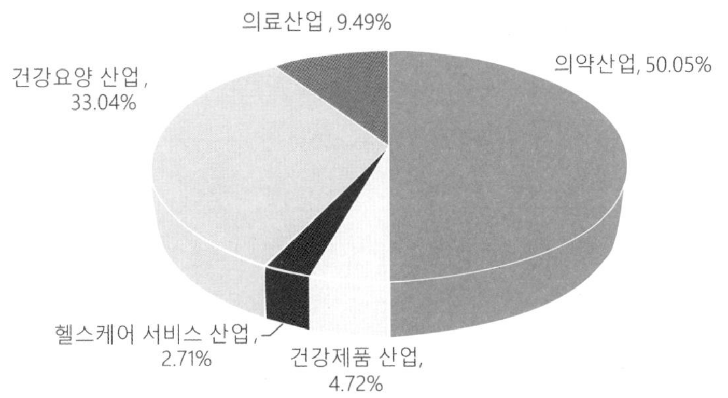

자료 출처: 첸잔산업연구원

[그림 31] 중국의 건강산업 세분시장 점유율 현황

2016년 10월 중국 국무원은 국민건강 수준을 선진국 수준으로 향상시키기 위해 '건강 중국 2030' 계획을 발표했다. 그리고 2019년에는 '건강 중국 강령(2019~2030)', '건강 중국 강령 시행에 관한 의견' 등 전 국민 건강증진을 위한 로드맵을 제시했다. 건강 중국 2030의 목표는 2030년까지 기대수명 79세, 만성질환 사망률 13%, 개인 의료비 지출 비중 25%이다. 세부 내용을 보면 건강한 생활 및 환경 조성, 의약품 유통 및 식품 안전 강화, 보건 서비스 및 건강보험 시스템 정비, 건강 빅데이터 시스템 구축, 헬스케어산업 발전 등이다. 중국 정부는 해당 로드맵을 기반으로 2020년까지 중국 건강 시장 규모를 약 8조 위안, 2030년까지 약 16조 위안 규모로 성장시킬 방침이다.

중국의 건강산업 비중은 아직 GDP의 6% 수준에 머물러 있으며, 양로원과 같은 시설 및 간호사의 공급은 수요를 충당하지 못하는 실정이다. 달리 보면 이는 중국이 전 세계에서 노령산업 시장 잠재력이 가장 큰 나라임을 반증한다. 2014년 중국 노년층의 소비 규모는 약 4조 위안이었으나, 2050년에는 약 106조 위안으로 급격히 팽창할 것으로 예측된다. 중국 국가통계국에 따르면, 2015년 기준 중국 국민은 의료보건 활동에 1인당 평균 1,165위안을 소비한 것으로 나타났다. 그리고 2015년에 6,823만 명이 의료보험에 신규 가입함에 따라 현재 의료보험 가입자 수는 총 6억 6,570만 명에 달한다.

의료기기산업 또한 지속적인 성장이 기대되는 유망 분야다. 현재 중국의 의료기기 시장은 중국 자체의 생산 수준이 향상되고는 있지만, 첨단기술 제품은 여전히 대부분 해외로부터 수입하고 있고, 수입 규모도 매년 꾸준히 증가하는 추세이다. 주민소득의 증가, 중산층의 확대, 노령화의 가속 등으로 건강에 대한 관심이 날로 증대되는 상황을 감안할 때, 중국의 건강산업은 폭발적 발전 잠재력을 가진 것으로 분석된다.

향후 중국의 건강산업은 몇 가지 특징을 띠며 발전해갈 것으로 예상된다. 첫째, 하이테크화이다. 웨어러블 기기, 원격의료, 듀얼 오디오 원격, 만병 모니터링, 블록체인 의학과 같은 첨단기술이 다방면의 의학에 광범위하게 적용될 것으로 보인다. 둘째, 정확화 · 표준화 및 전문화이다. 정밀한 검진 · 치료 · 재활을 통해 개성화 · 전문화된 평생 돌봄 관리 시스템이 보편화될 것이다. 셋째, 지능화이다. AI · 사물인터넷 등 신기술이 건강산업에 변혁을 가져오고, 진단 및 치료의 지능화 수준을 향상시킬 것이다. 넷째, 융합화이다. 미래 건강산업은 문화 · 관광산업과 깊이 융화될 것이다. 다섯째, 국제화이다. 국제 협력과 자원 공유는 미래 의료 건강산업 발전의 중요한 트렌드이다. 반면, 중국의 건강산업은 소비시장이 완전히 열리지 않았고, 산업사슬 분산, 낙후된 비즈니스 모델, 연구개발과 기술혁신 부족, 산업법규 미비 등 몇 가지 해결해야 할 난제를 안고 있다.

최근 중국의 건강기능식품 시장이 주목받고 있다. 유로모니터(Euromonitor)에 따르면, 중국의 건강기능식품 시장 규모는 2019년 기준 약 2,807억 위안으로 세계 2위이다. 그러나 상대적으로 낮은 소득 수준, 세계 1위의 인구, 빠르게 진행 중인 노령화, 환경오염 등을 고려할 때, 조만간 미국을 제치고 세계 최대 시장으로 올라설 것으로 전망된다. 또한 아직 자국에서 생산되는 먹거리에 대한 신뢰도가 낮아 해외 업체들의 침투가 용이할 것으로 보이는 점도 긍정적이다. 최근 건강기능식품이 주목받는 데는 남녀노소를 막론하고 건강을 중시하는 분위기가 깔려 있고, 특히 코로나19로 인해 건강관리에 매우 민감해졌기 때문이다.

코로나19 이후 달라진 중국의 건강기능식품 소비 트렌드를 살펴보면 첫째, 코로나19 여파로 대다수 중국인들이 재택근무를 실시함에 따라 그 영향으로 간편식 및 즉석식품 시장이 급성장했다. 특히 면역력 강화와 간식의 결합이 새로운 트렌드다. 중국의 간편식 시장 규모는 최근 5년간 매년 12%씩 성장하고 있고, 2020년 3조 위안을 돌파한 것으로 분석된다. 둘째, 영양보충제가 남녀노소 모두에게 인기를 끌고 있다. 중국의 영양보충제 시장 규모는 아시아 시장의 42%를 차지할 정도다. 고령층과 어린이 소비층 증가가 영양보충제 시장 확대의 원인으로 꼽힌다. 중국에서 가장 많이 유통되는 영양보충제는 비타민 및 미네랄 성분이다. 셋째, 많은 중국 소비자들이 갖고 있는 '약식동원(葯食同源)'의 관념을 상품에 스토리텔링하는 마케팅 전략이 대세다. 제품의 효능, 일상생활과의 연계성, 맛, 제품의 편리성, 다양한 소비층 등을 감안한 다양한 스토리텔링 마케팅이 활용되고 있다.

실버산업

중국의 실버산업은 실버용품, 실버 서비스, 실버 부동산, 실버금융 등으로 분류된다. 실버용품은 건강식품 · 일용품(목욕용품 등) · 의료기기(보청기, 휠체어, 요양침대 등) · 전자제품 · 완구 · 장례용품을, 실버 서비스는 양로서비스 · 의료/간호 서비스 · 관광/법률 서비스를, 실버 부동산은 실버타운 · 양로 복합 단지 · 건강요양 리조트 등의 개발과 운영을, 실버금융은 보험상품(장기요양보험 · 양로보험 · 고령자 의료보험 등) · 기타 노인 대상 저축상품 등 금융상품을 의미한다.

[표 17] 중국의 실버산업 분류

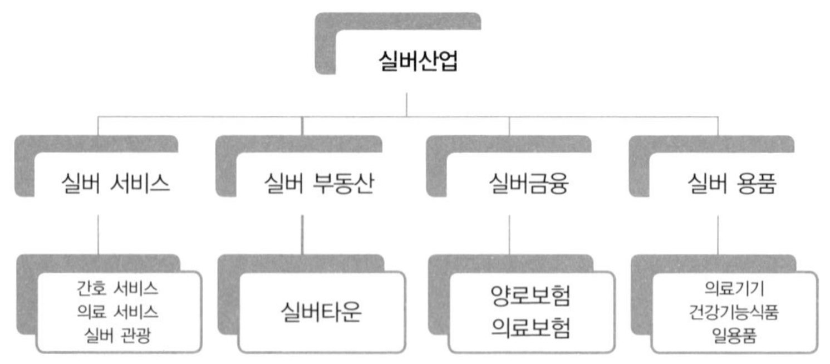

자료 출처: 첸잔산업연구원, 한국무역협회

2018년 중국의 65세 이상 노인 인구는 1억 6,658만 명으로 전체 인구의 11.9%를 차지했다. 지난 2000년 65세 이상 인구 비중이 7%를 초과하면서 중국은 고령화 사회로 진입했고, 2018년 노인 인구는 2008년과 비교할 때 5,700만 명이 증가했으며, 최근 3년간 매년 800만 명씩 늘어나는 추세다. 급격한 노인 인구의 증가로 인해 중국의 실버산업은 2024년까지 연평균 복합성장률 13.1%을 기록하며, 14조 위안 규모에 도달할 것으로 전망된다. 전통 품목인 노인 식품, 의류, 생활용품과 가전 등 일상 소비품, 그리고 정부 지원과 소비 수요 다원화에 따른 원격 카메라, 원격 의료, 스마트 웨어러블 등 스마트 설비, 독거노인을 대상으로 한 노인용 스마트홈 시설 등 산업이 최근 급성장세를 보이고 있다.

한국무역협회가 2019년 발표한 「중국 실버산업 동향 및 시사점」에 따르면, 2030년 중국의 60세 이상 노인 인구는 전체 인구의 25%에 달할 전망이다. 출산 제한 정책에 따른 출산율 감소 및 점진적인 생활 수준 향상의 영향으로 중국의 고령화 수준은 더욱 높아질 것으로 예상되고, 이로 인해 중국의 실버산업 규모가 확대되고 있다. 특히, 소득이 늘어난 노인들이 증가하면서 금전적 여력이 있는 노인층을 대상으로 간호 서비스에 대한 수요가 늘고 있다. 중국 시장조사기관 아이미디어 리서치(iMedia Research)가 2018년에 발표한 자료에 따르면, 중국

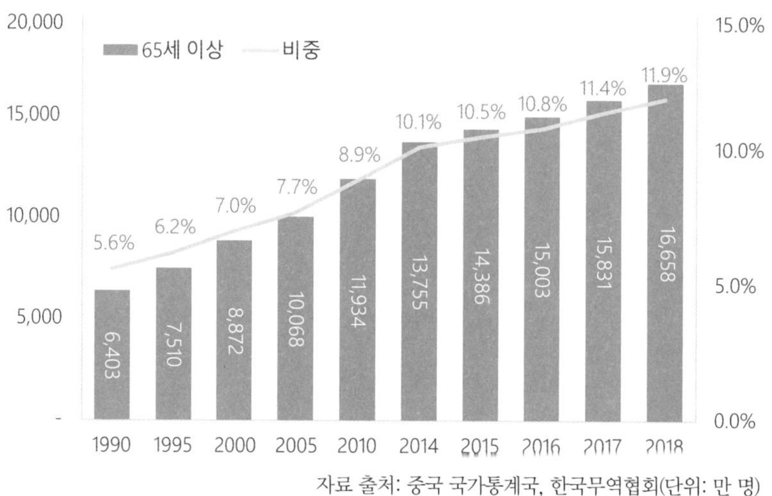

자료 출처: 중국 국가통계국, 한국무역협회(단위: 만 명)

[그림 32] 중국의 65세 이상 인구 증가 추이(1990~2018년)

노인 간호 서비스 시장 규모는 2021년까지 15% 이상의 성장 속도를 유지할 것으로 전망된다.

실버 관광 수요 역시 증가하고 있다. 중국 국가노령위원회에 따르면, 최근 중국의 전체 관광객 중 노인층이 차지하는 비중이 20% 이상으로, 중년층 다음으로 많다. 이 밖에도 온라인 쇼핑 분야와 건강관리 제품에 대한 노인층의 소비 증가도 두드러지는 것으로 조사됐다.

중국 실버산업의 특징은 노인 만성질환 관리에 대한 수요가 급증하고, 거동이 불편한 노인 인구가 증가함에 따라 노인용 기저귀, 전동 요양침대, 욕창 방지 매트, 간호 서비스 등의 수요가 확대되고 있다는 것이다. 또한 전통적 풍습과 가치관의 영향으로 시설보다 재택 양로를 선호하며, 소득 수준의 향상으로 수요가 다양화 · 고급화되는 추세다. 그리고 품질을 우선시하고 향유형 · 실용성 소비를 추구하는 경향이 커지고 있으며, 온라인 쇼핑에 익숙하고 스마트 · 디지털 상품의 판매가 지속 증가하고 있다.

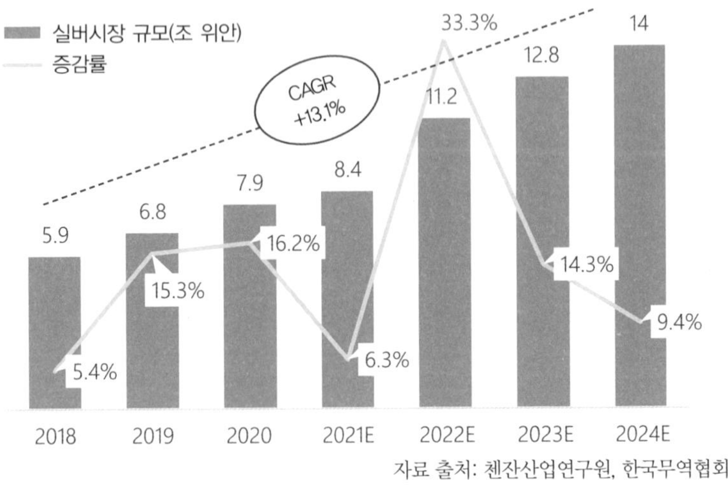

자료 출처: 첸잔산업연구원, 한국무역협회

[그림 33] 중국의 실버시장 규모(2018~2024년)

종자산업

제2의 반도체산업으로 불리는 '종자(種子)'를 둘러싼 경쟁이 치열해지고 있다. 미국과 중국이 전체의 50%를 차지한 가운데, 세계 각국은 종자주권 확보에 여념이 없다.

각국이 종자산업에 매진하는 이유는 돈이 되기 때문이다. 2000년대 들어 종자산업은 생명공학 기술을 활용한 다양한 특성을 지닌 새로운 품종의 개발과 함께 막대한 부가가치를 창출하고 있으며, 농업을 넘어 에너지, 산업소재, 의약품 등의 첨단소재 산업으로 발전하고 있다. 최근 IT를 중심으로 한 융합산업이 확산되고 다양한 형태의 스마트 기기가 출시되면서 사람들이 첨단산업에 집중하고 있지만, 사실 그 이면에서 조용히 고부가가치를 창출하는 산업이 바로 종자산업이다. 즉, 종자산업은 첨단산업의 근본이라 할 수 있다.

우수한 종자를 개발해 수출하면 다른 나라로부터 로열티 수입을 얻는다. 네덜란드 원예과학개발센터에 따르면, 일부 토마토 종자의 1kg당 가격은 9만 유로로 금(kg당 3만 5,000유로)보다 비싸다. 자국 종자가 많으면 외국에 로열티를 줄 필요가 없어 일거양득이다. 종자산업은 식품 · 의약품 · 화장품 등 응용산업에도 보탬이 된다. 2018년 기준 세계 종자 연관 산업 규모는 780억 달러로 추정된다. 종자산업은 연 5%씩 성장하는 블루오션이다. 이에 각국은 종자 보존에 심혈을 기울이고 있다. 노르웨이는 전 세계 종자 96만 8,000점(2018년)을 보관하는 현대판 노아의 방주 '글로벌 시드볼트'를 운영하고 있다. G2 국가 미 · 중은 종자시장에서도 양보 없이 겨루고 있고, 2017년 기준 종자산업 1~2위 기업은 미국, 3위는 중국 기업이다.

중국 종자시장은 미국에 이어 전 세계에서 두 번째로 크다. 시장 규모가 클 뿐 아니라 성장 전망도 매우 밝다. 중국 정부는 상위 50개 종자기업을 선정해 집중 육성하고 있다. 30%대에 머물고 있는 이들 중국 기업의 시장점유율을 2025년 70%까지 끌어올려 규모와 경쟁력을 키운다는 청사진을 제시하고, 종자기업들에게 2025년까지 특허를 3.5배 이상 늘리고 R&D 투자를 확대할 것을 강력하게 요구하고 있다. 그리고 신품종 개발에 오랜 시간이 걸린다는 점을 감안해 해외 종자기업 인수에도 본격적으로 나섰다.

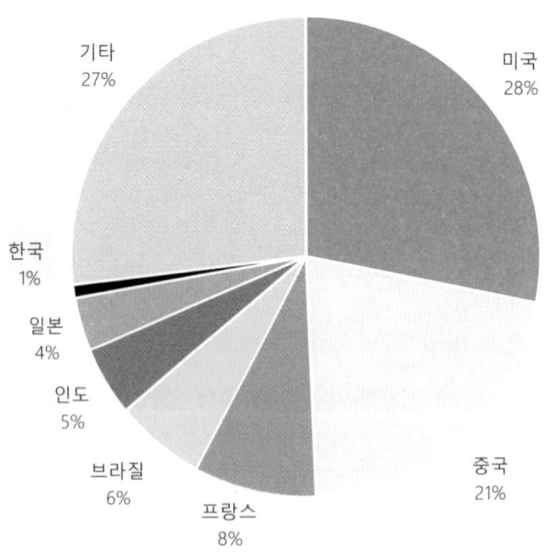

자료 출처: 한국농촌경제연구원

[그림 34] 세계 종자시장의 국가별 비중(2017년)

2020년 4월 25일 중국 국가발전개혁위원회는 상무부와 공동으로 '2020년판 외국 자본 투자 네거티브 리스트'를 발표했다. 특히 농업 분야에서는 신품종 밀 육종 및 종자 생산 관련 합작기업에서 외국 자본이 최대 66% 지분을 차지할 수 있도록 지분 제한을 완화했다.

2021년 중국 정부는 이미 '샤오캉 사회'를 달성했다고 선언했다.

이는 궁극적으로 모든 중국 인민이 기본적이고 인간적인 생활을 영위하는 데 아무런 문제가 없는 사회를 완성했다는 의미다. 이러한 사회를 유지하기 위해 식량은 가장 기본적인 조건이라 할 수 있으며, 이는 식량 안보가 우선적으로 확립돼야 함을 뜻한다. 최근 수시로 발생하는 세계 기상이변으로 인해 식량산업의 불안정이 지속되는 상황에서 14억 명에 이르는 세계 최대 인구를 보유한 중국으로선 식량 종자가 확보되지 않으면, 결국 막대한 식량 자원 확보를 위해 서구의 식량 공급 정책에 무조건 끌려갈 수밖에 없다. 이에 종자산업 분야에서 후발주자인 중국은 해외 기업을 사들이는 방식으로 종자 강국을 꿈꾸고 있다. 2017년 켐차이나(중국화공그룹)는 현금으로 파격적인 인수액을 제시하며, 430억 달러에 스위스의 씨앗 · 농약업체 신젠타(Syngenta)를 인수했다. 이는 기술 보유 기업을 집어삼켜 원천기술마저 소유하겠다는 일종의 신기술 확보 전략의 일환이다. 종자산업 글로벌 3위 업체 신젠타를 중국이 인수함으로써 세계 종자시장의 구도에, 특히 미국과의 패권 경쟁 구도에 상당한 영향을 줄 것으로 보인다.

우주항공산업

중국은 2020년까지 우주정거장을 완공한다는 목표를 세우고, 우주 개발에 박차를 가해왔다. 화성과 달 탐사 프로젝트도 차근차근 진행되고 있고, 2020년 7월에는 화성 탐사선을 발사했다. 또 유인 달 탐사를 오는 2031년부터 2036년 사이에 실현하겠다고 선언했고, 달에 유인 레이더 기지를 건설하는 프로젝트도 추진한다.

중국이 '우주굴기(宇宙崛起)'에 적극 나서는 이유는 여러 가지다.

첫째, 우주 개발은 국제사회에 자국의 국력을 과시하고, 국민에게 자부심을 심어주는 데 가장 확실한 수단이기 때문이다. '중화민족의 위대한 부흥(中國夢)'을 실현하는 과정에서 우주굴기가 국내의 모든 역량 결집에 도움이 될 것이다. 둘째, 우주 분야는 첨단산업의 핵심이기 때문에 경제적 파급효과를 누릴 수 있다. 각국의 통신 및 과학위성 발사 수요가 증가하고 있어 위성을 대신 발사해줌으로써 큰 경제효과를 얻을 수 있다. 셋째, 우주는 광대한 자원의 보고다. 우주로부터의 태양전력 확보, 달과 소행성에서의 자원 채굴이 가능할 수 있다. 넷째, 우주개발로 군사력도 강화할 수 있다. 이런 다목적 포석을 두고 중국은 공상행정관리총국을 정점으로 국가항천국(國家航天局)과 중국과학원, 중국 최대 우주개발기업인 중국항천과기그룹 등이 우주기술 R&D를 진행하고 있다.

[표 18] 중국의 우주과학기술 수준(2017년 기준)

구분	내용
발사체	• 엔진 추력, 미국 우주왕복선의 약 88% 수준, 미국의 1960년대 수준 • 발사체 발사 성공률 2000년대 이후 100%로 세계 최고 • 미국 델타4 발사체 이어 세계 두 번째로 추력 높은 창정 5, 6호 개발 중
위성	• 상업용 통신위성 남미와 아프리카에 수출. 정밀도는 아직 미국 수준에 이르지 못함 • 미국보다 더 자주 위성 발사. 2006년 이후 11기 원격 감시위성 발사. 위성 요격 성공 • 35개 위성으로 구성된 독자적인 위성 항법 시스템(GPS) 구축 예정
유인우주선 우주정거장	• 미국, 러시아에 근접한 유인우주선과 우주정거장 기술 확보 • 2020년 이후 세계에서 유일하게 우주정거장 운용 예측
우주 탐사	• 무인 달 탐사선 두 차례 성공. 2020년 화성탐사선 발사 • 유인우주선과 우주정거장 기술 확보로 유인 달 기지 기술 기반 확보

자료 출처: 전자신문

2017년 말까지 중국 민용 원격 탐사위성 데이터 발송량은 총 1,000만 건을 넘어섰고 위성TV 생방송 이용자가 7천만 명을 돌파했으며, 베이더우(北斗) 차량 단말기 사용량은 400만 세트를 초과했다(베이더우는 미국의 GPS[위성 항법 장치]에 대항하는 중국의 자체 위성 항법 시스템). 중국의 궤도 내 위성은 200개가 넘고, 공간정보와 빅데이터, 클라우드 컴퓨팅 및 사물인터넷 등 첨단기술의 융합이 빠르게 진행되고 있다. 위성 응용과 전략적 신흥산업 규모의 연평균 성장률도 20%를 넘어 경제 · 사회 발전을 추진하는 중요한 동력으로 부상했다. 이와 동시에 중국 상업 우주항공산업도 신속히 발전했다. 중국 기업들은 위성 항법, 통신, 원격 탐지 등 3대 분야에 주목하고 있으며, 이 외에도 위성 인터넷과 과학위성 등의 분야에 집중 투자하고 있다. 2020년 중국의 운반 로켓, 위성 응용, 위성 인터넷 등 관련 시장 규모는 8,000억 위안에 달한 것으로 추정된다.

중국은 2020년 6월 23일 오전 9시 43분(현지 시각) 베이더우 위성을 실은 로켓을 쓰촨성 시창(西昌) 발사센터에서 성공적으로 발사했다. 중국 정부가 26년 전인 1994년부터 '탈GPS'를 목표로 자체 위성 항법 시스템 개발을 시작한 것은 GPS보다 정교한 위치정보를 중국과 주변국에 서비스하려는 목적도 있지만, 군사적인 이유가 크다. GPS 울타리 안에서는 미국이 자신들 입맛대로 특정국의 GPS 접근을 통제할 수 있기 때문이다. '붉은 행성'이라는 별칭을 가진 화성 탐사 분야에서 미국은 다른 나라가 범접할 수 없는 독보적인 위치를 구축하고 있다. 2020년 7월 미국과 중국이 거의 동시에 화성 탐사선을 발사했다. 아폴로 계획 이후 우주탐사를 주도해온 미국은 7월에 '마스(Mars) 2020 퍼서비어런스'를 발사했고, 중국 역시 7월에 '톈원(天問) 1호'를 화성으로 보냈다.

중국에서 우주항공 스타트업이 폭발적으로 증가하면서 미국의 우주산업을 위협하고 있다고 블룸버그 통신이 최근 보도했다. 우주항공 분야 후발 주자인 중국은 풍부한 자금력을 앞세워 테슬라, 아마존, 영국 버진 그룹 등 서방 재력가들의 우주산업에 도전하고 있다. 특히 중국 정부가 2014년 우주항공 시장을 개방한 후 민간기업들이 급증하고 있는 것으로 나타났다. 과거 우주산업이 국가기관과 국유기업의 주도로 이뤄졌다면, 이제는 막대한 자본력을 갖춘 민간기업의 스타트업까지 뛰어들면서 지난 3년간 60여 개 기업이 상업용 우주항공 분야에 진출한 것으로 파악됐다. 자체 개발한 베이더우 위성 항법 시스템과 상업용 원격탐사 위성인 가오징(高景) 1호 등 중국의 우주산업은 이미 이윤을 창출하는 미래시장으로 급성장하고 있다.

문화콘텐츠산업

중국 정부는 2011년부터 본격적으로 문화산업 진흥 정책을 추진하고 있고, 이는 선진국에 비해 대략 22년 정도 뒤처진 것이다. 중국은 2012년부터 문화콘텐츠산업의 구조조정을 시작했고, 가장 먼저 기업 인수합병이 이뤄졌다. 2012년 1년 동안 이루어진 문화산업 영역 내 인수합병은 총 96건에 달했다. 인수합병 이후 추진한 것은 문화산업의 체질 개선과 경쟁력 강화였다.

이런 과정을 통해 중국 문화콘텐츠산업은 양적인 측면에서 많은 결실을 거뒀다. 영화와 애니메이션 제작량이 과거에 비해 큰 폭으로 증가했다. 중국의 문화콘텐츠산업은 거대한 인구, 광대한 시장, 정부의 직접적인 정책 지원, 문화와 과학기술의 융합 등을 배경으로 급성장하고 있다. 2018년 중국 문화콘텐츠산업은 전년 대비 9.7% 성장했고, GDP에 기여하는 비중이 6.5%에 이르고 있다. 중국 문화콘텐츠산업은 이미 세계에서 두 번째로 큰 시장으로 부상했고, 연간 성장률은 계속 두 자릿수를 유지하고 있다. 급성장하고 있는 문화콘텐츠산업은 이제 중국 경제성장의 핵심요소로 부상했다.

중국 문화콘텐츠산업의 주요 영역은 공연 · 인터넷 1인 방송 · 애니메이션 · 게임 등으로 구분되며, 공연 분야는 콘서트 · 음악 페스티벌 · 연극 · 무용 · e스포츠 등이다. 공연 분야의 콘서트 장르는 헤비메탈(약 10% 점유) · 재즈(약 5% 점유) · 컨트리 뮤직 등 마니아층이 즐기던 음악 공연의 티켓 판매 비중이 높아지고 있다. 음악 페스티벌은 젊은 층을 중심으로 문화 소비가 빠르게 이뤄지고 있으며, 베이징, 상하이, 광저우 등 1선 도시를 위주로 공연 소비가 가장 활발하게 성장하고 있다. 중국 문화산업에 IP 열풍이 불면서, 연극계에서도 우수한 작품의 IP화를 통한 무대 공연이 활발하게 진행되고 있다. 카이신마화(开心麻花)가 그 대표적 사례이다. 스포츠산업은 중국 정부의 전략적

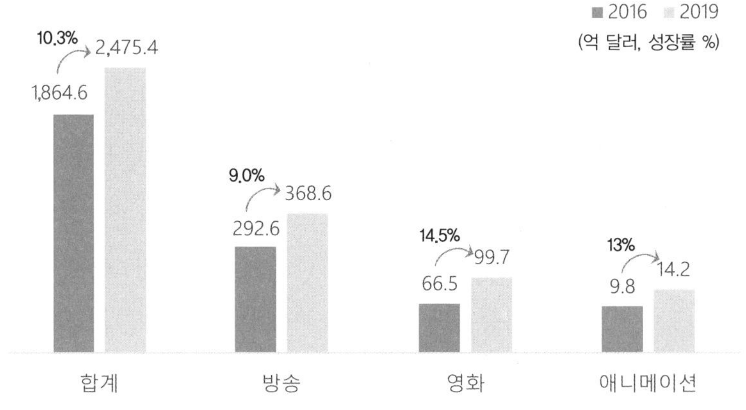

자료 출처: 한국콘텐츠진흥원

[그림 35] 중국의 콘텐츠 시장 규모

지원을 통해 비교적 빠른 발전을 보이고 있다.

2008년 하계올림픽 개최에 이어, 2022년 동계올림픽까지 유치하면서 스포츠 지원에 대한 중국 정부의 의지가 강한 상황에서 모바일 통신기술의 발전과 스마트화로 인터넷 1인 방송은 2016년부터 폭발적인 성장세를 보이고 있다. 2020년 인터넷 방송의 시장 규모는 약 600억 위안으로 성장했다. 경쟁력 있는 콘텐츠를 중심으로 BJ와 플랫폼 순위가 매겨지고, BJ를 전문적으로 관리하는 매니지먼트 사업이 밸류체인의 중요한 부분을 차지할 것으로 관측된다.

중국 애니메이션 시장에서 중국산이 차지하는 비중은 약 5% 수준에 불과하다. 2016년 중국에서 발표된 애니메이션은 총 65부이며, 전체 영화 시장에서의 비중은 15%를 차지했다. 「2017~2020년 중국 애니메이션 시장경쟁 형세 및 13.5 투자 규획 연구 보고」의 예측에 따르면, 2020년 중국 애니메이션 시장 규모는 5,000억 위안에 달할 것으로 전망됐다.

최근 중국 내 인터넷 환경 개선 및 스마트폰 보급률 상승과 더불어, 게임 또한 PC에서 모바일로 이동하고 있다. 중국 모바일 시장 규모는 2017년 1,088억 위안 규모로 성장했으며, 2020년 1,500억 위안을 돌파한 것으로 평가된다. 현재 중국 모바일게임 기업들은 최근 유행하고 있는 배틀 그라운드 장르 모바일 버전을 앞다투어 출시하고 있으며, PC보다는 개발이 쉬워 진출 기업이 점차 증가하고 있다.

중국의 문화 소비가 활발하게 이루어지면서 베이징, 상하이, 광저우 등 1선 도시에 집중됐던 연극, 콘서트, 무용 등의 무대 공연과 e스포츠, 축구 등의 스포츠 경기가 점차적으로 2, 3선 도시에서 개최되는 등 수요범위가 확대되고 있다. 최근 5년간 무대 공연 및 스포츠 경기 등의 문화 소비는 약 10% 증가했으며, 티켓 평균 가격이 모두 오르는 추세다.

중국 문화콘텐츠의 소비자는 1990년대 이후 출생자가 주요 소비층을 이루고 있고, 최근 들어서는 1995년 이후 출생자의 비중이 점차 높아지고 있다. 중국 문화콘텐츠 소비자를 성별로 비교하면 여성이 대체적으로 높고, 특히 공연 분야에서 그 차이가 뚜렷하다. 공연 형태의 변화를 살펴보면, 중국 문화콘텐츠 소비자들의 특징 변화가 비교적 뚜렷하게 나타나는데 과거 여러 가수가 함께하는 공연 형태가 대세였던 것과 달리, 지금은 단독 콘서트 형태가 대세를 이루고 있다.

[표 19] 중국의 1980년 이후 출생 연도별 관심대상

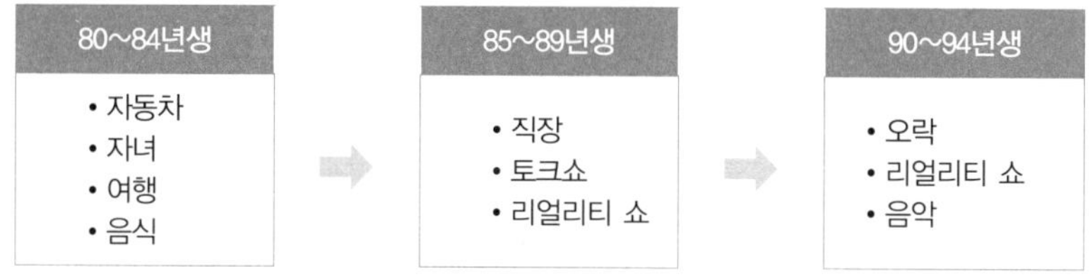

자료 출처: 한국콘텐츠진흥원

중국 경제의 미래

중국 부의 향방

중국 정치의 전망

중국의 신시대

제3장

중국 정치의 전망

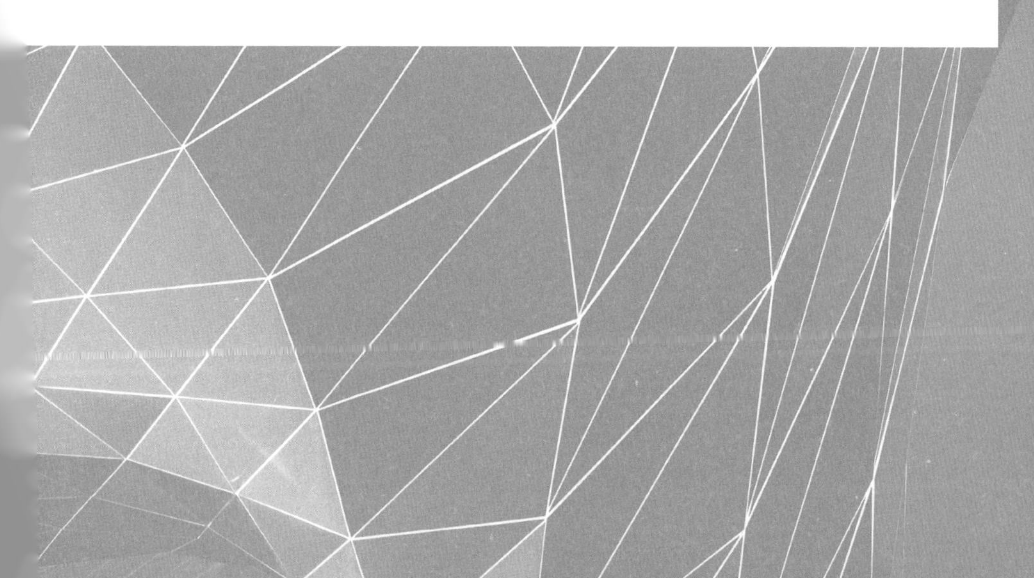

01 중국 정치권력의 핵심, 공산당

중국만의 공산당

중국 공산당 역사의 시작은 1919년 일어난 5 · 4운동이다. 이 시기 급진적인 중국 엘리트층은 마르크스주의나 무정부주의에 큰 관심을 가졌고, 러시아에서 볼셰비키가 활약하며 마르크스주의 이론을 널리 펼치기 시작하자, 중국인들 사이에서도 공산당을 만들자는 의견이 강해졌다. 중국의 지식인 리다자오(李大釗)와 천두슈(陳獨秀)는 러시아의 10월혁명이 세기의 전환점이며, 이를 계기로 세상이 달라질 것이라고 믿었다. 초기 중국 공산당은 블라디미르 레닌의 전위당론에 입각하여 창당됐다. 중국 공산당 창당대회는 1921년 7월 23일부터 31일까지 개최됐고, 당시에는 공산당원이 50여 명에 불과했다.

중국 공산당은 코민테른의 지시에 따라 당시 쑨원(孫文)의 지휘를 받고 있던 국민당에 가입했는데, 이를 1차 국공합작이라고 한다. 공산당은 국민당의 좌익을 맡았으며, 우익 세력들과 함께 권력을 다투었다. 1925년 3월 쑨원이 사망하자, 우익 세력의 지도자였던 장제스(蔣介石)가 쑨원의 자리를 차지했다. 장제스는 성공적으로 제1차 북벌을 끝낸 이후 칼끝을 몇만 명에 달하는 공산당 세력에게 겨누었다. 그는 5,000여 명의 공산당원들과 상하이 시민들을 학살했다. 이를 4 · 12사건이라고 부른다. 이를 계기로 마오쩌둥과 주더(朱德)를 비롯한 유격대 지휘관들이 징강산(井岡山) 투쟁을 시작으로 중국 곳곳에 소비에트 지구를 건설했다. 특히 장시성(江西省)에 건설된 장시 소비에트는 계속 확장되어 중앙 소비에트로 지칭됐고, 1931년 중화소비에트공화국을 선포하기에 이르렀다. 그러나 마오쩌둥과 상하이 임시 당중앙의 대립이 심해지면서 마오쩌둥은 실각했고, 결국 1933년 제5차 초공 작전에서 중앙 소비에트를 비롯한 여러 소비에트 지구들이 분쇄됐으며, 중화소비에트공화국은 멸망했다. 생사의 기로에서 중국 공산군(홍군)은 9,700km에 달하는 역사적 대장정(1934~1935년)을 감행했고, 그 결과 공산당의 혁명 근거지가 중국 동남부에서 서북부로 옮겨졌으며 마오쩌둥이 확고부동한 지도자로 부상했다.

중일전쟁 말기인 1945년 초에 일본군이 대륙 타통 작전과 태평양전쟁에서 궤멸적인 피해를 입자 공산당의 중심지였던 산시(山西)와 화베이(華北) 일대가 무주공산이 되었고, 더욱이 장제스의 국민당군이 동남부 해안에 집결해 있는 일본군에게 고전을 면치 못하자 이 틈을 노려 화베이 지역을 공산당이 재빠르게 장악했다. 이후 공산당군의 규모는 기하급수적으로 증가하여 무려 120만 명의 병력을 동원할 수 있게 되었는데, 일본의 실수가 중국 공산당에게 천운의 기회를 준 것이나 다름없었다. 1945년 8월 일본이 연합군에게 항복하며 중일전쟁이 일본의 패배로 마무리되자, 공산당과 국민당은 중국 대륙을 차지하기 위해 치열한 세력 경쟁을 벌이기 시작했고, 2차 국공내전이 발발했다. 중국 공산당은 내전 초기 연전연패하면서 본거지인 옌안

(延安)까지 함락당할 정도로 크나큰 위기에 봉착했지만, 1947년 겨울 만주에서 국민당의 50만 대군에게 승리하면서 승기를 잡았다. 결국 1949년 중국 공산당은 국민당을 대만으로 몰아내고, 대륙 본토 대부분을 장악했다.

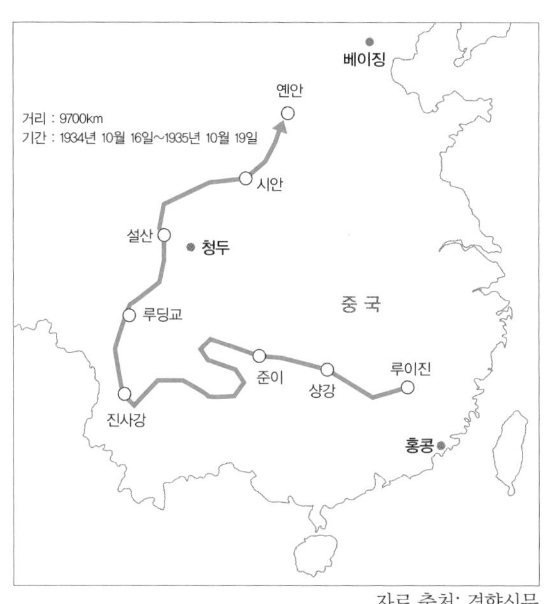

자료 출처: 경향신문

[그림 36] 마오쩌둥 홍군의 대장정 경로

1949년 10월 1일, 마오쩌둥은 베이징 톈안먼(天安門) 광장에서 중화인민공화국(신중국) 수립을 정식 선포했다. 그해 말이 되자, 중국 공산당은 중화인민공화국의 집권 정당으로서의 지위를 확실히 굳혔고, 이때부터 1980년대까지 마오쩌둥, 린뱌오(林彪), 저우언라이(周恩來), 덩샤오핑과 같은 핵심 인물들이 중화인민공화국을 이끌었다. 중화인민공화국은 1960년대와 1970년대 동안 공산주의의 종주국이었던 소련과 사상 갈등을 겪기 시작했다. 마오쩌둥은 프롤레타리아들의 지속적인 혁명에도 불구하고 일부 반혁명분자와 지주계급이 여전히 남아 있다며, 결국에는 문화대혁명을 일으켜 수백만 명을 박해하고 처형하는 대형 참사를 저질렀다.

1976년 마오쩌둥이 사망하자, 그의 후계 자리를 두고 화궈펑(華國鋒)과 덩샤오핑 간의 권력투쟁이 일어났다. 덩샤오핑이 화궈펑을 누르고 중국의 최고 지도자로 부상했고, 1978년에는 명실상부한 권력

서열 1위로 등극했다. 덩샤오핑은 자오쯔양(趙紫陽)과 후야오방(胡耀邦) 등 개혁파의 도움에 힘입어 1978년 말부터 개방정책을 펼쳤다. 또한 중국 특색의 사회주의 개념을 도입하며 중국 공산당을 여타 공산당 및 소련과 차별화하려 노력했다. 하지만 덩샤오핑의 개방정책은 마오쩌둥을 신봉하던 보수 세력뿐만 아니라 자유주의적인 지식인들에게까지 불만을 불러일으켰고, 이 같은 불만은 결국 1989년 6월 톈안먼 민주화 운동으로 폭발했다. 덩샤오핑은 이를 무력으로 진압함으로써 중국의 민주화 움직임을 압살했으나, 경제적인 면에서는 대단한 성과를 이루었고 경제대국으로의 길을 열었다. 1990년대에 이르자 '사회주의 시장경제'라는 개념이 등장했고, 1997년에는 헌법에 '덩샤오핑 이론'을 명시했다.

장쩌민(江澤民)은 1990년 덩샤오핑의 뒤를 이어 중화인민공화국 최고 지도자 자리에 올랐으며, 덩샤오핑의 정책들 대부분을 계승했다. 중국 공산당은 2003년 장쩌민의 '삼개대표론'을 헌법에 명문화했다. 삼개대표론이란 당이 노동자 계급의 이익뿐만 아니라 자본가의 이익 또한 대표한다는 것으로, 후임자들과 미래 세대를 위해 중국의 발전 방향을 제시한 것이다. 장쩌민의 뒤를 이어 2002년 후진타오가 총서기에 등극했다. 1인 독재를 추구했던 마오쩌둥과는 달리 덩샤오핑, 장쩌민, 후진타오는 모두 집단 지도 체제를 중시했으며, 권력이 지나치게 한 사람에게 집중되지 않도록 주의했다. 2000년대 중국은 눈부신 경제성장을 이룩했으나, 지나치게 빠른 성장은 빈부 격차, 경제 규모에 걸맞은 사회의식의 부재 등과 같은 부작용을 유발했다. 이 문제를 해소하기 위해 후진타오는 '과학적인 발전'과 '조화로운 사회주의 국가'를 표방했다.

[표 20] 중국 공산당 연혁

1921	중국 공산당 창당. 제1차 당대회 개최
1927	1차 국공합작 결렬
1931	장시 소비에트 설립
1934~35	대장정
1936	2차 국공합작 항일통일전선 구축
1949	중화인민공화국 성립
1956	백화제방(百花齐放) 운동
1958	대약진 운동
1966	문화대혁명
1976	마오쩌둥 사망, 4인방 체포
1977	덩샤오핑 집권
1989	톈안먼 민주화 운동, 장쩌민 총서기 임명
1997	덩샤오핑 사망
2002	후진타오 당 총서기직 승계
2003	장쩌민, 후진타오에게 국가주석직 이양
2004	장쩌민, 후진타오에게 중앙군사위주석직 이양
2010	시진핑, 당 중앙군사위원회 부주석 임명
2012년 11월	8일 제18차 당대회 개최, 제5세대 지도부 출범 15일 18기중앙위원회 제1차 전체회의(18기 1중전회) 시진핑, 당 총서기 · 중앙군사위 주석 임명(후진타오 완전 퇴진)

자료 출처: 연합뉴스

2012년 18대 전국인민대표대회에서 시진핑이 총서기로 선출됐다. 시진핑은 집권 이후 강력한 반부패 정책을 펼쳤다. 또한 전임자들과는 달리 집단 지도 체제를 약화시키고 자신에게 권력을 집중시켰다. 시진핑은 중국 국내에서 공산당의 영향력을 크게 확대시켰으며,

2017년에는 '시진핑 신시대 중국 특색 사회주의 사상'을 헌법에 명기했다. 이 같은 일은 장쩌민, 후진타오가 임기 내에 하지 못한 전례 없는 사건이었다.

중국 공산당 권력구조

중화인민공화국은 중국 공산당이 일당독재(一黨獨裁, 공산당이 지배하는 한족 왕조)하는 사회주의 국가이다. 중국 공산당이 '정치를 영도하고 대신하며, 군대를 지휘한다(以黨領政, 以黨代政, 黨指揮槍)'. 다시 말해 공산당이 행정, 입법, 사법 등 국가의 삼권(三權)과 군대를 완전 장악하고, 공산당이 국가를 통치한다는 의미이다.

공산당은 전인대와 각 지역 위원회들로 구성되어 있다. 중화인민공화국의 주석은 전인대의 최고 지도자이자, 중국 공산당 총서기, 중국 공산당 중앙정치국 상무위원회 위원장, 당대표를 겸한다. 중화인민공화국의 현임 국가주석은 시진핑이다. 중화인민공화국의 주석은 국가의 최고수반이며, 막대한 권력을 가지고 있다. 전인대는 중화인민공화국 국무원 총리 1명, 부총리 4명, 각 부의 부장들과 위원회의 주임들로 구성되어 있다. 당의 최고 대표인 중국 공산당 중앙위원회 총서기는 공산당뿐만 아니라 중국 전체에 크나큰 영향력을 미치며, 1993년 이래 중국 공산당 중앙위원회 총서기가 중화인민공화국 주석, 중화인민공화국 중앙군사위원회 위원장을 모두 겸하고 있다.

중국의 모든 지방 지역위원회들은 지방자치단체 지도자와 그에 상응하는 상위부서 책임자들의 통제를 받는다. 중국 국민들은 가장 기본적인 행정조직인 구(區), 현(縣), 향(鄉), 진(鎮)의 위원(전국인민대표대회 및 전국인민정치협상회의)을 선출할 권리만 있다. 이 선거에서 선출된 위원들은 현, 향과 같은 기초적인 단체들의 업무를 관리하며, 이들이 간접선거를 통해 성(省)급 위원들을 선출하며, 또 성급 위원들이 3월에 베이징에 모여 전인대의 위원들을 선출하는 형식이다.

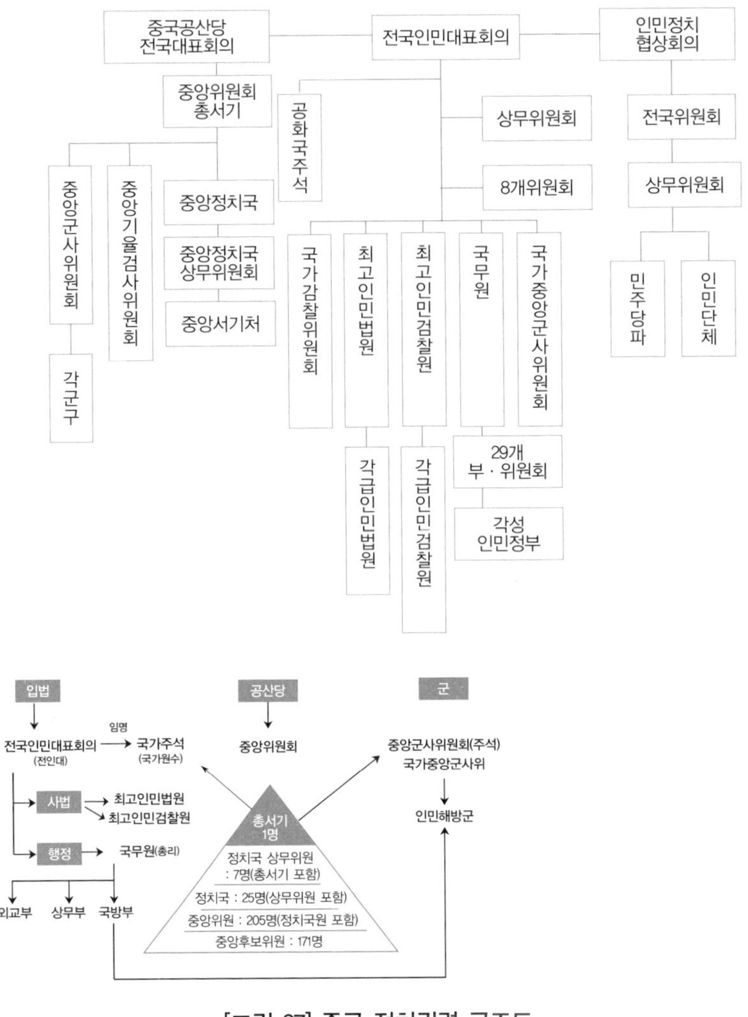

[그림 37] 중국 정치권력 구조도

이러한 선거 구조에서는 중국 공산당이 선거에 막대한 영향을 미칠 수밖에 없다. 공산당은 언행이 적절하고 국정 수행에 적합하다고 여겨지는 후보를 골라 이들을 추천할 권리가 있으며, 이들이 거의 대부분 위원들에 당선된다.

중국 공산당은 중국의 경제체제가 사회주의라고 주장하지만, 외국인들과 상당수 지식인들은 중국이 집단 소유 체제에서 개인 소유 체제로 전환되어가고 있는 중간적 시스템이라고 간주한다. 주택 사유화, 직업 선택의 자유 확장 등은 한때 공산당이 대중들을 관리했던 집단 체제를 약화시키는 데에 크게 기여했으며, 중국 대륙의 광활한 영토와 문화적, 경제적 차이는 지역 정책들에 다양성과 참신성이 부여되는 원동력으로 작용했다.

중국 공산당은 중앙정부와 불가분의 관계이며, 무려 9,500만 명에 달하는 세계 최다의 당원 수를 자랑한다. 정부 통제 위주의 계획경제와 시장경제가 혼합된 중국의 경제체제에서는 모든 국영기업들이 당 위원회를 의무적으로 설치해야 한다. 중국의 모든 행정부문과 지방정부에 뿌리 깊게 포진해 있는 공산당 위원회들은 행정 전반에 엄청난 영향력을 행사한다. 중앙당은 도시, 중앙정부, 산업부, 경제부, 문화부 전체를 완벽하게 통제하고 있으며, 상대적으로 상당수의 농민들이 거주하는 시골 지역은 통제가 느슨한 편이다.

공산당의 가장 핵심적인 권력은 바로 권력기관 내에서의 승진과 위계질서에서 나오는데, 고위 공무원 가운데 단 한 사람도 공산당원이 아닌 사람이 없으며, 설사 비공산당원이 정부에 채용되었다 할지라도 핵심적인 요직이나 중요한 정책을 입안하는 직위에 올라가는 것은 원천적으로 불가능하다.

중국 공산당은 인민해방군을 이끌고 지휘할 책임이 있다. 공산당이 1949년에 중화인민공화국을 수립하면서 인민해방군도 공식적인 국가의 정규군 격의 군대로 승급했다. 여타 국가들과는 달리 인민해방군의 지휘권은 완전히 중국 공산당이 쥐고 있으며, 군율과 규칙들도 대다수 공산당에서 정한다. 1954년 제정된 중화인민공화국 헌법에는 주석이 인민해방군의 최고 지도자라고 명시되어 있다. 중앙군사위원회 주석은 모든 군사적 활동을 지시하며, 국가주석은 국무원의 보좌하에 인민해방군을 발전시키고 지도할 책임을 부여받았다. 2004년 12월 개최된 전인대에서는 헌법을 개정해 중앙군사위원회 주석이 군사와 관련된 모든 업무들을 책임진다고 명시했다. 인민해방군의 지도 체계는 국가와 당을 절묘하게 혼재해놓은 것으로, 이는 다른 국가에서는 불가능하다고 여겨진 것을 중국 특유의 정치체계로 섞어놓은 것이라 할 수 있다.

중국 공산당 창당 100주년

2021년 7월 1일, 중국 공산당이 창당 100주년을 맞이했다. 이날 오전 8시경 헬리콥터와 전투기 편대가 각각 창당 100주년과 창당 기념일을 상징하는 '100'과 '71' 모양을 그리며 비행한 뒤, 100발의 예포가 울리는 가운데 시작됐다. 시진핑과 후진타오 전 국가주석을 비롯한 당·정 지도부, 그리고 7만여 명의 인민이 참석한 가운데 창당 100주년 기념 행사가 톈안먼 광장에서 성대하게 개최됐다.

1921년 7월 중국 상하이에서 13명의 대표와 53명의 당원으로 출발한 공산당은 100년이 지난 지금 약 9,515만 명(2021년 기준)의 당원을 가진 세계 최대 집권정당으로 거듭났다. 눈부신 경제적 발전을 토대로 서구식 민주주의 개혁을 통해 중국 공산당 일당독재가 무너질 것이라는 '중국 붕괴설'을 비웃듯 중국 공산당은 중국 특색의 사회주의를 더욱 공고히 하면서 강력한 리더십을 이어가고 있다.

시진핑 중국 국가주석은 중국 공산당 창당 100주년을 맞아 중화민족이 괴롭힘을 당하는 시대는 끝났다면서 신중국 100년(2049년)을 위해 사회주의 현대화 강국 건설에 매진할 것임을 대내외에 천명했다. 중국 공산당 총서기인 시진핑은 창당 100주년 경축대회에서 중요연설을 통해 "당과 각 민족의 분투를 통해 우리는 첫 번째 100년 목표를 달성했고, 중화 대지에 전면적인 샤오캉 사회를 실현했다. 역사적으로 절대빈곤 문제를 해결했으며, 사회주의 현대화 강국 전면 건설이라는 제2의 100년 목표를 향해 힘차게 매진하고 있다. 이는 중화민족, 중국 인민, 중국 공산당의 위대한 영광이다"라고 강조했다.

시진핑은 집권 후 '두 개의 100년(2021년 공산당 창당 100주년 · 2049년 신중국 성립 100주년)'에 중화민족의 위대한 부흥이라는 '중국몽'을 달성하겠다는 목표를 내세웠다. 창당 100주년 기념 행사에서 시진핑은 "1840년 아편전쟁 이후 중국은 점차 반식민지 반봉건사회가 됐고, 중화민족은 유례없는 재난을 당했다. 이때부터 중화민족의 위대한 부흥은 중국 인민의 가장 위대한 꿈이 됐다"고 말문을 열었다. 중국 공산당 창당의 당위성을 강조한 것이다. "중국 인민은 낡은 세계를 파괴하는 능력도 있지만, 새로운 세계를 건설하는 능력도 있다. 사회주의만이 중국을 구할 수 있으며, 중국 특색의 사회주의만이 중국을 발전시킬 수 있다고 세계에 엄숙히 선포한다"고 덧붙였다. 또한 "중국을 괴롭히는 세력은 강철 만리장성에 머리를 부딪혀 피를 흘리게 될 것"이라고 강하게 경고했다. 중국 공산당 창당 100주년을 맞아 내부 결속을 다지는 한편, 미국이 주도하는 전방위적 '중국 포위 전략'에 정면 대응하겠다는 의지를 밝힌 것이다.

시진핑은 높아진 국력에 걸맞은 강한 군대의 필요성도 역설했다. 대만해협과 동·남중국해 일대에서 미국과 군사적 긴장이 높아지고 있는 상황을 염두에 둔 발언으로 해석된다. 그는 "역사를 거울삼아 미래를 열어가려면 국방과 군 현대화에 박차를 가해야 한다. 강대국은 군대가 강력하며, 군대가 강력해야만 국가가 평안할 수 있다. 인민해방군은 붉은 강산을 지키고 민족의 존엄을 지켜낸 든든한 기둥이자, 지역과 세계 평화를 지키는 강력한 힘"이라고 역설했다. 홍콩보안법 시행으로 사실상 직할 체제가 들어섰음에도, 시진핑은 홍콩과 관련해 여전히 '일국양제(一國兩制, 한 국가 두 체제)' 원칙을 내세우며, '외부 세력'(미국을 암시)의 개입을 경계했다. 대만과 관련해서는 "조국의 완전한 통일을 실현하는 것은 중국 공산당의 변함없는 역사적 과업이며, 모든 중화민족의 공통된 염원이다. 대만의 독립 시도를 단호히 분쇄하고, 민족 부흥의 아름다운 미래를 개척해나가야 한다. 누구도 국가 주권과 영토를 수호하려는 중국 인민의 굳은 결심과 의지, 강한 능력을 과소평가해선 안 된다"고 강조했다.

공산당 일당독재의 정당성

당원 수가 중국 전체 인구의 6.5%에 불과한 공산당이 14억 인구를 일당 체제 아래 관리해갈 수 있는 배경과 정당성은 무엇일까? 첫째, 중화인민공화국을 수립했다는 것이다. 중국 공산당은 반제국주의, 반봉건주의, 반관료자본주의를 기치로 대중을 모았고, 1921년 창당했다. 국공내전을 통해 중국 대륙을 통일했고, 1949년 중화인민공화국을 건국했다. 중국 공산당은 홍군(紅軍, 프롤레타리아 계급)을 주축으로 대장정과 고통스러운 공산주의 투쟁, 그리고 항일전쟁 등을 통해 국가 개념을 확립했다. 따라서 중국은 공산당이 국가를 건국했기 때문에 국가 아래 당이 있는 것이 아니라, 당이 국가를 통치하는 여느 국가와는 다른 정치체제와 국가 구조를 갖고 있다. 중국은 5천 년 역사 가운데 무려 2천 년 동안 통일된 주권국가인 동시에 중앙집권제 국가였다. 이것은 중국 공산당의 국가통치 모델에 직접적인 영향을 주었으며, 공산당은 이러한 역사적 전통의 연장선에 서 있다고 해도 지나친 말이 아니다. 과거 중국의 왕조와 오늘날의 중국 공산당 간에는 매우 큰 연속성이 존재한다.

둘째, 눈부신 경제 발전이다. 중국은 정치적으로 일당독재를 주창하면서도, 경제적으로는 실용주의를 채택했다. 그것이 바로 '중국 특색 사회주의 시장경제'이다. 중국은 개혁 · 개방 총설계사인 덩샤오

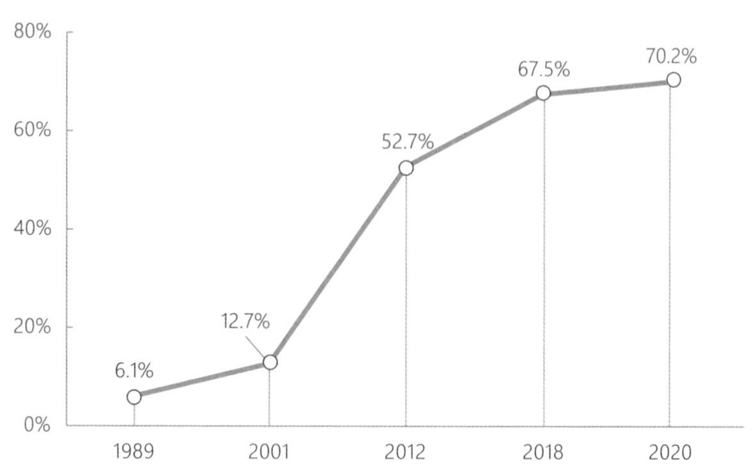

자료 출처: 세계은행, 머니투데이

[그림 38] 미국 대비 중국 GDP 비중 추이(1989~2020년)

핑의 주도로 1978년부터 중국 특색 사회주의 시장경제 건설을 본격 시작했다. 상당수의 국영기업이 문을 닫았고 주택 사유화가 시행됐으며, 투자 물결이 일었다. 결과는 괄목할 만했다. 1978년 당시 1,495억 달러에 불과하던 중국의 국내총생산(GDP)은 2020년 14조 7,200억 달러를 기록했고, 세계 최대 경제국인 미국 GDP의 70%를 넘었다. 2028년에는 중국의 경제 규모가 미국을 초월할 것이라는 전망도 나온다. 고도 성장 아래 극빈곤층은 사라지고 부자는 급증했다. 중국 관영 CGTN에 따르면, 1978년 이후 7억 7,000만 명이 빈곤에서 벗어났다. 2019년 말 기준으로 중국은 자산이 100만 달러 이상인 부자를 580만 명, 자산이 5,000억 달러 이상인 부호를 2만 1,100명 보유해 미국에 이어 부자 수로 세계 2위를 기록했다고 블룸버그가 발표했다.

셋째, 부정부패에 대한 엄중한 대응이다. 시진핑 주석은 2012년 중국 공산당 총서기로 취임하면서 강력한 반부패 정책을 통해 "부패

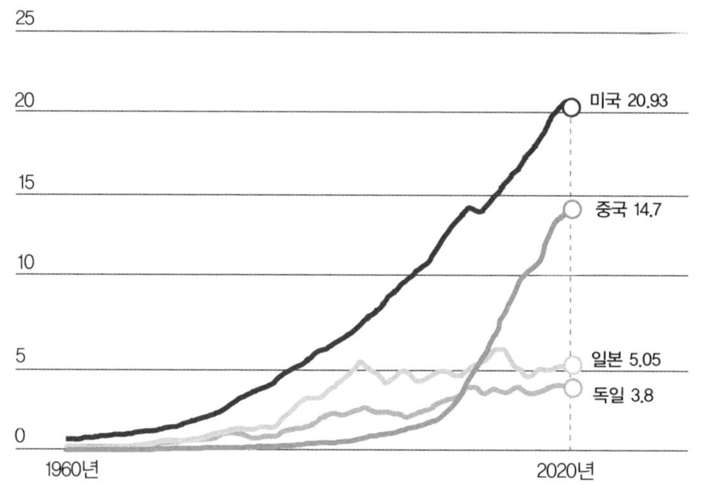

자료 출처: 세계은행, 머니투데이(단위: 조 달러)

[그림 39] 글로벌 4대 경제대국 GDP 추이

한 고위직 공무원을 뜻하는 라오후(老虎, 호랑이)와 하위직 공무원을 일컫는 창잉(蒼蠅, 파리)을 척결하겠다"고 약속했다. 시진핑이 집권한 이후 당국이 부패 혐의로 처벌한 관리가 374만여 명에 이르는 것으로 나타났다. 중국 공산당 중앙기율검사위원회 샤오페이(肖培) 부서기는 베이징에서 열린 중국 공산당 창당 100주년 기념 기자회견에서 "당은 18차 당대회 이래 부패 혐의로 408만 9,000명을 적발했고, 그중 374만 2,000명은 기율에 따라 처분을 내렸다"고 밝혔다. 2021년 초엔 자택에 3톤에 이르는 현금을 쌓아둔 것이 발각되는 등 공산당 정부 수립 이후 최악의 부패 스캔들에 휘말린 화룽자산그룹의 라이샤오민(賴小民) 전 회장의 사형이 집행되기도 했다. 시진핑이 부패 척결을 내세우며 부패와의 전쟁을 강력하게 벌이는 것은 일당독재 체제 안정을 위한 확실한 수단이기 때문이다.

넷째, 단속과 통제이다. 영국 주간지 『이코노미스트』는 공산당이 체제에 반하는 세력을 강경 억압하면서 권력을 유지해왔다고 지적했다. 대표적인 사례가 1989년 6월 벌어진 '톈안먼 민주화 운동'이다. 학생과 노동자들이 베이징 톈안먼 광장에서 개혁과 민주화를 요구했지만, 중국 정부는 탱크과 장갑차를 동원해 무력으로 시위대를 진압했다. 그 후 공산당은 이런 사태가 재발하는 것을 막기 위해 통제의 고삐를 조였고, 민족주의와 애국주의를 고취시키면서 공산당 지지를 강화했다. 공산당의 강력한 통제는 온라인 공간에서도 진행 중이다. 이른바 '만리방화벽'으로 알려진 인터넷 감시 · 검열 시스템을 통해 외부의 목소리를 차단한다. 웨이보나 위챗 같은 중국 소셜미디어에 공산당을 비판하는 글이 올라오면 즉각 삭제된다. 기업인도 단속에서 예외가 아니다. 중국 정부의 관행에 쓴소리를 냈던 알리바바 창업자 마윈은 당국의 눈 밖에 나면서 자취를 감추다시피 한 상태다. 관건은 공산당의 이 같은 통치 방식이 얼마나 지속될 수 있을 것인가이다. 성장 위주 정책과 맞물린 빈부 격차 확대, 단속과 억압으로 누적된 불만이 체제를 뒤흔드는 소용돌이의 씨앗이 될 개연성이 있기 때문이다.

시진핑 리더십 02

정치 개혁과 1인 집권 체제

현재 진행 중인 시진핑의 정치 개혁은 과거와 다른 몇 가지 특징을 갖고 있다.

첫째, 깨끗한 권력을 만들어 중국 공산당의 정당성을 제고하는 것이다. 시진핑은 '깨끗한 권력 만들기(整風運動)', 부정부패 척결과 함께 임기를 시작했다. 당과 정부 관료들의 권력 남용과 부정부패가 아니더라도 민심 이반 요인이 너무나 많은 중국이다. 특히 빈부 격차와 도농 격차의 심화로 소득 불평등을 나타내는 지니계수가 이미 0.5를 넘어섰다. 그런데 이를 완화시켜줄 수 있는 분배 시스템이나 사회 안전망은 부실하기 짝이 없다. 2013년 6월부터 시진핑은 중국 공산당 내 잘못된 부분에 손을 대기 시작했다. 공직사회에 만연되어 있는 '4대 풍조(四風)'인 관료주의, 형식주의, 향락주의, 사치 등을 척결하고 공직사회 기율을 강화하기 위한 운동을 전개했다. 이러한 정풍운동과 함께 시진핑이 뽑은 또 하나의 카드가 반부패이다. "부패와 관련된 인

사들은 호랑이든 파리든 가리지 말고 같이 잡아라. 권력을 제도의 새장 속으로 집어넣어라"라고 지시한 후, 저우융캉(周永康), 쉬차이허우(徐才厚), 링지화(令計劃) 등 68명의 '호랑이(老虎)'를 잡아 30명을 처벌했다. 여기에는 전·현직 최고위 정치 지도자 다수가 포함됐다. 중국에서는 전직이든 현직이든 중국 공산당 정치국 상무위원은 처벌하지 않는다는 불문율이 있다. 하지만 시진핑은 이를 과감히 깨뜨렸다. 그만큼 시진핑이 작금의 위기를 심각하게 인식하고 있다는 방증이라 할 수 있다. 시진핑의 부정부패 척결 방식은 그 범위가 상하 구별 없이 전방위적이며, 부패에 접근하는 절차가 상당히 체계적이고 언제 끝날지 알 수 없다.

둘째, 국가의 최고 지도자인 시진핑 자신이 국정을 직접 챙김으로써 정책 조정 능력을 높이는 것이다. 중국의 재정지출은 매년 급속하게 늘어나고 있다. 그러나 사회보장이나 의료에 지출되는 것이 아니라, 사회간접자본 투자나 행정에 더 많이 소비되고 있다. 재정지출 증가가 오히려 소득 불평등을 더 심화시키고 있다는 지적이 나오는 이유다. 이런 상황에서 대다수의 중국인들은 현재의 삶도 고달프지만, 미래의 삶 역시 불안하기만 하다. 중국 공산당에 대한 믿음이 점점 약화되고 있다. 몸집은 거대해졌지만, 이른바 'G2 시대'에 합당한 건강한 체력을 갖췄다고는 할 수 없다. 지난 40여 년 수많은 문제들이 풀리지 않은 채 층층이 쌓여만 있다. 중국 공산당과 '중국식 사회주의'의 위기인 것이다. 이러한 문제를 제대로 해결하지 않고서 중국은 세계 강대국으로 당당하게 국제사회에 나설 수 없을 것이다. 시진핑은 국정 운영 시스템의 개혁을 통해 집단 지도 체제가 드러낸 문제점을 개선하려고 한다. 권력 집중 방지라는 권력적 차원에서의 집단 지도 체제는 그대로 운영하지만, 정책적 차원에서의 국정 운영 효율성을 제고하고자 하는 것이다. 현재 중국은 중요한 정치 개혁의 전환점에 자리하고 있다.

셋째, 1인 지배 체제의 강화를 통해 장기 집권을 꿈꾸고 있다는 것이다. 시진핑은 당권(黨權), 군권(軍權)을 확고하게 장악한 것에서 나아가 헌법으로 눈을 돌려 국가권력 측면에서 자신의 비전과 권위를 심화하고 있다. 헌법에 시진핑 사상을 삽입한 것이다. 전임 장쩌민, 후진타오와 달리 임기 중간에 자신의 이름을 딴 '시진핑 사상'을 당장(黨章)에 삽입시켜 마오쩌둥 · 덩샤오핑급의 권위를 꿰찬 것이다. 특히 후계 지도자의 '격대지정(隔代指定)' 전통을 파기하고 후계자를 임명하지 않음으로써 '10년 임기(5년 중임)'의 불문율을 깨고 연임을 통한 장기 집권의 길을 열었다. 측근인 왕치산(王岐山) 중앙기율검사위원회 서기를 국가부주석으로 임명하는 대신, 일부 정치국 위원은 68세 정년에 이르지 않았는데도 퇴진시켜 '7상8하(七上八下, 67세는 유임하고 68세는 은퇴한다)' 원칙을 무력화시켰다. 여기에 집권 2기 지도부에 시자쥔(習家軍, 시진핑의 옛 직계 부하)을 대거 진입시켜 '1인 집권 체제'를 강화했다. 시진핑은 이미 1인 지배 체제의 기틀을 굳혔고, 미 · 중 갈등을 포함해 국제정세 역시 '강한 중국'을 표방하는 시진핑에게 유리하게 전개되고 있다. 시진핑의 1인 지배 체제 강화 드라이브는 장기 집권을 향하고 있다.

넷째, 중국 인민들에 대한 내부 통제가 더욱 심해지고 있다는 것이다. 중국 지도부는 2021년 주요 정치 일정을 앞두고 정치 · 사회 질서 유지를 지상 과제로 내세웠다. 자오커즈(趙克志) 중국 공안부장은 최근 "온라인을 포함해 중국 당국에 대한 도전 행위는 반드시 맞서 싸울 준비를 해야 하는 전장(戰場)으로 간주해야 한다"고 강조했다. 이에 따라 자유와 민주, 인권 보장 등을 주장해온 반체제 인사들은 물론, 일반인들을 대상으로 한 표현의 자유도 더욱 옥죄고 있다. 중국 당국은 그동안 합법적으로 허용했던 웨이보(중국판 트위터) 등 SNS상의 유명 블로거와 유력 네티즌들의 활동마저 통제하고 있다. 이들에게 정치 · 경제 · 군사 등 민감한 이슈에 대한 원문을 올리지 못하게 하고 있으며, 글을 올리려면 당국으로부터 반드시 사전에 자격증을 발급받도록 하고 있다. 반정부 가능성이 있는 정보 생산을 원천 차단하겠다는 것이다.

하지만 자유와 민주, 인권 등 '가치'를 내세운 미국의 고강도 압박과 공산당 일당독재 장기화에 대한 내부 불만 누적 등은 시진핑 체제 공고화 작업의 최대 위협 요소로 꿈틀거리고 있다. 소비 위축과 실업 문제 지속, 빈부 및 지역 격차 심화, 신장 · 티베트 · 네이멍구(內蒙古) 등 소수민족 차별과 인권 문제 등 내부 갈등도 증폭되고 있다. 여기에 홍콩에서의 범민주 진영에 대한 탄압 등을 이유로 국제사회의 압박이 지속되고 있다. 중국이 핵심이익으로 여기는 대만 문제를 놓고 양안(兩岸, 중국과 대만) 간 군사적 긴장이 고조되고 있다. 중국 공산당은 이러한 대내외 위기를 돌파하기 위한 수단으로 내부 통제를 더욱 강화하고 있다.

공격적 현실주의

중국은 미 · 소 냉전 시대 이후 눈부신 경제적 성장을 바탕으로 국가적 부를 축적해 나가고 있으며, 이를 바탕으로 점차 외부로 자신들의 힘을 과시하고 영향력을 확대하려 하고 있다. 1990년대 초반 중국의 최고 지도자 덩샤오핑은 '도광양회(韜光養晦, 조용히 때를 기다린다)', '절부당두(絕不當頭, 절대로 패권이 되겠다고 선언하면 안 된다)'를 주창하며, 후세 지도자들에게 패권 추구에 대한 중국의 '겸손한 자세'를 당부했다. 하지만 경제가 급속히 성장하면서 중국은 미국을 넘어 세계 최고의 강대국이 되는 꿈을 꾸게 됐다. 특히 2008년 미국이 금융위기를 겪고 경제가 추락하는 모습을 보이자, 마침내 중국은 공격적으로 세계무대에 중국을 어필하기 시작했다. 어쩌면 중국이 세계 1위 국가를 꿈꾸는 것은 당연하고 정상적인 일이다. 강대국 국제관계의 본질을 적나라하게 분석한 미어셰이머(John J. Mearsheimer) 교수는 "중국이 패권을 추구하는 것은 중국 문화가 본질적으로 공격적이라든가, 중국의 지도자들이 잘못된 길로 인도되기 때문이 아니다. 중국이 패권을 추구하는 것은 그것이 국가의 생존을 위해 가장 좋은 보장 장치이기 때문"이라고 주장했다.

내부적 권력을 마오쩌둥에 비견할 정도로 완전 장악하고 있다고 평가되는 시진핑은 공공연히 외부에 중국의 영향력을 밝히면서, 일대일로, 인류 운명 공동체 등을 통해 세계에서 중국의 역할을 강조하고 있다. 1인 지도 체제를 확립하고 장기 집권 토대를 구축함으로써 더욱 막강한 권력을 가지게 된 시진핑은 중국몽을 보다 공개적으로 언급하기 시작했다. 시진핑은 비록 자신의 치세 이후에야 가능한 일일지 모르지만, 중국의 꿈이 본질적으로 패권국이 되는 것임을 설파하고 있는 것이다. 시진핑은 중국 국민에게 중국을 세계 제1의 국가로 만들자고 호소했다. 이것은 중국이 공개적으로 미국에 도전장을 내민 것으로 간주된다.

시진핑은 공격적 현실주의를 추구하고 있다. 세계 2위의 경제력과 군사력 증강을 통해 우선 아시아 지역에서 지역 패권 국가가 되고자 한다. 하지만 미국은 아시아 지역에서 자신들의 영향력 축소를 막고, 균형자 입장에서 중국이 지역 패권 국가가 되는 것을 저지하려 전력을 다하고 있다.

시진핑의 공격적 현실주의는 이미 여러 형태로 현실화되고 있다. 남중국해 해양 경계에 대한 분쟁, 인도–부탄 국경 지역에서의 분쟁, 댜오위다오(釣魚島, 또는 센카쿠 열도)에서의 일본과의 갈등, 대만과의 충돌 국면, 물(水)로 인한 주변 국가들과의 마찰, 석유 운송로 문제 등 지속적으로 증가하고 있다. 특히 남중국해 분쟁에서 미국과 중국이 이미 대립각을 세우고 있고, 인도와 중국 간 분쟁 상황에서 미국이 인도를 지원하고 있다는 것은 새삼스러운 사실이 아니다. 중국과 대만은 언제 폭탄이 터질지 모르는 상황이다. 이 모든 곳에 중국과 미국은 대척점에 서 있다.

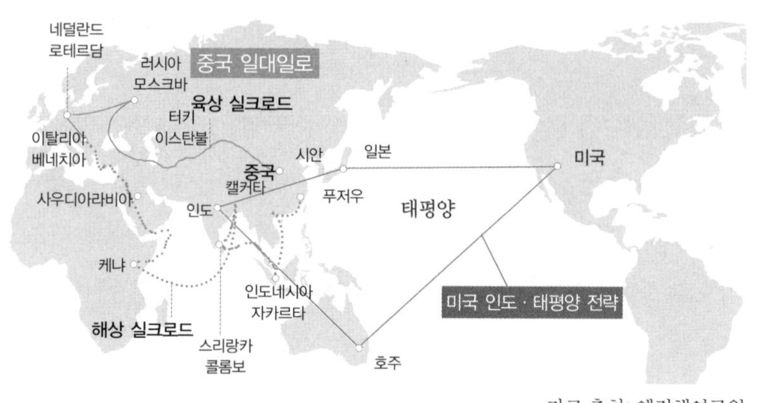

자료 출처: 엘정책연구원

[그림 40] 미 · 중 전략 경쟁

지금 미국과 중국은 전략 경쟁을 벌이고 있다. 미 · 중이 전략 경쟁을 벌이는 이유는 두 나라가 종합 국력으로 세계 1위와 2위이기 때문이다. 미국의 경제력은 1870년대에 이미 세계 1위의 자리에 올라섰지만, 정치와 군사력 면에서도 세계 1위가 된 것은 2차 세계대전 이후의 일이며, 패권국의 지위를 확보하게 된 것은 소련이 붕괴한 1990년부터라고 할 수 있다. 이미 패권국이 된 미국의 꿈은 당연히 패권을 영원토록 유지하는 것이다. 미어셰이머 교수는 "물론 미국은 중국이 아시아에서의 패권국이 되는 것을 저지하려 할 것이다. 미국은 세계무대에서 미국에 근접한 도전국의 존재를 용인하지 않기 때문이다. 결국 중국과 미국 사이에는 냉전 당시 미국과 소련의 관계와 유사한 심각한 안보 경쟁이 야기될 것이다"고 진단했다. 다시 말해 중국과 미국은 패권국의 지위를 놓고 상당 기간 심각한 경쟁을 벌일 것이고, 최악의 경우 국지전까지 불사할 개연성도 충분하다는 의미이다.

마오쩌둥의 향수

2021년 7월 1일 오전 8시(현지 시간) 중국 베이징 톈안먼 망루에 오른 시진핑 중국 국가주석은 공산당 100주년을 자축하는 65분의 연설 중 '위대'와 '위대한 부흥'이란 문구를 각각 53회, 21회 사용하며 노골적으로 중화주의와 애국주의를 역설했다. 그리고 27년간 종신 집권한 마오쩌둥의 향수를 연신 자극하며 자신을 '제2의 마오'로 규정하려는 의도를 숨기지 않았다. 미국과 서방을 겨냥해 시종일관 '머리가 깨지고 피가 흐른다', '노예화와 억압을 용납하지 않겠다'라는 호전적 단어를 사용하는 시진핑의 모습은 흡사 황제의 선전포고처럼 보였다.

시진핑은 이날 참석인사 중 유일하게 회색 중산복(中山服)을 입었다. '국부'로 추앙받는 쑨원이 즐겨 입었고, 옷 이름도 그의 호 '중산'에서 유래한 것이다. 톈안먼 망루 중앙에 걸린 마오의 대형 초상화 바로 뒤에 마오와 똑같은 차림으로 선 시진핑은 "중국 공산당이 제국주의와 패권주의를 이겨냈다. 사회주의만이 중국을 발전시킬 수 있다"고 주장했다. 그는 공산당이 어려움을 극복하고 중화민족을 이끌어 100년이 흐른 지금 위대한 업적을 남겼다며, "쓰라린 희생은 새로운 하늘에서 해와 달을 빛나게 한다"는 마오의 시(詩) 「샤오산(蕭山)에서」를 인용했다. 이날 인민해방군 의장대는 마오의 유해가 안치된 광장 남쪽의 마오쩌둥 기념관 쪽에서 인민혁명 기념탑을 거쳐 시진핑이 있는 톈안먼 망루 쪽으로 행진했다. 시진핑이 마오급 절대 권력자 반열에 올랐음을 보여주려는 의도로 읽혀진다.

중국 공산당 100주년 기념식을 시종 생중계한 CCTV(중국중앙TV) 등 관영 매체 또한 패기와 자신감으로 가득 찬 젊은 당원들을 자주 비췄다. 일각에서는 이날 청년들의 일사불란한 모습이 문화대혁명 당시 마오쩌둥을 지지했던 '홍위병'을 연상시켰다고 평가했다. 시진핑 또한 젊은 층의 지지를 업고 2022년 10월 20차 당대회를 통해 사실상의 종신 집권을 시도할 것이란 관측이 나온다. 광장에 운집한 7만여 명의 군중은 이날 시진핑의 연설 중 대만 통일과 외세 개입 반대를 강조할 때 가장 환호했다. 시진핑이 "대만 통일을 추진하고 홍콩 등 특별행정구에서는 중국의 전면적인 통치권을 실현해야 한다"고 강조하자 군중은 기립박수로 환호했다. 이날 100주년 기념식에 참가한 군중은 1951년 베이징 쉔농탄(先農壇) 체육관에서 열린 공산당 30주년 기념식(4만 명)을 넘어서는 최대 인파다. 중국이 자체 개발한 코로나19 백신을 맞은 사람만이 입장이 허용됐고, 대부분의 참석자가 마스크를 쓰지 않았다. 중국 내부와 국제사회를 향해 코로나19를 이겨냈음을 과시하려 한 것으로 보인다.

2020년 추석 연휴 전날 시진핑은 베이징 샹산(香山)에 소재한 쌍칭(雙淸) 별장과 샹산 혁명기념관을 찾아 마오쩌둥의 시를 인용해 "항우의 전철을 밟지 않겠다"고 다짐했다. 마오는 한시를 통해 항우처럼 궁지에 몰린 적을 놓아줬다가 나중에 당하는 전철을 밟아서는 안 된다고 지적했다. "물에 빠진 개는 두들겨 패라"는 루쉰(魯迅)의 주장과 같다. 항우의 전철을 밟지 않겠다는 시진핑의 발언은 미국과의 무역 전쟁, 독립론을 펼치는 대만 차이잉원(蔡英文) 정부, 민주화를 요구하는 홍콩 시위대 등 대내외 위기에 결코 물러서지 않겠다는 강력한 메시지로 해석된다.

최근 시진핑의 마오 따라하기는 샹산 유적지 시찰에 그치지 않는다. 시진핑은 중앙당교에서 열린 가을학기 중·청년간부 양성반 입학식에서 다섯 개의 '무릇(凡是, 범시)'을 언급하며 당이 당면한 투쟁의 방향·입장·원칙을 밝혔다. '범시'는 과거 마오쩌둥이 후계자로 지명했던 화궈펑이 "마오쩌둥이 생전에 내린 결정과 지시는 모두 옳다"고 주장했던 '양개범시론(兩個凡是論)'을 연상시킨다.

'홍색관광(紅色旅遊, 혁명전쟁 당시 중국 공산당 지도자들이 거주했던 기념지 등을 순례하는 것)'이 중국인들의 애국 열풍에 불을 지피고 있다. 가족이 미는 휠체어에 몸을 의지한 할머니, 서툰 붓놀림으로 기념관을 그리는 어린아이, 깃발을 들고 줄지어 옮겨 다니는 동네 주민 등 저마다의 방식은 달랐다. 중국인들은 공산당 창당 100주년을 앞두고 역사의 흔적이 남아 있는 장소를 둘러보며 앞다퉈 홍색관광 대열에 합류했다. 중국 정부는 일찌감치 전국 300곳을 선정해 강렬한 혁명의 정신이 깃든 중점 홍보 관광지로 띄웠다. 이후 지방마다 경쟁이 붙어 산시성(陝西省)의 경우 445곳을 따로 선정했다. 국민당에 패한 홍군의 대장정 종착지 옌안(延安)이 속한 곳이다. 베이징에도 40여 곳이 있다.

미국이 사사건건 시비를 거는 상황에서 중국인들은 이렇게 '국부

(國父)' 마오쩌둥의 발자취를 되짚고 있었다. 마오쩌둥의 향수를 부추기는 시진핑의 이러한 행보는 개인의 권력 욕구와 강력한 리더십을 필요로 하는 공산당 조직의 의지를 반영한 것으로 해석된다.

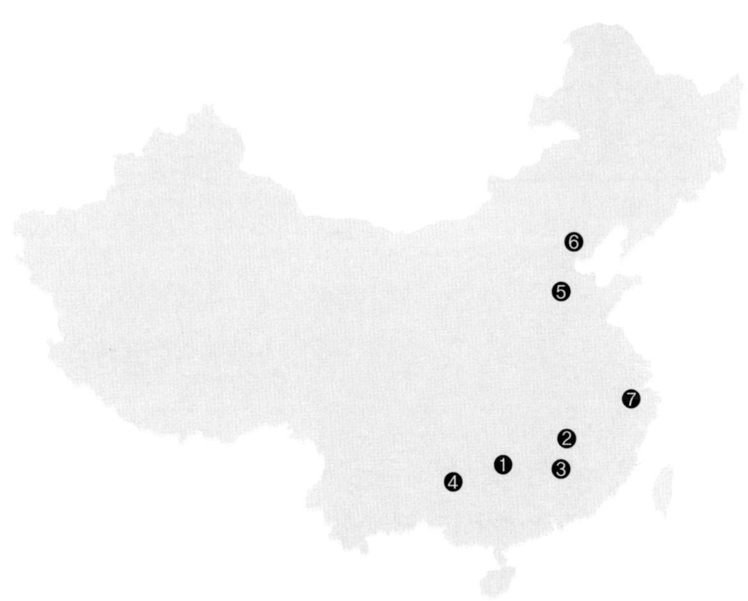

❶ 후난성 사오산 1893년 공산당 지도자 마오쩌둥 탄생지
❷ 장시성 난창 1927년 공산당 무장봉기 발생
❸ 장시성 징강산 1931년 마오가 무장투쟁 근거지로 삼음
❹ 구이저우성 쭌이 1935년 마오가 공산당 실권을 장악
❺ 허베이성 시바이포 1949년 마오를 비롯한 공산당 지도자들이 머무름
❻ 베이징 인근 샹산완안 마오와 함께 공산당을 이끈 리다자오의 무덤이 있음
❼ 상하이 싱예루 1921년 공산당 제1차 전국대표대회 개최

자료 출처: dongA.com

[그림 41] 중국의 대표적 홍색관광지

중국인들의 정치 인식 03

공산당 만세

시진핑은 2021년 7월 6일 중국 공산당 창당 100주년을 기념해 화상으로 개최된 '중국 공산당과 세계 정당 지도자 정상회의' 기조연설에서 "각국 국민은 자신의 발전경로와 제도 모델을 선택할 권리가 있다. 민주주의는 천편일률적일 수 없다. 한 나라가 민주적인지 비민주적인지는 그 나라 국민이 판단하는 것으로, 소수 국가의 특허가 아니며 소수의 사람이 마음대로 판단해서는 안 된다"고 강조했다. 다시 말해 국가마다 민주주의 실현 방식이 다르다는 것을 전제로, 자국 체제의 정당성을 주장한 것이다. 중국이 민주적인지 아닌지는 중국인들이 판단할 몫이니 미국이 이래라저래라 간섭하지 말라는 뜻이다. 서방 국가들과의 갈등이 '권위주의 대 민주주의의 대결'이라는 미국의 프레임에 갇히는 것을 경계하려는 의도로 읽힌다. 미국 언론은 최근 시진핑이 공산당 창당 100주년을 계기로 잇따라 체제의 정당성을 강조하며, 미국과 서방국가들을 향해 경고의 메시지를 보내고 있는 것

주지하고 있는 중국 정부의 언론 검열과 관련한 질문에 대해서도 응답자의 80% 이상이 공산당의 언론 검열에 찬성을 표시했다. 독일에서 유학하고 있는 중국 학생임에도 불구하고 이렇게 높은 찬성률을 나타낸 이유에 대해 중국 학생들은 중국과 서방 세계의 문화적, 역사적 뿌리가 달라 서구식 민주주의는 중국에 적합하지 않다고 응답했다.

2013년 호주에 본부를 둔 세계가치관조사협회가 중국인을 대상으로 중국의 민주화 정도, 중국 공산당과 중앙정부에 대한 신뢰도를 조사했다. 먼저 중국의 민주화 정도에 대한 조사에서 중국인들은 평균 6.43/10%로 중국이 민주적으로 통치되고 있다고 응답했다. 이는 2012년 한국인을 대상으로 한국의 민주화 정도에 대한 조사 결과인 5.87/10% 보다 높은 수준이다. 중국 공산당에 대한 신뢰도 조사의 경우 매우 신뢰 27.3%, 신뢰 47.2%, 신뢰 안 함 11.8%로 나타났고, 74.5%가 중국 공산당에 압도적인 신뢰를 보였다. 중앙정부에 대한 신뢰도 조사의 경우 84.2%가 중앙정부를 신뢰한다고 응답했다.

중국식 민주주의

자오리젠(趙立堅) 중국 외교부 대변인이 내외신 기자들을 상대로 진행한 현안 브리핑에서 "미국에선 부자들이 우선적으로 코로나19 검사를 받는 반면, 노인과 가난한 사람들은 주요 희생자가 되고 있다. 미국의 일부 사람이 무슨 자신감으로 미국식 민주주의를 선전하는지 모르겠다"고 말했다. 그러면서 "민주주의는 미국의 전유물이 아니다. 중국에는 중국의 민주주의가 있다"고 강조했다. 자오 대변인의 말에는 중국이 다른 건 몰라도 코로나19 대응에서만큼은 미국보다 앞섰다는 자신감이 깔려 있고, 그것이 중국 사회주의 체제의 우수성 때문이라는 레퍼토리다. 중국은 체제 비판을 그냥 넘기지 않는다. 코로나19 책임론에 휩싸인 중국의 방역 성과는 '인민을 위한 중국식 민주주의'를 대내외에 부각하기에 딱 맞는 이슈다. 역설적이게도 미국이 '중국 바이러스'라고 공격했던 코로나19가 중국의 체제 우월감을 강화시키는 계기가 됐다.

그렇다면 중국식 민주주의란 무엇인가? 서구식 민주주의에 익숙한 이들에게 중국식 민주주의라는 개념은 다소 생소하다. 『인민일보』는 "여러 사람의 일을 여럿이 상의해 사회 전체 염원과 요구의 최대공약수를 찾는 것이 인민민주주의의 요체"라는 시진핑 공산당 총서기의 말로 중국식 민주주의를 설명한다. 그러면서 모든 법안과 정책이 일사천리로 처리돼 '고무도장'이라 불려온 양회(兩會, 전국인민대표대회 · 전국인민정치협상회의)를 민주주의의 생생한 현장으로 묘사했다. 그리고 민주주의는 각 국가의 사정에 맞아야 하고, 중국은 공산당 영도하에 여러 당이 협력하고 정치 협상을 하는 제도가 안성맞춤이라고 강변했다. 『인민일보』는 중국의 사정은 여타 사회주의 국가는 물론 서방과도 현격한 차이를 보인다면서, 서방의 삼권분립 구조를 중국에 적용한다면 사회 동요로 이어져 민주주의 퇴보를 불러올 것이라고 덧붙였다. 이방인의 눈에는 중국식 민주주의의 실체가 여전히 모호하다. 서구식 민주주의는 결점까지도 비교적 투명하게 드러난다. 어떤 체제나 제도든 완벽한 것은 없다. 쉽게 우열을 논할 문제도 아니다. 다만 중국식 민주주의의 우월성을 내세우려면 적어도 체제의 투명성을 높이는 노력이 선행돼야 할 것이다.

중국인 절반 이상이 중국식 민주주의에 비교적 만족하고 있다는

에 대해 민주주의에 대한 위협이라고 평가했다.

2017년 중국 선전시 룽강구(龍港區)에서 유괴 사건이 발생했다. 다행히 아이는 24시간도 되지 않아 구조됐다. 비결은 무수히 많은 인공지능 감시 카메라 덕분이었다. '감시 사회'로 알려진 중국의 이면이다. 그간 중국은 개인의 삶을 감시하고 자유로운 발언을 통제하는 억압적인 국가로 알려져왔다. 시민들의 불만이 여론으로 조직화되지 않는 데는 정부의 여론 통제 방식이 더 교묘해지는 까닭도 있다. 그럼에도 정부가 국민과 기업의 행동을 감시해 보상이나 제재를 가하는 '사회 신용 시스템'에 대한 만족도는 의외로 높다.

전 세계 많은 국가가 자유민주주의 국가인 요즘에도 어떻게 이런 사회가 지속 가능할 수 있을까? 중국인들은 공산당에 깊숙이 세뇌돼 문제점을 자각하지 못하는 것인가, 아니면 민도(民度)가 낮거나 전체주의에 익숙한 국민성을 갖고 있는 걸까? 중국 정부가 국민을 미숙한 아이처럼 취급하는 것임에도 호응이 높은 이유는 무엇일까? 어쩌면 중국 사회를 '바르고 예측 가능한 사회'로 만드는 데 감시 사회가 기여하고 있고, 중국 사회의 '민주' 개념이 정치적 권리의 평등보다는 경제적 평등에 기울어져 있기 때문일 것이다. 중국 공산당이 계속 인민들을 부유하게 만들고, 경제적 성장을 시현하는 동안에는 심각한 사회 불만이 터져 나올 가능성은 희박해 보인다.

2018년 3월 독일 민간 연구소가 독일에 유학 중인 중국 유학생 276명을 대상으로 중국의 정치제도에 대한 인식조사를 실시했다. 그 결과에 따르면, 중국의 정치 지도자 선출 방식에 대해 강한 찬성 37.22%, 찬성 46.99%, 반대 9.4%, 강한 반대 3.01%, 모름 3.38%로 찬성 비율이 84%를 상회했다. 비밀리에 이루어지는 공산당의 간부 선출 방식에 대해 대다수 응답자가 찬성을 표시한 것이다. 또한 누구나

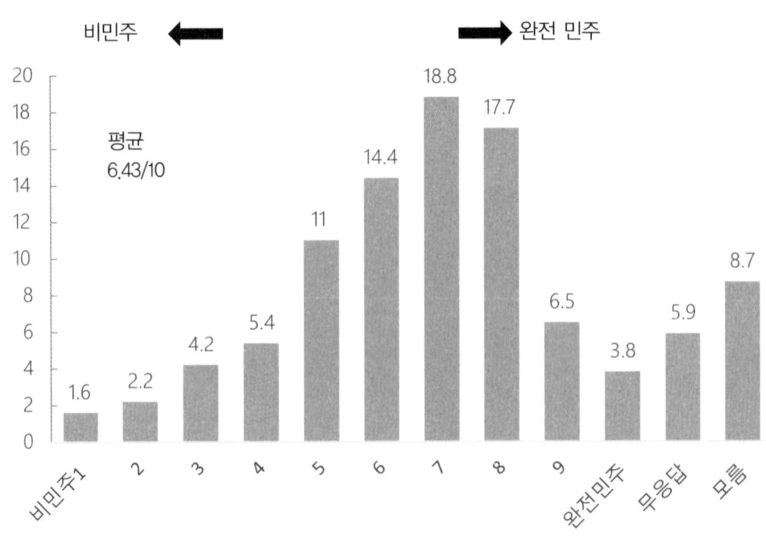

자료 출처: 세계가치관조사협회(단위: %)

[그림 42] 중국의 민주화에 대한 중국인 인식 조사 결과

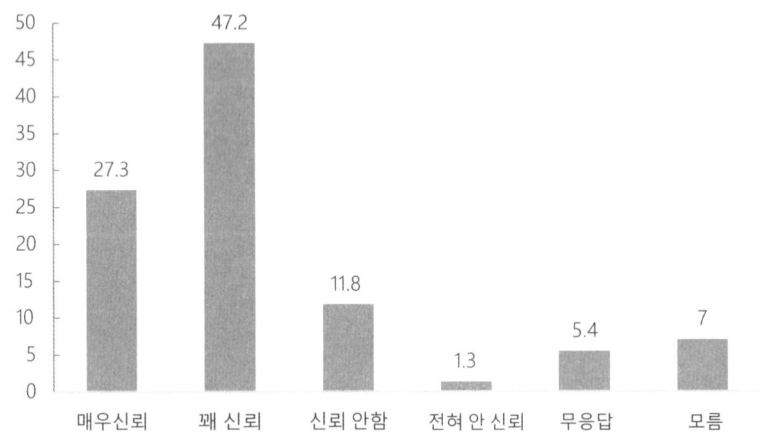

자료 출처: 세계가치관조사협회(단위: %)

[그림 43] 중국 공산당에 대한 중국인 신뢰도 조사 결과

04 중국 정치의 전망

불안한 공산당

시진핑은 국가주석의 임기 제한을 폐지해 덩샤오핑이 심혈을 기울여 구축한 집단 지도 체제를 사실상 폐지시켰다. 시진핑의 권력 강화는 2012년 공산당 총서기 취임 이래 계속됐다. 2016년 '핵심' 칭호가 공식화되고, 2017년 당대회에서는 신시대 시진핑 사상이 당장에 포함됐다. 2017년 개헌의 배경은 '개혁의 심화'다. 2020~2035년은 중국의 사회주의 현대화 건설에 결정적 시기로 강력한 리더십이 필요하다는 논리다. 최고 지도자의 카리스마(1인 체제 강화)로 개혁의 속도를 높이고, 국정 운영의 효율을 극대화하려는 의도다.

중국인의 반발 가능성은 그다지 크지 않다. 조지워싱턴대 데이비드 샴보(David Shambaugh) 교수의 주장처럼 중국 인민들은 2009년 이래 경성 권위주의(Hard Authoritarianism) 통치를 경험했기 때문에 어느 정도 민주주의 가치나 편익이 제공되는 상황에서 권위주의 통치를 자연스럽게 수용하는 듯하다.

시진핑은 마오쩌둥 이후 가장 강력한 중국 공산당 지도자로 자리매김했고, '두 개의 100년'이라는 목표를 설정했다. 이번 창당 100년에 이어 건국 100년을 맞는 2049년까지 중화민족의 위대한 부흥을 지칭하는 중국몽을 이루겠다는 포부다. 중국이 눈부신 발전을 이뤄냈지만, 시진핑 1인 체제에서 중국의 미래는 과거 100년보다 더 불확실할 수도 있다는 우려가 나온다. 시진핑은 지속적인 반부패 운동을 가장해 정적들을 숙청하고 있고, 검열은 마오 체제 이후 최고 수준이다. 비정부기구(NGO)를 포함한 시민사회를 위한 공간은 거의 사라졌다. 시민사회와 대부분 이슬람 교도인 신장위구르 소수민족에 대해 전면적인 단속에 나섰고, 높은 수준의 자치를 약속했던 홍콩에서 '홍콩국가보안법'을 시행하며 통제를 강화했다. CNN방송은 시진핑 집권하에서 공산당이 체제를 유지하기 위해 이른바 '붉은 유전자'를 강화하고 있다고 꼬집었다. 최근 중국 공산당은 학생들을 상대로 체제 특강을 하고, 마오쩌둥 생가 투어와 공산당 역사에 관한 전시 관람 등 '홍색관광(Red Tourism)'을 통한 체제 결속에 열을 올리고 있다. 시진핑은 현대 인류의 자유민주주의 체제, 그리고 평화 민주주의, 자유와 정의의 가치와 질서를 자신의 중국 공산당 통치 모델로 대체하려고 한다.

중국 공산당이 일당독재를 하면서도 정권을 70년 넘게 유지한 것은 첫째, 공산당이 국가와 군대를 장악해 반체제를 엄격하게 통제하고, 반정부 목소리를 적극 검열·억제했기 때문이다. 둘째, 대부분 국민들은 공산당이 국가를 잘 운영했다고 생각하기 때문이다. 셋째, 지난 40년간 국민의 삶을 빠르게 개선하여 앞으로도 삶이 계속 나아질 것이라고 국민들이 믿게 만들었기 때문이다. 시진핑은 중국 공산당이 백년국치(百年國恥)로부터 중국을 구해냈는데 잘못하면 다시 그러한 상태로 떨어질 수 있다는 공포심을 갖고 있고, 중국 지도부와 국민들

조사 결과가 나왔다. 2013년 중국 사회과학원 정치학연구소 정치문화연구실이 베이징, 선전을 포함한 4개 도시에서 1,750명을 대상으로 '중국인의 정치 소양' 조사를 실시했다. 조사 결과에 따르면, 중국이 민주적인 측면에서 비교적 괜찮고 만족한다는 응답이 56.5%에 달했다. 중국의 민주주의가 더욱 발전할 필요가 있다는 응답은 42.8%였다. 정치적 측면에서 미국과 중국을 비교할 때 어디가 더 우월한가라는 질문에는 중국과 미국의 국가 상황이 다르기 때문에 간단히 비교할 문제가 아니라는 응답이 51.5%로 가장 많았고, 중국이 낫다는 응답은 38.1%, 미국이 낫다는 응답은 8%였다. 정부가 일상생활에 영향을 끼치느냐는 질문에는 영향이 있지만 크지는 않다는 응답이 43%, 영향이 없다는 응답이 33.4%, 영향이 크다는 응답이 23.4%로 나타났다.

왜 많은 중국 국민들이 중국식 민주주의에 만족하는가? 이 물음에 대해 『인민일보』는 다음과 같이 설명한다. "합법적 선거뿐만 아니라 선거 외 제도와 방식으로 인민대표가 국가 및 사회생활에 동참할 수 있도록 관리하는 것은 매우 중요하다. 서방 일부 국가의 민주적 실천에서 인민들은 그저 투표권만 있지 폭넓은 참여권은 없기 때문에, 투표 당시에만 고민할 뿐 투표 후에는 수면 상태에 빠져버린다. 이러한 형식주의적 민주주의가 초래한 국가 관리의 국한성은 당연한 결과일 뿐 아니라 피할 수 없다. 문제의 핵심은 반드시 모든 것을 인민에 의지하고 인민을 위하는 것으로 이어져야 한다는 것이다. 실천을 통해 중국식 민주주의가 인민이 주인이 되는 것을 보장하고 지지할 뿐 아니라, 인민들의 만족감, 행복감, 안전감을 더욱 충만하게 만든다는 것을 입증했다. 민주주의는 전 인류가 소중하게 여기는 가치 목표의 하나다. 민주주의 실현 형태는 다채롭고 또한 틀에 박힌 모델에 갇

혀선 안 될 뿐 아니라, 단 한 가지 보편적 평가 기준만 있어서도 안 된다. 현재 코로나19 사태 등의 글로벌 도전이 가져온 거버넌스 측면의 시련은 전 세계적 범위에서 민주주의의 실질적이고 효과적인 실현방식에 대한 고민을 한층 촉발했으며, 중국식 민주주의가 보여주는 비약적 생명력은 날로 국제사회에서 중요해지고 있다."

그렇다면 중국이 제시하는 중국식 민주주의는 계속 통할 수 있는 것인가? 중국식 민주주의의 가장 큰 결함은 민주주의가 가지고 있어야 할 가장 기본적이고 필수적인 원칙이 없다는 것이다. 로버트 달(Robert Dahl)이 규정한 최소적 차원의 민주주의 조건인 '자유(freedom)'로운 시민들의 '참여(participation)'와 '경쟁(contestation)'이 없다. 여기에 더해 중국이 제시하고 있는 '베이징 컨센서스(Beijing Consensus)'라는 정치경제 운영원리는 19세기의 후발주자인 프러시아 모델의 복사본이다. 사이버 공간에서의 자유마저 부정하는 중국에서는 질서 유지를 위해 강력한 국가만이 존재한다. 홍콩 사태가 대표적이다. 중국의 힘은 더 강해질 것이다. 하지만 보편적인 문명 체계를 갖춘 국가들로부터 존중받기는 쉽지 않다. 공산당 일당독재 체제인 중국식 정치체제는 다원성이 부족하다. 미국과 비교해보면 명확하다. 미국에서는 이런 다원성과 위대함에 대한 역사 교육을 받으면서 미래 지도자가 성장한다. 반면, 중국은 미래 지도자가 이런 다원성과 위대함을 배우면서 성장하기 어려운 태생적 한계를 갖고 있다. 그런 점에서 다원화되고 변화하는 미래 인류를 이끌어갈 위대한 지도자가 지금 중국의 정치체제에서 출현하기는 어려워 보인다.

정부 활동을 처벌하는 방안을 추진한 것이 그 하나다. 이는 홍콩 헌법격인 기본법에 명시된 '법률 제정권이 홍콩 입법원에 있다'는 규정에 어긋난다. 하지만 중국은 '외교 · 국방 등 홍콩 정부의 업무 사안이 아닌 분야의 법률은 전인대 상무위원회가 홍콩 정부와 상의해 추가하거나 삭제할 수 있다'는 조항을 내세워 홍콩에 대한 내정 간섭을 노골화하고 있다.

중국은 대만에 '일국양제' 통일방안을 받아들이라고 압력을 가해왔다. 2020년 1월에는 이를 받아들이지 않으면 무력을 사용하겠다고 위협했다. 중국은 코로나19로 전 세계가 신음하던 2021년 4월 한 달 동안 대만해협과 주변에 인민해방군 최초의 항공모함인 랴오닝(遼寧)함을 출동시켜 대대적인 군사훈련을 하며 대만을 압박했다. 대표적 공격용 무기 체계인 항모까지 동원해 무력시위를 한 셈이다. 19세기 제국주의 국가들의 함포외교를 떠올리게 한다. 제2기 취임식에서 대만 차이잉원 총통은 중국의 일국양제 통일방안을 거부한 것은 물론, 미국 · EU · 일본과 관계를 강화해 경제 등 분야에서 중국 의존도를 줄이겠다고 밝혔다. 탈중국화를 가속하겠다는 의지의 표현이다.

중국은 2021년 4월 18일 하이난성(海南省) 싼사시(三沙市) 산하에 시사(西沙)구와 난사(南沙)구를 각각 설치해 영유권 분쟁 중인 남중국해 섬과 산호초 등을 편입했다. 앞서 4월 2일에는 중국 해양 감시선이 남중국해에서 베트남 어선과 충돌해 침몰시키고 어부들을 억류했다가 풀어주기도 했다. 중국의 이런 '도발'에 대해 베트남은 "단호히 거부한다"며 거세게 항의했다. 중국은 2020년 12월 17일 해방군의 2호 항모이자 자체 건조 1호인 산둥(山東)함의 취역식을 남중국해 입구인 하이난성 남부 싼야(三亞)에서 시진핑이 참가한 가운데 개최했다. 2016년 7월 12일 헤이그 국제상설중재재판소가 중국의 남중국해 권리 주장에 대해 '법적 근거가 없으며 국제법을 위반한 것'이라고 판단한 것을 대놓고 무시하고, 항모 취역으로 응답한 셈이다. 미국은 남중국해 항행의 자유를 내세워 중국에 대응하고 있다.

중국은 자국과 관계가 나빠진 특정 국가의 핵심 수출 품목 수입을 금지해 국제무역 규범을 파괴하는 행동도 서슴지 않고 있다. 중국은 기술적인 문제를 들어 호주 대형 육류업체 4곳의 소고기 수입을 금지했다. 호주가 코로나19와 관련한 독립적인 국제 조사를 주장하자 이뤄진 무역 보복 조치다. 일본과 영토 갈등이 벌어지자 일본에 전략 물자인 희토류 수출을 막았다. 하지만 중국은 자국 경제에 필요한 반도체 수입은 그대로 유지했다. 중국은 무역을 정치적 무기로 활용해 특정 국가 길들이기를 시도한다는 비난을 피할 수 없다. 중국은 미국과 러시아 간의 뉴스타트(New START, 전략 핵무기 감축 협정)에 동참하라는 권유도 무시했다. 뉴스타트는 미국과 러시아의 핵탄두를 1,550개 이내로, 미사일과 폭격기 등 발사체의 보유를 800기, 배치를 700기 이내로 각각 제한하는 협정이지만, 중국은 참가를 거부하고 있다. 최근 중국이 국제사회에서 보여주는 행태는 대국으로서 감당해야 할 마땅한 책임은 저버리고 영향력만 확대하겠다는 모양새로 보인다.

대국굴기, 전랑외교

'자신을 드러내지 않고 때를 기다리며 실력을 기른다'는 의미의 도광양회는 덩샤오핑 시대의 외교 방침이자 유훈이었다. 신중과 절제를 덕목으로 한 이 유훈은 장쩌민의 유소작위(有所作爲), 후진타오의 화평굴기(和平崛起)로 이어졌다. 장쩌민의 유소작위는 '할 수 있는 일의 이런 불안감은 생각보다 크다. 시진핑은 공산당을 중심으로 일치단결해서 다시는 수치를 당하지 않도록 강한 국가를 만들어야 한다고 강조한다. 중국 공산당 100주년 기념식에서도 시진핑은 "중국이 당하는 시대는 끝났다. 헛된 망상을 하는 외부세력은 14억 중국 인민의 피와 살로 건설한 강철 만리장성에 머리를 부딪쳐 피가 날 것"이라는 섬뜩한 발언을 했다. 위와 같은 표현에는 중국 지도부의 불안한 심정이 짙게 배어 있다. 시진핑의 공포정치는 권력의 힘에서 나온 것이 아니라, 공산당의 깊은 불안감에 기인한 것으로 보인다.

일련의 노력에도 중국 공산당의 권위주의적 통치 모델이 유지될 수 있을지에 대한 의문은 여전하다. 현재 중국은 가난과 싸우기 바빠 주변에 눈 돌릴 틈 없던 마오쩌둥 시절의 중국이 아니기 때문이다. 『월스트리트저널』은 "중국의 젊은 세대들이 전통적인 가치에서 더 자유로운 태도로 바뀐다면, 공산당에 대한 대중들의 지지는 약해질 수밖에 없다"며 "시진핑 체제는 인격 숭배를 중심으로 하는 마오 이데올로기를 복원했지만, 중국이 전 세계에서 존경받고 있다는 선전을 믿거나 받아들이는 사람은 거의 없다"고 설명했다.

최근 중국 경제에 대한 불확실성이 커지는 것도 공산당의 미래에 그늘을 드리우고 있다. 미국은 중국으로의 기술 유출 방지와 경제적 봉쇄를 강력하게 진행하고 있다. 국내적으로는 오랫동안 펼쳤던 '한 자녀 정책'의 영향으로 저출산 고령화가 가속되고, 실질 경제성장률이 2030년에 3.3%까지 떨어질 것이라는 예측도 있다. 경제성장이 주춤하면, 오랜 일당독재 지배에 대한 국민의 불만이 표출될 수밖에 없을 것이다.

국익 우선, 애국주의 강화

중국 정부는 권위주의적 통치시스템과 자유 · 민주주의에 대한 억압, 전랑외교(戰狼外交, 무력과 보복 등 공세적인 외교를 지향하는 중국의 외교 방식) 등을 통해 애국주의, 민족주의를 강화하고 있으며, 이를 내부 결속과 국제사회의 반중정서를 돌파해나가는 주요 수단으로 활용하고 있다. 미국의 외교전문지 『디플로맷(Diplomat)』은 "과거 보수적 · 수동적 · 저자세 외교를 추구하던 중국이 코로나19 팬데믹 이후 국제사회를 대상으로 단호 · 주도적 · 고자세의 전랑외교를 펼치고 있다"고 평가했다. 미국 퓨리서치센터(The Pew Research Center)가 2020년 8월 내놓은 여론조사 결과에서는 조사대상 14개 국가에서 대부분 '중국에 호감이 가지 않는다'는 응답이 역대 최고치를 나타냈다. 전체적으로 중국에 대해 부정적 인식을 보인 응답은 73%였다. 중국은 이미 세계적 비호감 국가로 낙인이 찍힌 셈이다. 바이든 대통령은 인권과 민주주의의 가치를 내세우며, 중국과의 갈등을 '권위주의 대 민주주의의 싸움'으로 몰아가고 있다. 바이든 대통령이 2021년 주요 7개국(G7) 정상회의와 북대서양조약기구(NATO) 정상회의를 통해 동맹국과 함께 중국을 압박하고, '일대일로'로 확대되는 중국의 영향력을 견제하기 위한 글로벌 인프라 지원 계획을 들고 나온 것은 중국 견제에 전력을 다하겠다는 선언이라 할 것이다.

중국 공산당은 국내 정치적 이슈, 하나의 중국 원칙, 내정 간섭에 대한 불만, 인권 침해, 주변국과의 마찰 등 다양한 문제들에 직면해 있고, 공산당 체제 선전, 시진핑 권력 강화, 민족적 자부심 함양 등을 통해 현재의 위기와 난국을 타개하고자 한다. 중국이 홍콩 입법회를 거치지 않고 베이징의 전인대에서 국가안전법을 제정해 홍콩의 반

세계의 많은 나라가 중국의 호전적이고 공세적인 외교를 걱정의 눈길로 바라보고 있다.

코로나19 이후 글로벌 공급망이 흔들리면 중국의 위상에도 대대적인 변화가 불가피하다. 글로벌화의 최대 수혜자인 중국은 포스트 코로나 시대에 경제적 자립주의·국수주의가 국제적 규범으로 자리 잡을 경우 최대 피해자가 될 수 있다. 미국·유럽·일본과 관계 강화를 강조한 대만과, 최근 EU와 자유무역협정(FTA)을 비준한 베트남은 탈중국화에 박차를 가하고 있다. 글로벌 탈중국화는 이제 시작일 뿐이다. 중국의 공세적인 전랑외교에 대한 반작용으로 전 세계가 거부감을 나타내면서 탈중국 도미노가 이어질 가능성이 크다. 자칫 중국을 경계하고 멀리하는 '21세기 황화론(黃禍論)'이 확산할 수도 있다. 결국 무력·독설·보복을 앞세운 '전랑(늑대)외교'는 단기적으로는 중국 공산당과 시진핑 권력에 이득을 줄 수도 있지만, 장기적으로는 중국과 세계 모든 국가에 혼란을 초래할 것이다.

불확실한 미래

장대한 영고성쇠의 중국 역사 가운데에서도 1921년 중국 공산당 창당 이후 100년 동안은 특별히 기록해야 할 수많은 일들이 벌어진 격동의 시대였다. 과거 100년 동안 중국이 공산당 일당 지배로 부국강병을 실현한 것은 분명하다. 공산당 창당 100주년 기념식 연설에서 시진핑은 "중화민족은 일어서고 풍요로워지고, 더 강해지는 도약의 시대를 맞았다"고 역설했다. 시진핑의 자신감은 이해할 만하다. 그 자신감의 원천은 무엇보다도 경제이다. 견고한 경제 성장세를 유지해

오면서 수많은 중국 국민들이 빈곤에서 벗어났다. 시진핑은 '샤오캉 사회'의 완성을 선언했다. 중국인들이 인간답게 문화생활을 즐기며 살 만한 시대가 왔다는 것이다. 이 같은 눈부신 발전은 공산당 통치의 우월성 때문이라는 이야기가 국민들 사이에 나오고 있다.

그러나 중국 앞에 놓인 미래의 정치, 경제, 국제관계는 지난 100년과는 사뭇 다를 것이다. 장기 집권을 노리는 시진핑 입장에서는 체제 안정이 가장 큰 과제다. 사회의 다양성이 확대되면서 경제 일변도, 즉 빵만으로는 획일적 공산당 정권의 구심력을 유지하기는 어려울 것이라는 게 일반적인 관측이다. 시진핑은 공산당의 통치권을 재확립하기 위해 민족주의를 지지의 원천으로 삼고, 언론을 통해 이념을 홍보하며 강압적으로 정보를 통제해왔다. 최근의 언론 탄압과 애국의 강조는 체제 불안 요소의 싹을 잘라버리겠다는 것이다. 중국 공산당은 체제 불안 요소를 없애기 위해 신장과 홍콩 문제 등에 대한 국제사회의 비판에 맞서며, 소수민족 통합과 홍콩에 대한 직접적 통제를 강화해왔다. 문제는 이런 통제 방식이 언제까지 작동할 수 있느냐다. 인권과 자유를 엄격하게 제한하고, 민주적으로 지도자를 선출하는 수단도 부여되지 않은 중국의 정치체제(공산당 일당독재)가 장기적인 안정을 유지하기는 어려울 것이다.

시진핑의 절대적 권력 강화와 장기 집권 야망이 중국 공산당 독재 체제의 불안정을 키울 수도 있다. 중국의 정치 시스템이 언제 어떻게 변할지 예측하기는 어렵지만, 확실한 것은 억압만으로 중국인을 영원히 침묵시킬 수 없다는 것이다. 지금까지는 중국 공산당이 전 세계에서 가장 성공적인 권위주의 세력이 됐지만, 당내 갈등과 여러 장애물들이 미래 불확실성을 증폭시키고 있다. 특히 아직도 시진핑의 후계 구도가 확립되지 않은 것은 향후 지도 체제가 크게 흔들릴 수 있

[표 21] 중국 역대 지도자들의 외교 노선

괄호 안은 집권 기간

덩샤오핑(1978~1989년)
도광양회 : 재능을 감추고 때를 기다린다

장쩌민(1989~2002년)
유소작위 : 해야 할 일에는 적극 나선다

후진타오(2002~2012년)
화평굴기 : 평화적으로 부상한다

시진핑(2012~)
대국굴기 : 중화민족 부흥, 대국으로 일어선다

자료 출처: 경향신문

에는 적극적으로 나선다'는 의미이고, 후진타오의 화평굴기는 '다투지 않고 평화롭게 일어선다'는 뜻이다. 이들의 외교 키워드는 화합을 우선시하고 외국을 비판하는 데 방어적인 의미를 내포하고 있다. 그러던 것이 시진핑이 '대국굴기(大國崛起, 대국으로 우뚝 섬)'를 내세우면서 중국의 태도도 달라졌다. 2013년 초 국가주석으로 취임한 이후 시진핑은 강국 노선으로 급선회했다. 시진핑의 이와 같은 태세 전환은 중국이 경제와 기술 분야에서 빠르게 성장하면서, 조만간 미국을 따라잡을 수 있다는 자신감에서 비롯됐다. 중국은 더 이상 도광양회를 외교 덕목으로 삼지 않게 됐고, 빠르게 성장하는 경제력을 무기로 패권 국가 미국에 도전을 시작했다. 중국은 이제 대놓고 발톱을 드러내며 힘을 과시하고 있다.

이러한 중국의 도전을 미국은 더 이상 방치할 수 없게 됐다. 중국을 견제해야 한다는 공감대가 미국 내에서 확산됐고, 결국 두 나라의 격한 충돌로 이어지고 있다. 일부에선 미 · 중 대결의 원인이 시진핑의 영구 집권을 위한 포석이라고 분석한다. 미국과의 패권 경쟁을 통해 국내적 단결과 강력한 지도력을 동시에 확보할 수 있기 때문이다. 외부에 강력한 적이 만들어지면 내부적으론 배타적 민족주의가 득세하게 된다. 실제 시진핑은 취임 이후 줄곧 중화민족의 위대한 부흥, 즉 중국몽을 내세우면서 군사력을 강화했다. 일부에서는 시진핑이 마오쩌둥 스타일의 지도자라고 평가한다. 마오쩌둥은 중국을 사회주의 국가로 만들기 위해 투쟁했던 인물이고, 끊임없는 전쟁을 이겨낸 투사형 지도자다. 그동안 중국은 '평화적 공존, 호혜적 상호 협력, 상대방의 주권과 영토 존중, 내정 불간섭, 상호 불가침'이라는 '평화 공존 5항 원칙'을 대외정책의 기조로 삼아왔다. 하지만 이 원칙은 이제 역사적 유물로 사라질 위기에 봉착해 있다.

신종 코로나 바이러스 감염증(코로나19)의 확산 책임 문제로 궁지에 물린 중국이 전례 없이 공격적이고 호전적인 외교 활동을 펼치며, 전 세계와 충돌하고 있다. 시진핑의 중국은 코로나19라는 위기를 맞아 글로벌 평화를 추구하기보다는, 힘의 공백을 최대한 활용해 패권 확대에 나서겠다는 의도를 숨기지 않고 있다. '전랑(戰狼, 중국이 인민해방군 홍보를 위해 만든 애국주의 액션영화 제목)외교'는 이런 중국의 의도를 고스란히 드러내는 키워드다. 이는 중국 내부적으로 민족주의와 애국주의를 자극해 시진핑과 공산당의 권위를 높이고, 결국 시진핑의 장기 집권과 공산당 권력 강화에 도움이 될 것이다. 하지만 국제사회는 미 · 중 대립 시대를 넘어 자칫 중국이 전 세계와 부딪히는 '대갈등 시대'가 도래할 가능성을 우려하고 있다. 일부 친중 국가를 제외한 전음을 시사한다. 시진핑은 국가주석 임기 제한과 후계 규범을 폐기함으로써 자신의 비전과 중국을 위한 국가계획을 수립할 시간을 얻었지만, 동시에 미래 지도 체제에 대한 불확실성은 높아졌다.

중국의 정치체제가 안정적으로 유지돼온 핵심 배경은 눈부신 경제성장이었다. 중국 공산당은 경제적 발전과 인민의 삶의 질 향상을 선전하며, 중국인들의 인권과 정치적 자유를 억압해왔다. 하지만 커져만 가는 빈부 격차, 둔화되는 경제성장률, 인구 감소, 청년 실업 등 경제 · 민생 분야의 난제들이 중국 정치의 미래를 암울하게 만드는 최대 위험요인이 될 것으로 전망된다. 사회주의 국가임에도 빈부 격차는 심해지고 부의 대물림이 이뤄지고 있는 게 중국이다. 중국의 빈부 격차는 1979년 개혁 · 개방 이후 지속적으로 성장 위주의 정책을 펴면서 누적돼온 문제다. 중국 정부가 2017년 발표한 지니계수는 0.467이었으나 실제로는 이보다 높은 것으로 관측된다.

개혁 · 개방 이후 고속 성장을 거듭하던 중국의 경제성장률이 계속 둔화되고 있는 것도 맞물려 있는 문제다. 중국 GDP 성장률은 2007년 14.2%로 정점을 찍은 뒤, 2010년 10.6%, 2015년 6.9%, 2020년에는 코로나19의 영향으로 2.3%로 낮아졌다. 인구 문제도 고민거리다. 중국은 산아제한의 영향 등으로 저출산 고령화가 가속화되고 있다. 14억 인구를 바탕으로 막강한 제조업 경쟁력을 유지해왔고, 미 · 중 갈등 속에서 내수 활성화를 주요한 과제로 삼고 있는 중국에게는 큰 위기 요인이 아닐 수 없다. 중국이 최근 세 자녀 출산을 허용하기로 하는 등 산아제한 폐지 수순을 밟고 있는 것도 이런 위기감을 반영한 것이다. 중국의 젊은이들은 치솟는 집값과 커져가는 불평등, 오르기만 하는 물가 등으로 미래에 대한 절망을 토로하고 있다. 최근 중국 젊은이들 사이에서 유행하고 있는 '탕핑족(躺平族, N포세대)'이란 단어는 이런 청년들의 절망감을 반영한다. 사회주의 국가임에도 부가 대물림되고, 아무리 일해도 계층 사다리를 타고 올라갈 수 없는 현실에서, 청년들이 차라리 아무것도 하지 않겠다며 소극적 저항을 하고 있는 것이다.

국제사회의 중국 공산당에 대한 반감은 사상 최고 수준으로 높아지고 있다. 자유진영과 공산진영이 치열한 이념 대결을 벌였던 냉전시대 옛 소련을 비롯한 공산권에 대한 공포감 못지않게 중국에 대한 반감이 높아지는 양상이다. 이른바 '차이나 포비아(China Phobia, 중국 공포증)'이다. 이 같은 현상은 중국의 부상이 시작될 무렵부터 서방이 제기해온 '중국 붕괴론'을 떨치고, 초강대국의 길로 거침없이 나아가는 도중에 확산되고 있다. 특히 중국이 코로나19 발병 초기 대응을 제대로 하지 못했다는 인식이 많은 영향을 끼친 것으로 보인다. 중국 공산당의 체제와 이념이 민주주의와 자유, 인권 등 글로벌 보편적 가치에 맞지 않는다는 점이 국제사회의 공포를 더욱 증폭시키고 있다. 더불어 중국의 경제적 영향력 확대에 대한 경계감도 커지고 있다.

중국 공산당의 궁극적인 목표는 정권 유지이다. 중국 공산당이 건국 100주년을 맞는 2049년까지 중국을 강력하고 민주적이며 조화롭고 현대적인 사회주의 국가로 만들겠다고 약속했지만, 정작 중국 공산당은 지극히 권위적인 정권이다. 중국이 앞으로 지속 가능한 국가 발전을 위해 최우선으로 실천해야 할 사명은 정치의 개혁이다. 작금의 풍요로움을 이루게 한 경제 개혁과 대외 개방의 유연한 발상을 이제 경제에서 정치로 확장할 필요가 있다. 세계는 지금 4차 산업혁명의 시대에 들어섰다. 중국 정치를 대표하는 단어인 획일적, 일방적, 강압적이라는 용어들은 4차 산업혁명 시대의 가장 큰 걸림돌이다. 다양성(diversity)과 융합(convergence)의 시대에 단순한 빵의 수량에 만족할 사람들은 없다. 중국 공산당이 창당 100주년을 맞았지만, 이것이 건국 100주년으로 이어질지는 의문이다. 소비에트 연방은 74년을 존속했다. 북한 공산당 정권은 73년, 그리고 중국 공산당 정권은 72년을 맞았다. 중국 정치의 미래, 중국 공산당의 미래는 어디로 갈 것인가? 두고 볼 일이다.

중국 경제의 미래

중국 부의 향방

제4장

중국의 신시대

중국 정치의 전망

중국의 신시대

01 미 · 중 패권 전쟁

예고된 전쟁

투키디데스 함정

경제, 기술, 군사 등 면에서 세계 1위 국가가 가장 두려워하는 것은 힘센 2위 국가의 부싱이다. 패권국이 2위 국가의 부상을 우려해 무력 충돌을 일으켜 2위를 좌초시키는 사건은 역사 이래 항상 있어왔다. 소위 초강대국들이 '투키디데스 함정(Tuchididdes Trap)'에 빠지는 것이다.

고대 그리스의 역사가 투키디데스는『펠로폰네소스 전쟁사』에서 펠로폰네소스 전쟁은 부상하는 신흥 세력(아테네)에 위협을 느낀 지배 세력(스파르타)의 두려움 때문에 발생했다고 설명했다. 미국 하버드대 벨퍼 국제문제연구소(BCSIA) 소장을 지낸 정치학자 그레이엄 앨리슨(Graham Allison)은 이 상황을 투키디데스의 함정이라는 용어로 정의했다. 지난 500년간 역사에서 투키디데스의 함정을 적용할 수 있는 사례를 찾았더니 16개가 나왔고, 그중 12개는 결국 전쟁으로 이어졌다.

기존 패권 국가와 빠르게 부상하는 신흥 강대국이 부딪히는 상황을 뜻하는 투키디데스 함정은, 작금에는 중국의 부상과 이에 두려움을 느끼는 패권국 미국의 관계를 설명할 때 자주 쓰인다.

트럼프와 바이든, 시진핑이라는 미국과 중국 지도자의 국가 운영 기조와 비전을 들여다보면 두 나라가 충돌로 이어지기 충분한 상황이다. 중국이 추구하는 미래 방향과 목표는 무엇인가? '중화사상'이다. 시진핑은 중화민족의 위대한 부흥을 기치로 내세웠다. 서양 세력이 아시아로 진출해 오기 전처럼, 과거 중국의 세력권을 회복해 아시아뿐만 아니라 세계의 중심국가가 되겠다는 것이다. 중국 공산당은 중국이 5,000년 역사 동안 대부분 대국이었음을 강조하고, 중국 인민에게 자부심을 갖게 해주겠다고 약속했다. 반면, 미국은 중국에 대해 포용과 견제의 이중 전략을 사용해왔다. 무역, 금융, 기술 이전, 교육 등의 문제에서는 중국과 관계를 돈독히 해왔지만, 군사, 안보, 핵심 동맹국과의 방위 관계 등에 있어서는 중국과의 충돌에 대비해왔다. 따라서 최근 미 · 중 패권 경쟁은 핵심가치, 국내 정치, 경제 · 기술, 파워(하드/소프트/스마트), 지정학적 요인 등이 복합적으로 작용한 결과로, 미국이 상당 기간 준비해왔고 시간의 문제일 뿐 언젠가는 필연적으로 발생할 수밖에 없는 예고된 전쟁이다.

미국은 세계 2위로 부상하는 신흥강국을 쓰러뜨리는 데 이골이 난 나라다. 1970년대에는 잘나가던 소련을 붕괴시켰고, 1980년대에는 급부상한 일본을 유럽과 일치단결해서 1985년 '플라자 합의(Plaza Accord)'를 체결해 30년간 좌초시켰다. 이제 중국이다. 그런데 세 번째 전쟁에서 미국의 힘이 예전 같지 않다. 미국은 최근 공개한 「인도-태평양 전략 보고서」에서 중국을 현상 유지를 타파하려는 국가로 규정했고, 대만을 자주국가로 분류해 1979년 중국과 국교를 수립한 이후 견지해오던 '하나의 중국(One China Power)' 원칙을 포기할 수 있음을 언급하기도 했다. 2018년부터 시작된 미 · 중 무역전쟁과 남중국해와 대만해협에서 펼치고 있는 '항행의 자유' 작전까지 감안하면, 중국을 향한 미국의 압박은 가히 전 방위적이다. 그렇다면 중국의 딜레마는 무엇일까? 중국이 너무 빠르게 성장해 미국의 지위를 위협하면 투키디데스 함정의 위험이 고조될 것이고, 반대로 중국이 예상보다 느리게 성장하고 내향적 태도를 견지할 경우 '킨들버거의 함정(Kindleberger Trap)' 상황에 직면할 것이라는 점이다.

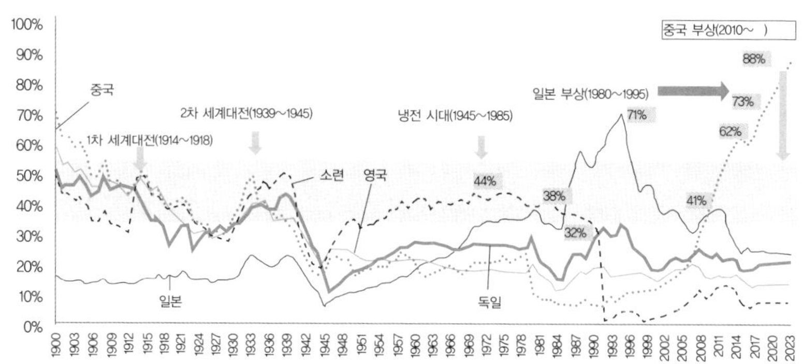

* 미국의 GDP 대비 연도별 각국의 GDP

자료 출처: 중국경제금융연구소

[그림 44] 20세기 이후 투키디데스 함정

역사상 패권국들은 자국이 구축한 세계 정치 · 경제 질서를 유지하고 강화하기 위한 수단으로 군사력 우위의 국가안보, 막강한 경제와 금융력을 바탕으로 한 경제 제재와 금융 제재 등의 국가 책략을 사용해왔다. 20세기 들어 패권국이 된 미국은 2차 세계대전 종전 이후 브레턴우즈 협정(Bretton Woods Agreement)을 기반으로 자유무역의 세계 경제 질서와 개방된 국제 금융 시스템을 구축했고, 이를 관리할 수 있는 국제관계법을 제정했으며, 달러를 기축통화로 하는 금융 패권을 확보했다. 미 · 중 무역전쟁을 시작으로 미국은 가용할 수 있는 모든 수단을 동원해 중국과 패권 전쟁을 지속할 것이다. 그럼 이 전쟁의 결말은 어떻게 될 것인가? 미국의 국가안보와 가치에 반하는 것과 싸우는 문명전쟁으로 비화될 가능성이 커 보인다. 다시 말해, 자유민주주의와 공산당 일당독재 전체주의 간의 정치체제 싸움으로 확전될 전망이다. 2001년 중국을 세계무역기구(WTO)에 가입시키는 등 미국은 중국의 경제 발전을 후원하며 공산정권의 개혁과 자유화를 유도했지만, 중국은 그와 정반대로 개방무역 질서의 허점을 파고들며 미국의 국력을 약화시키는 수정주의 대국으로 성장해버렸다는 것이 미국 정부의 상황 판단이다. 문제는 이들 두 국가가 세계 모든 국가에게 어느 편에 설 것인지 선택을 강요하고 있다는 점이다.

미 · 중 패권 경쟁이 극단적인 무력충돌, 전쟁으로까지 발전하는 투키디데스 함정이 현실화될 것인지는 미지수다. 하지만 두 나라가 핵무장을 갖췄고 최첨단 군사력을 보유한 상태에서 전쟁이 발발할 경우 세계 공멸까지 초래할 수 있다는 점을 감안하면, 양국 간 최악의 전쟁은 자제할 것으로 예상된다. 미 · 중 패권 전쟁은 양국은 물론 지구촌 전체의 재앙이라는 사실을 양국이 깊이 인식하고 있기 때문에 투키디데스의 함정이 전쟁으로 비화될 가능성은 극히 낮다고 판단된다. 그럼에도 불구하고, 미국과 중국이 전면적 패권 전쟁을 벌일 경우 경제적, 군사적, 지정학적 전쟁 환경을 고려할 때, 미국도 치명상을 입겠지만 중국은 미국보다 훨씬 더 심각한 타격을 입을 가능성이 매우 높다.

글로벌 대국

마오쩌둥 시대에는 일본의 침략도 있었고 또 두 번의 내전을 치렀기 때문에, 폐허에서 일어서지 않으면 안 되었다. 마오쩌둥은 중국을 "정치적, 인구적으로는 대국이지만, 경제적으로 소국"이라고 인식했다. 처음에는 소련의 원조를 받았으나, 스탈린이 죽고 1956년 흐루시초프의 스탈린 격하 운동이 일어난 다음 해인 1957년 마오쩌둥은 2차 해외 방문으로 다시 소련을 찾았다. 마오쩌둥은 흐루시초프에게 밀리지 않기 위해 "중국은 영국을 추월해 미국을 따라잡을 것"이라고 과장되게 호언했다. 얼마 지나지 않아 중국과 소련은 사이가 멀어졌고, 어느 쪽이 사회주의의 본가(本家)인지를 두고 경쟁하게 됐다. 이 같은 1960년대 초 상황에서 마오쩌둥은 '3개의 세계론'으로 세계질서를 이해했다. 첫 번째는 미 · 소 초강대국, 두 번째는 유럽의 선진 공업국, 세 번째는 개발도상국으로, 중국은 당연히 세 번째에 위치했다. 중국은 개발도상국이면서 미국, 소련과 경쟁을 하고 있다는 것이다.

1970년대 중국의 과학기술 수준은 상대적으로 낮았고, 문화대혁명이 더욱 이를 망가뜨렸다. 재빨리 기술을 습득하려면 외국에서 물품을 사오는 수밖에 없었고, 그러려면 외화가 필요했다. 덩샤오핑, 류샤오치(劉少奇) 등 주자파들은 외국으로 천연자원을 팔아 기술을 습득하고자 했다. 그러나 이 생각은 문화대혁명 4인방(王洪文, 張春橋, 江青, 姚文元)으로부터 "자원을 파는 것은 국토를 파는 것과 같다"는 비판을 받았다. 마오쩌둥이 사망한 후 덩샤오핑은 개방을 통해 과학기술을 도입하고, 해외로부터 투자도 끌어들이는 정책을 실시했다. 당시 목표는 21세기 중반에 중진국 경제수준에 도달하는 것이었다. 1989년에 발생한 6 · 4 톈안먼 민주화 운동으로 중국은 미국으로부터 심한 경제 제재를 받았다. 이때 덩샤오핑이 외교에 관한 유훈으로 남긴 말이 바로 '도광양회'였다. 빛을 감추고 때를 기다려서 협조적이고 유화적인 외교를 추진한다는 의미다.

1997년 아시아 금융 위기가 발생했다. 주룽지는 런던에서 열린 국제회의 등에서 "중국에는 친구나 이웃이 어려울 때 자신을 희생해서라도 돕는다는 속담이 있다"는 말로 박수갈채를 받았다. 때마침 금융 위기가 발발하자 중국은 위안화 평가절하를 하지 않았고, 이를 외교적으로 교묘하게 이용했다. 이 일로 중국은 국제적으로 높은 평가를 받게 됐다. 중국이 처음으로 국제사회로부터 갈채를 받은 것이다. 그동안 톈안먼 민주화 운동으로 대외적인 비판을 받아오던 중국이 이때부터 조금씩 달라지기 시작했다. 자신감이 조금 생긴 것이다. 중국은 그동안 자신이 주도권을 잃을지도 모르는 지역주의에는 소극적이었지만, 자신감이 생기면서 지역의 운명 공동체를 통해서 이익을 지키는 쪽으로 생각이 바뀌었다. ARF(아세안지역안보포럼)와 ASEAN+3 등 아시아 지역의 다자간 협력체에 적극적으로 참여했고, 이렇게 하는 것이 중국 위협론을 차단하는 중요한 메커니즘이라 간주했다.

2008년 미국 발 글로벌 금융 위기가 발발했다. 중국은 4조 위안의 강력한 내수 진작책을 실시하며 금융 위기에서 일찍 탈출함으로써, G20 정상회의에서 세계경제를 이끄는 새로운 기관차로 추앙받게 됐다. 이를 계기로 '중국 모델은 존재하는 것인가?'라는 질문과 '중국 모델이 과연 세계 발전 모델이 될 것인가?'라는 논란이 중국 내에서 제기되기 시작했다. 이에 대해 심한 소득 격차와 부정부패, 환경오염 등 산재한 문제들을 안고 있는 중국이 벌써 중국 모델을 거론하는 것에 대한 비판도 있었다. 생활수준도 높아졌고 국력도 커졌으며 국제적 위상 또한 아편전쟁 이래 가장 상승했지만, 그렇다고 해서 잘난 척하기는 아직 이르다는 이야기였다. 논쟁은 계속됐지만, 점차 중국 모델론이 우세해져갔다. 도광양회는 나라가 약할 때의 논리이고, 지금은 강해졌으니 확실히 자기주장을 해서 국익을 지켜야 한다는 주장이 지배적이었다. 2009년에 이르러서는 “도광양회를 견지하고, 유소작위를 적극적으로 한다”로 외교 노선이 바뀌었다. 도광양회를 견지한다고는 했지만 거기에 특별한 의미는 없었고, 실제로 남중국해와 동중국해에서 중국의 행동은 적극적으로 돌변했다.

시진핑은 내셔널리즘을 강조하고 중국 모델은 있으며, 보편적 가치는 없다는 입장을 분명히 하고 있다. 또한 중국 모델을 활용해 권력기반을 다져왔다. 시진핑은 “마오쩌둥은 중국을 일으켜 세웠고, 덩샤오핑은 중국을 풍요롭게 했으며, 자신은 중국을 강하게 만들었다”고 강조한다. 중국의 국제적인 지위에 관한 시진핑의 인식은 중국이 미국과 어깨를 나란히 하는 존재가 됐고, 명실상부한 글로벌 대국이라는 것이다. “태평양에는 미국과 중국을 함께 받아들일 만한 넓은 공간이 있다”는 시진핑의 말이 이를 증명한다. 시진핑의 외교 노선은 미국과 공존 공영하는 ‘신형 대국 관계’를 구축함과 동시에, 일대일로를 통해 중국세력의 ‘서진(西進)’을 추구하고 있다. 2017년 개최된 당대회에서 시진핑은 “중국은 갈수록 세계무대의 중앙에 다가가고 있다”고 언급했다. 미국 일각에서는 이를 미국의 패권에 대한 엄중한 도전장으로 인식하고 있다.

문명의 충돌

실용주의 문명 전략

중국의 ‘문명 전략’이란 중국이 동아시아를 비롯한 세계를 중국의 패러다임과 사유방식, 가치관으로 국제질서를 바꾸려는 의도를 말한다. 중국은 2008년 베이징 올림픽의 성공적 개최와 2009년 글로벌 금융 위기 이후 자신감을 크게 회복하면서 중국의 역사와 전통에 근간한 고유의 가치와 규범 그리고 개념으로 세계를 사유하고, 세계질서와 체계를 만들어야 한다는 현상이 지식인 엘리트나 권력 엘리트 사이에 널리 공유되기 시작했다. 중국이 미국의 글로벌 스탠더드가 아닌 중국식 스탠더드 모델, 워싱턴 컨센서스에 비견되는 베이징 컨센서스를 강조하면서 중국과 서구의 가치와 규범 등이 충돌하고, 미국을 비롯한 서구도 힘겨운 경쟁이 될 것으로 예상하고 있다.

과거 탈냉전 시대 미국의 대중국 전략은 클린턴 행정부의 '관여와 확장(engagement and enlargement)' 정책이 상징하듯, 예외주의 담론에 기반하여 중국을 미국 중심의 자유세계 질서에 동화시키는 보편주의 접근법이었다. 그러나 트럼프 행정부는 이러한 대중국 접근법이 이미 실패했음을 기정사실화했고, 문명 충돌 담론이 미국의 대안 담론으로 급부상하고 있다. 즉 소련과의 전쟁이 서구 문명권 내부에서의 싸움이었다면, 중국과의 전쟁은 미국이 경험해보지 못한 전혀 차원이 다른 문명권과의 싸움이 될 것이라 인식한다는 것이다. 현재 미·중 갈등은 새뮤얼 헌팅턴(Samuel Huntington)이 말한 문명 충돌적인 요소가 많다. 보편성에 기반을 두고 상대방과의 동질화를 추구하는 예외주의 담론과 달리, 상대에 대한 배타적 정체성을 강조하는 단극주의(單極主義) 세계관이 워싱턴의 사고를 지배하고 있고, 베이징 또한 중국몽과 같은 특수주의 관념으로 미국에 대응할 경우, 헌팅턴이 말한 문명 충돌의 예언이 현실화될 가능성이 높아질 것으로 판단된다.

1978년 개혁개방 이후 중국 지도부가 일관되게 견지해온 국가목표는 과거 역사의 영광을 재현하는 것이었다. 천하의 중심에 있다고 자부한 중화주의가 서구 열강의 제국주의 침략 앞에서 속절없이 무너져 내린 치욕을 기억하고, 부국강병의 민족주의를 경제 발전의 사상적 추동력으로 삼자는 것이다. 그리고 가장 현실적 방편으로 시장경제를 도입했다. 덩샤오핑이 중국을 집권하던 시절, 덩샤오핑은 중국의 현실을 인정하고 도광양회(韜光养晦)의 외교 전략과 흑묘백묘론(黑描白描論)의 경제 발전 전략을 기치로, 철저하게 실용주의 노선을 걸으며 오늘날 중국을 만드는 데 초석을 다졌다. 그러나 시진핑은 다르다. 미국에 버금가는 경제력과 군사력을 갖추어간다는 자신감을 가진 그는 패권 국가의 야심을 숨기지 않고 드러냈다. 대내적으로는 집단지도 체제의 전통을 무력화시키고 자신의 1인 통치 체제를 공고히 했으며, 공산당에 의한 국가 지도를 확고히 하는 이념무장을 강화했다. 대외적으로는 2025년까지 중국 제조업을 세계강국 수준으로 현대화하고, 2050년까지 중국의 군사력을 세계 최강으로 만들겠다는 중국몽을 천명했다.

중국의 패권 추구는 전 세계가 인지하는 기정사실이 됐다. 미국이 주도하는 세계질서를 수동적으로 따르지 않고 적극적으로 맞서는 형국이 세계 곳곳에서 일어나고 있다. 중국은 아시아인프라투자은행(AIIB) 설립과 위안화의 국제화를 통해 미국 주도의 국제 금융 질서를 동요시키고, 일대일로 구상을 통해 현대판 실크로드를 구축하고 있다. 남중국해의 영유권에 집착하고, 북한의 비핵화, 시리아와 이란 사태 등 중동 지역의 분쟁에서도 미국과 대립하고 있다. 패권 전쟁의 최일선인 UN 안전보장이사회는 미국과 중국의 이해 충돌이 첨예하게 일어나는 전쟁터가 되고 있다. 시진핑은 기회가 있을 때마다 중국은 패권을 추구하지 않는다고 강조하지만, 그간 중국 정부가 보여준 행보를 보면 패권주의 속내를 어렵지 않게 엿볼 수 있다. 특히 시진핑이 견지하는 '힘의 외교' 경향에서 중국의 패권주의 의지가 더욱 뚜렷이 포착된다.

2013년 8월 시진핑은 일대일로 프로젝트를 제시했다. 중국은 자국을 중심으로 육상 · 해상 교통망을 구축해 '범중화경제권'을 도모하고 있고, 일대일로 구상을 발판으로 지역 영향력을 확대해 초강대국 미국에 도전하고 있다. 또한 시진핑은 1947년 중국이 선포한 일방적 해상 경계선인 '구단선(九段線)'을 근거로 남중국해 거의 대부분을 중국의 수역으로 만들려고 한다. 해상 실크로드의 출발점인 남중국해에 인공섬을 조성하고, 군사기지로 만드는 작업도 주저하지 않는다. 이에 맞서 미국은 해군 함정 등을 동원해 '항행의 자유' 작전을 펼치고 있다. 아울러 '인도-태평양 전략'을 통해 중국의 해양 진출을 봉쇄하겠다는 의지를 공공연히 드러낸다. 이런 행동들은 중국의 팽창 전략과 미국의 억지 전략 사이에서 빚어지는 필연적 충돌의 단면이다.

큰 이변이 없는 경우, 2030년을 전후해 중국의 GDP 규모가 미국을 앞질러 세계 1위 경제대국이 될 것이라는 전망에 대다수 경제 전문가들이 동의하고 있다. 이제 중국의 시선은 중국이 주도하는 세계 질서의 시대, '팍스 시니카(Pax Sinica)'로 향해 있다. 20세기 들어 국제질서는 미국 중심의 '팍스 아메리카나(Pax Americana)'를 기반으로 운영돼왔다. 전 세계 어디서나 미국의 언어인 영어가 통용되고, 미국의 통화인 달러가 사용되고 있다. 이제 중국은 영어와 달러를 중국어와 인민폐(혹은 중국 디지털 위안화)의 시대로 바꿔보려 한다. 2021년 초 출범한 미국 바이든 행정부는 동맹우선주의, 중국과의 협력과 경쟁 원칙을 기치로, 중국에 대한 '신봉쇄 전략'을 이어가고 있다. 동시에, 신봉쇄 전략의 일환으로 WTO(세계무역기구) 개혁 요구, 자국법우선주의(고관세), 개도국 지위 조정 주문 등을 앞세우며 WTO를 무력화함으로써 중국을 짓누르고 있다. 미국의 중국에 대한 신봉쇄 전략은 미 · 중 문명 전쟁의 장기화를 촉발시키는 요인으로 작용하고 있다.

중국 특색 사회주의

중국의 국가 이념은 '중국 특색 사회주의'이다. 중국 특색 사회주의는 개혁개방을 주창한 덩샤오핑이 1982년 중국 공산당 제12차 전인대에서 처음 제시한 개념이다. 그 핵심은 "정치는 사회주의를 고수하되, 경제체제는 사회주의든 자본주의든 가릴 필요가 없다"는 '흑묘백묘(黑猫白猫, 쥐만 잘 잡는다면 검은 고양이든 흰 고양이든 가릴 필요가 없다)론'으로 압축된다. 덩샤오핑은 1992년 광둥성 등 남부지방을 순회하며 행한 남순강화(南巡講話)에서 "사회주의란 인민 모두가 잘사는 공동부유의 세상을 만드는 것이고, 그 전제는 우선 생산력을 발전시키는 것이며, 중국이 가야 할 길은 오로지 중국 특색 사회주의에 있다"고 쐐기를 박았다. 장쩌민은 자본가를 공산당 구성원에 끌어들여 인민민주독재(무산계급 정당) 원칙을 폐기시켰다.

중국 특색의 사회주의는 꾸준히 변신해왔고, 시진핑 집권 2기 출범과 함께 '시진핑 신시대 중국 특색 사회주의 사상'으로 발전했다. 시진핑은 중국이 공산당 일당독재를 유지하면서도 미국과 어깨를 나란히 하는 G2의 반열에 올라설 수 있었던 것은 중국 특색 사회주의 때문이라는 자신감으로 가득 차 있다.

신시대 중국 특색 사회주의 사상이란 시진핑이 2017년 10월 18일 개막한 중국 공산당 제19차 전국대표대회에서 주창한 통치철학이다. 덩샤오핑이 제기한 중국 특색 사회주의에 '신시대'라는 수식어를 붙였는데, 이것은 시진핑이 집권 2기(2018~2022년)에는 과거 지도자들과의 차별화를 통해 1인 지배 체제를 더욱 공고화할 것임을 예고한 것이다. 시진핑은 2018년 당장(黨章)에 이어 헌법에도 시진핑 신시대 중국 특색 사회주의를 삽입했고, 신중국을 건국한 마오쩌둥의 반열에 올랐다. 시진핑이 주창한 시진핑 신시대 중국 특색 사회주의는 중국이 종합적인 국력과 국제적 영향력 면에서 세계를 선도하는 국가로 부상하는 것을 의미하며, 중화민족의 위대한 부흥을 실현하겠다는 의지로 해석된다. 다시 말해 2050년까지 중국은 미국을 넘어 세계 정치 · 경제 · 군사력의 패권을 절대적으로 확보하고, 초일류국가를 달성할 수 있다는 자신감을 피력한 것이다. 신시대 중국 특색 사회주의의 핵심은 전면적 샤오캉 사회 실현과 중화민족의 부흥이라는 중국몽으로 요약된다. 2021년부터 '다통(大同) 사회'를 향해 나아가고 중산층 비율을 대폭 끌어올려서, 2050년에는 미국에 버금가는 초강대국이 된다는 것이 시진핑의 장기 구상이다.

시진핑은 2017년 10월 개최된 중국 공산당 제19차 당대회에서 2050년 초일류국가(차이나 드림) 달성을 위한 야심찬 구상을 밝혔다. '두 개의 100년'이라는 비전, 즉 공산당 창당 100주년(2021년)까지 전면적 샤오캉 사회를 완성하고, 중화인민공화국 건국 100주년(2049년)까지 부강한 사회주의 현대화 국가를 실현한다는 발전 청사진을 구체화한 것이다. 그리고 2020년부터 2050년까지 기간을 두 단계(2020~2035년, 2036~2050년)로 나누어 단계별 경제 발전 목표를 제시했다. 먼저 제1단계에서는 샤오캉 사회 달성을 기반으로 '기본적 사회주의 현대화'를 실현하고, 이 시기에 도달하면 중국의 경제력과 과학기술력이 급상승해 혁신형 국가의 선두에 나설 것이라 역설했다. 정치 · 사회 · 문화적으로 평등한 발전을 이루고 양극화를 해소함과 더불어, 법치사회의 기반이 확립될 것이라 강조했다. 제2단계에서는 중국을 부강하고 민주적이며 새로운 문명을 갖춘 '사회주의 현대화 강국'을 만들겠다는 것이다. 이 시기에 도달하면, 중국은 물질, 정치, 정신, 사회, 생태 문명이 전면적으로 향상되고 국가 관리 체계와 능력의 현대화가 실현될 것이라 공언했다.

시진핑은 "중국 특색 사회주의 제도에 대한 자신감을 강화해야 한다. 제도가 안정적이면 국가가 안정적이며, 중국 특색 사회주의 제도와 국가 관리 체계는 유구한 역사가 있어 다방면에 우월하다"고 피력했다. 시진핑은 특히 "중국 특색 사회주의 국가제도와 법제도는 중화민족 5,000년 문명사에서 축적한 역사문화 전통에 깊은 뿌리를 두고 있으며, 장기간 실천과 검증을 거쳤다"면서 "제도의 생명력은 집행에 있다. 제도의 집행력과 관리감독을 강화해 제도의 강점을 확실히 통치 효율로 바꿔야 한다"고 주문했다. 미 · 중 갈등 및 홍콩 문제 등에 둘러싸인 중국 지도부가 복잡한 정세와 각종 도전을 언급하면서 시진핑을 중심으로 뭉칠 것을 촉구하고 나섰다. 이는 복잡한 대내외 변수에도 시진핑의 절대 권력을 공고히 하면서, 중국 공산당이 국정 전반을 통치해나갈 것임을 내비친 것이다.

2010년 이후 중국 정부는 국유자산의 확대 축소 및 손실 방지, 개혁 심화, 혼합 소유 경제 개발 등을 통해 국유기업의 경쟁력을 강화해 나가고 있다. 이는 정부의 개입을 최소화하는 시장경제와는 차별화되는 것으로, 지금까지의 중국 경제가 서방경제를 모방하는 것이었다면 이제는 중국 특색의 사회주의라는 중국식 모델로 경제를 성장시키겠다는 것이다. 최근 몇 년간 중국 정부는 글로벌 영향력이 큰 'BAT(바이두, 알리바바, 텐센트)' 등 IT 대기업의 지분인수 및 의사결정 개입 등을 통해 이들 기업에 대한 정부의 통제력을 확대하고 있다.

신형대국관계

중 · 미 신형대국관계

시진핑은 2013년 3월 모스크바 연설에서 19세기와 20세기형 식민지를 경험한 제국주의와 냉전형 국제질서를 비판하고, 윈-윈의 '신형국제관계'를 구축해야 한다고 역설했다. 이 신형국제관계라는 용어는 후진타오 시기부터 사용됐으나, 시진핑 시기에 들어와서 외교 이념의 중추를 이루는 용어가 됐다. 또한 시진핑은 일대일로 구상을 제기했는데, 이것 또한 후진타오 시기의 주변 외교를 바탕으로 제기된 것이었다. 시진핑 집권 이후 일대일로는 신형국제관계의 실험장으로 자리 잡게 됐다.

2013년 6월 시진핑은 미국 오바마 대통령과 캘리포니아에서 미 · 중 정상회담을 개최한 자리에서 서로 합심 노력해 중 · 미 '신형대국관계(新型大國關係)'를 구축하자고 제안했다. 시진핑이 제시한 신형대국관계는 크게 3가지로 요약된다. 첫째 충돌 및 대립하지 않으며(不冲突, 不对抗), 둘째 서로 존중하고(相互尊重), 셋째 협력하여 윈-윈하는(合作共赢) 관계이다.

먼저 '충돌 및 대립하지 않는 관계'는 중 · 미 신형대국관계를 구축하는 필수 전제로서 서로의 전략 의도를 객관적, 이성적으로 대하며, 파트너 관계를 견고하게 유지함과 더불어 적(敵)이 되지 않는 관계를 의미한다. 다음으로 '서로 존중하는 관계'는 중 · 미 신형대국관계를 구축하는 기본 원칙으로 각자 스스로 선택한 사회제도와 발전노선, 그리고 핵심이익과 중대 관심사를 존중하는 관계를 말한다. 마지막으로 '협력하여 윈-윈하는 관계'는 신형대국관계를 구축하기 위해 반드시 거쳐야 하는 과정으로 영합적(zero-sum) 사고방식을 버리고, 자신의 이익을 추구할 때 상대의 이익도 함께 고려하는 관계를 뜻한다. 자신의 발전을 모색할 때 공동의 발전을 촉진하고, 이익이 서로 어우러지는 구조를 부단히 심화시켜 나가자는 것이다.

신형대국관계를 실천할 구체적인 방법으로 중국은 다음의 4가지를 제시했다. 첫째, 미 · 중 양국 간 대화와 상호 신뢰의 수준을 새로운 단계로 제고시킨다. 둘째, 실속 있는 협력이 이뤄지는 새로운 국면을 열어나간다. 셋째, 대국 간 상호작용의 새로운 패러다임을 수립한다. 넷째, 이견(分歧)의 관리 및 통제를 위한 새로운 방법을 모색하고, 미 · 중 신형대국관계에 걸맞은 '신형군사관계'를 적극 구축한다.

중국이 제시한 신형대국관계에 대해 미국은 원론적 차원에서는 동의했다. 그러나 그 구체적인 내용과 실천 방법에서 미국은 중국의 주장에 일방적인 측면이 적지 않다고 인식한다. 신형대국관계의 내용 중 '상호 존중'은 중국의 정치체제와 경제제도 등을 미국이 인정하고 존중해야 한다는 주장을 담고 있다. 그러나 미국은 자유민주주의와 인권 등은 보편적인 가치이며, 그런 가치에 기초한 정치 · 경제 체제가 인류의 성장과 발전을 이끌어왔음은 역사가 증명한다고 주장한다. 대만과 티베트, 홍콩 및 소수민족 자치, 북핵 문제, 기후 변화 대응 등 '핵심이익과 중대 관심사'에 대해서도 미 · 중 양국의 인식은 크게 다르다. 이런 인식의 차이와 간극은 쉽게 좁혀지지 않고 있고, 서로 자국의 체제와 행위의 정당성을 주장하면서 정치, 경제, 외교, 군사 등 여러 측면에서 경쟁과 대립이 이어지고 있다. 따라서 신형대국관계 구축에 대한 원론적인 합의에도 불구하고, 그 실현은 결코 쉽지 않을 것으로 보인다.

미국의 중국 봉쇄 전략

2000년대에 들어서면서 미국은 중국의 변화를 유도하기 위해 중국에 대한 개입 정책을 펼치는 동시에, 중국에 대한 경계를 늦추지 않았다. 특히 2001년 9 · 11 테러사태로 미국이 대(對)테러전쟁에 몰두하는 기회를 틈타 중국이 군사력을 증강하고 아 · 태 지역에서 영향력을 확대해나가자 조지 W. 부시 정부는 2001년 「4개년 국방검토보고서」에 중국을 위협세력으로 적시했고, 2005년 7월 「2005년 중국 군사력 평가 보고서」를 통해 중국의 군사력이 대만해협뿐만 아니라 아 · 태 지역 및 미국에 대한 위협이 되고 있다고 경고했다. 부시 정부는 중국에 대한 기대와 함께, 한편으로는 중국의 야심에 대비하는 중국 포위를 위한 기반을 쌓았다.

2013년 10월 중국이 아시아에서 유럽을 망라하는 대(大)중화경제권 건설을 목적으로 일대일로와 아시아인프라투자은행(AIIB) 설립을 제안하고 추진하면서 강대국으로서의 부상을 노골화하자, 미국은 이런 중국을 견제할 필요성을 절실히 느끼게 됐다. 당시 오바마(Barack Obama) 정부는 이라크 · 아프카니스탄 전쟁이 마무리되자 곧바로 아시아 맹주로의 부상을 추구하는 중국을 견제하기 위한 포위 전략으로, 아시아로 회귀(Pivot to Asia)하는 '아시아 재균형(Rebalancing Asia)' 정책을 추진하기 시작했고, 역내 국가들과의 안보 협력을 강화했다. 2016년 4월 인도와 군수 지원 협정을 체결했고, 베트남과는 2011년 7월 다낭 해상에서 합동 군사훈련을 실시하는 등 군사 협력을 강화했다. 또 인도네시아와는 2011년 포괄적 협력 관계 협정을 체결했고, 말레이시아와도 고위급 군사 교류와 무기 판매, 합동 군사훈련 등 안보 협력을 강화했다. 필리핀과는 2014년 방위 협력 확대 협정을 체결한 데 이어 2016년 3월 필리핀 내 미군 주둔에 합의함으로써 중국의 남진(南進)을 견제할 군사거점을 마련했다. 특히 미국은 중국 포위 전략에서 일본을 중요한 핵심 파트너로 간주하고, 일본과의 동맹을 적극 강화했다. 이와 같이 오바마 정부는 중국의 부상에 따른 역내 세력균형 변화 가능성을 차단하고, 미국 주도의 아·태 질서 유지를 위해 중국 주변 국가들과의 외교·안보·군사 협력 강화를 통한 중국 포위 전략을 적극 추진했다.

미국 트럼프 전 대통령은 취임한 지 두 달째인 2017년 3월, 오바마 정부의 아시아 재균형 정책을 폐기했다. 그리고 그 대안으로 '인도-태평양 구상(Indo-Pacific Initiative)'을 발표했다. 인도-태평양 구상은 이름만 달리하는 아시아 재균형 정책, 즉 중국 포위 전략으로, 인도양과 태평양 지역에서 미국·일본·인도·호주 등 4개국(QUAD)을 핵심축으로 하여 ASEAN, 오세아니아, 네팔, 몽골 등 아시아 내륙 국가, 영국·프랑스·캐나다 등 전통 서구 동맹국들을 연결하는 것이다. 이를 통해 막강한 힘을 갖는 지역 안보 협력체를 구축함으로써 중국의 일대일로 전략과 진주목걸이 전략, 그리고 해외 에너지 확보 전략을 원천적으로 봉쇄하겠다는 것이 미국의 의도다. 또한 미국은 '아나콘다 전략'에 근거해 인도·동남아를 거쳐 한국·일본을 아우르며 중국을 포위하고 있다.

미국이 중국 포위망을 완성하기 위해서는 북한이 지정학적으로 매우 중요하다. 북한이 미국과 수교를 하거나 베트남처럼 준동맹국이 된다면, 중국은 전략적 방파제를 잃게 돼 대륙에서는 중국의 동북 지방과 베이징이 직접 위험에 처할 것이고, 해양에서는 동해가 미국의 영향권에 들어가고 남중국해는 배후를 상실할 가능성이 있다. 북한이 갖는 이런 전략적 가치로 인해 미국은 북·미 정상회담 개최, 북·미 대화 촉구 등 북한에 대해 유화적 제스처를 취하며 접근하고 있다.

트럼프 전 미국 대통령은 중국과의 무역전쟁과 기술전쟁에서 과거 닉슨 대통령의 '미친놈 이론(Madman Theory)'을 변형한 '미친놈 전법(Madman Tactics)'을 구사했다. 닉슨 대통령의 미친놈 이론은 상대방에게 무모하리만큼 무자비하다는 인상을 주어 항복(또는 양보)을 받아내는 협상술로, 베트남전 종전 협상에서 닉슨 대통령의 지시로 키신저(Henry Kissinger)가 북베트남 대표단을 상대로 구사해 종전을 이끌어냈던 협상 전술이다. 트럼프 대통령은 닉슨 대통령의 미친놈 이론을 변형해 3가지 특징을 갖는 자신만의 외교 독트린 미친놈 전법을 만들었다. 첫째, 트럼프는 영원한 적도 영원한 우방도 없다고 생각한다. 둘째, 계속 불안한 국면을 조성하는 것이 미국에 유리하다고 생각한다. 셋째, "우리는 미국이다. 어떻게 할 건데?"라는 미국우선주의(America First), 일방주의 성향이 매우 강하다는 것이다. 트럼프의 이런 미친놈 전법은 미·중 무역협상, 북·미 협상, 코로나19 사태에도 그대로 나타났다. 트럼프 대통령은 '급할 게 없다(No Rush)'는 또 하나의 협상 전술을 미친놈 전법과 함께 사용했다. 이 협상술은 협상의 진척이 더뎌서 비난에 직면하게 되어 내부를 추스르고 전열을 정비할 필요가 있을 때나 승기를 잡았을 때, 트럼프 대통령이 자주 사용했던 전술이다.

중국의 국제질서관

중국 시진핑 정부의 국제질서관은 무엇일까? 2013년에 출범한 시진핑 정부는 대외정책과 국제질서 인식 측면에서 후진타오 정권을 계승하면서도 신형국제관계와 일대일로, 정확의리(正確義利)관, 평화 5원칙과 내정불간섭 원칙의 계승, 도광양회와 유소작위 대신 '분발유위(奮發有爲)'와 '적극유위(積極有爲)'의 제기, 그리고 아시아 신안보관, 특색 있는 대국 외교 등과 같은 개념들을 잇달아 제시했다. 이러한 일련의 개념이 집약된 것이 2015년 시진핑의 UN 연설이었다. 2015년 9월 말 뉴욕 UN 총회에서 시진핑은 "중국은 줄곧 세계 평화의 건설자이며, 평화 발전의 길을 걷고 세계정세가 어떻게 변하더라도 또한 스스로가 어떻게 발전하더라도 중국은 결코 패권을 주창하지 않을 것"이라고 강조했다. 또한 "중국은 영원히 세계 발전의 공헌자이자 함께 발전의 길을 걷고, 서로 이익을 얻을 수 있는 윈-윈 관계를 위한 개방 전략을 펼쳐 나가겠다"고 역설했다. 아울러 세계를 향해 "각국이 중국의 발전을 위한 '순풍을 맞은 배'에 탑승하는 것을 환영한다"며 서구의 기존 질서를 대체할 중국의 국제질서관을 표명했다.

2016년 7월 전국인민대표회의 외교위원장 푸잉(傅瑩)은 '중국과 국제질서의 미래'라는 주제의 영국 채텀하우스 강연에서 미국의 기존 질서를 '세계질서(World Order)'로, 중국이 주도할 새로운 질서를 '국제질서(International Order)'로 구분했다. 푸잉은 세계질서란 일반적으로 팍스 아메리카나로 분류되며, ① 미국과 서방의 가치 체계 ② 미국의 군사동맹망 ③ 국제연합과 그 조직들 등 3가지 요소로 구성돼 있다고 분석했다. 또한 세계질서는 국제질서의 역사적 배경이자 근대에서 기능한 것이었으며, 미국은 이를 뒷받침함과 동시에 그 질서의 주도자로서 지금껏 많은 이익을 얻어왔다고 주장했다. 그리고 지금 중국은 미국이 주도하는 세계질서를 반대하고, UN의 창시자이자 수혜자인 동시에 지지자이며 국제질서에 공헌하는 존재임을 강조했다. 이는 중국이 확고하게 팍스 아메리카나 세계질서를 부정하고 있음과, 중국식 국제질서관을 실현해나가겠다는 의지를 표현한 것으로 보인다.

2017년 중국의 국제질서관은 더욱 명확해졌다. 2017년 가을 시진핑은 제19차 당대회 연설에서 중국식 국제질서관을 피력했다. 두 개의 100년을 강조하고, 2049년에는 미국을 따라잡는다는 국가 목표를 명확히 밝혔다. 또한 중국의 대외 개방이 구체적으로 강조됐다. 즉 대외 개방을 더욱 확대하고 일대일로에 기반한 국제 협력 및 국제 커뮤니케이션을 추진해 국가 간 연계성을 높이겠다는 것이었다. 2017년 12월 말 재외공관장 회의에서는 제19차 당대회의 대외정책에 관련된 '안과 밖(內外)'의 일원화를 포함해 그동안 시진핑 정부의 국제질서관과 정책 이념이 종합적으로 언급됐다. 2018년 신년사에서 시진핑은 몇 가지 새로운 도전을 제기했다. 중국은 "시종(始終) 세계 평화의 건설자, 세계 발전의 공헌자, 그리고 국제질서의 옹호자로 계속 존재할 것"이라고 규정하고, "현재 인류의 평화와 발전의 미래는 기대와 우려도 있으며, 중국은 자신의 입장이나 태도를 표명함에 있어 필요하면 목소리를 낼 것"이라고 말했다.

시진핑은 2018년 12월 개혁개방 40주년 기념식에서 미 · 중 갈등에도 불구하고 "중국은 날로 세계라는 무대 중앙에 다가가고 있다. 중국은 국제사회에서 공인된 세계 평화의 건설자가 되고 글로벌 발전의 기여자가 되며, 국제질서의 옹호자가 될 것"이라고 강조하고 세계 무대의 중앙에 접근하고 있다는 자신감을 보였다. 동시에 "중국은 어디까지 발전하더라도 영원히 패권을 주창하지 않는다"며 절대 패도(霸道)를 걷지 않을 것임을 분명히 했다. 2019년 10월 1일 중화인민공화국 건국 70주년 기념식에서도 시진핑은 "어떤 힘도 위대한 조국의 지위를 위협할 수 없고, 어떤 힘도 중국 인민과 중화민족의 장래를 방해할 수 없다"라며 미국을 견제하는 의미가 포함된 국가 목표를 거듭 천명했다. 중국은 미국을 중심으로 한 기존의 세계질서를 비판하고, 국제정치 면에서 UN 중시, 국제경제 면에서는 자유무역주의 체제를 유지하는 세계질서를 중국이 이끌어갈 새로운 국제질서로 규정하고 있다. 그 결과, 지난 트럼프 행정부 출범 이후 자국우선주의, 보호무역주의를 외치는 미국에 비해 오히려 중국이 기존 세계질서의 옹호자처럼 보일 수 있으나, 그렇다고 중국이 정치적으로 리버럴(liberal)한 가치를 받아들인다는 뜻은 아님에 유의해야 할 것이다.

신냉전 시대의 도래

미국 트럼프 전 대통령이 코로나19의 발원에 대한 '중국 책임론'을 수차례 거론하고, 중국이 이에 강력히 반발하면서 미 · 중 패권 경쟁 2라운드가 본격 시작됐다. 2020년 1월 15일 중국과 무역전쟁 휴전에 합의한 뒤 중국 비판을 자제해왔던 트럼프 대통령이 다시 '중국 때리기'에 나선 것이다. 트럼프 대통령은 코로나19를 '중국 바이러스'라 명칭하며, "코로나19는 진주만 공습보다 더 나쁘다"고 주장했다. 1단계 미 · 중 무역 합의로 조성됐던 화해 분위기는 이번 코로나19 팬데믹으로 흔적도 없이 사라졌으며, 과거 미국과 소련의 냉전에 이은 '코로나19 신냉전'이라는 말이 나올 정도로 심각해지고 있다.

코로나19 책임을 놓고 벌이는 미국과 중국 간의 갈등이 무역과 금융, 기술 패권, 지식재산권, 안보 분야 등 전 방위적으로 확산되고 있다. 2020년 1월 미 · 중 양국이 타결한 1단계 무역합의는 최근 이 약속을 지키겠다는 선언에도 불구하고, 결렬될 가능성이 높아지고 있다. 2020년 5월 15일 트럼프 전 대통령은 중국 통신장비업체 화웨이에 대한 반도체 공급 차단에 나섰고, 이에 중국은 애플, 보잉, 퀄컴 등을 제재할 수 있다며 맞불을 놓았다. 홍콩 국가보안법 문제가 새로운 충돌의 뇌관으로 급부상하는 형국이고, 대만과 남중국해가 코로나19 이후 격화되고 있는 '미 · 중 신냉전 시대'의 화약고로 떠

올랐다. 대만과 남중국해 등을 둘러싼 군사적 긴장감이 고조되는 가운데, 대만을 두고 미 · 중 간 우발적 군사충돌 우려까지 나오는 상황이다. 미국 언론들은 지난 세기 미국과 소련의 냉전 시대를 연상시키는 미 · 중 간 신냉전 시대가 시작됐다고 보도했다. 중국 정부의 싱크탱크인 국립남중국해연구소 소장인 우스춘(吳士存)은 "팬데믹 이후에 국제정치 지형이 완전히 바뀔 것이며, 무역, 기술, 대만 문제, 남중국해 문제 등에서 중국과 미국은 지금보다 더 크게 대립하게 될 것"이라고 예측했다.

미국의 대중 압박과 견제는 장기적으로 중국을 도전자의 반열에서 탈락시키려는 구도에서 진행되고 있음은 주지의 사실이다. 2018년 10월 마이크 펜스 미국 전 부통령이 허드슨 연구소에서 행한 대중국 정책 연설에서 "중국이 현 공산당 독재 체제를 변화시키지 않으면 전략적 동반자가 될 수 없다"고 선언했고, 이는 미국에 의한 대중국 '신냉전 선전포고'로 해석된다. 2019년 6월 1일 발표된 미국 국방부의 「인도-태평양 전략 보고서」는 중국을 지역 국제질서에 도전하는 수정주의 세력으로 규정하고, "미국은 지역의 주권과 일체성이 지켜지는 인도-태평양 지역을 구축하기 위한 협력을 강구해나갈 것"이라고 기술하고 있다. 현재 미 · 중 패권 경쟁의 특성은 그레이엄 엘리슨이 주창한 투키디데스 함정에 해당하는 것으로, 국제질서에서 패권국가인 미국이 그것을 위협할 가능성이 가장 높은 중국의 세력을 약화시키기 위한 행동으로 간주된다.

1972년 닉슨 대통령의 중국 방문부터 오바마 행정부까지 미국 역대 정권의 대중국 정책은 중국의 민주화를 촉진하고, 미국 주도의 국제질서를 지탱하는 존재로 이끄는 '관여(Engagement) 정책'이었다. 2013년 6월 오바마 대통령과 시진핑 국가주석은 양국의 마찰에도 불구하고 양측이 결정적 갈등에 빠지지 않도록 하는 신형대국관계라는 개념에 공감한 바 있다. 오바마 행정부의 아시아 재균형 정책은 얼핏 합리적인 것으로 보이나, 아시아 지역과 세계에서의 미국 패권을 위협할 수 있는 중국의 확장적 행동을 억제하는 데 실패했다고 평가된다. 따라서 바이든 행정부의 중국에 대한 강경한 접근이 중국의 공세로부터 미국을 방어하기 위해 더 유익하다는 의견이 현재 상황에서는 더 강하다. 지금까지의 역사를 돌아보면, 미국의 대중국 정책을 단기적으로 예상하는 것은 불가능하다. 앞으로도 미 · 중 사이에는 지금까지와 마찬가지로 대국 외교의 특징인 경쟁과 타협의 거래가 계속될 것으로 봐야 할 것이다. 그럼에도 불구하고 역사적 경위, 지정학적 요소, 미국인의 가치관을 종합하면, 향후 미국의 장기적인 대중국 정책 흐름은 기존의 관여 정책 대신 새로운 '경쟁(Competition) 패러다임'의 시대로 접어들었다.

반면, 미국이 글로벌 경제와 매우 밀접한 가치사슬(Value Chain)로 연결되어 있는 중국 경제를 고립시키는 봉쇄 정책을 미 · 소 냉전 시대처럼 다시 채택할 수 있을지는 의문이다. 그럴 경우 이것은 세계경제에 큰 타격을 줄 것으로 예상되고, 미국 경제에도 상당한 악영향을 미칠 수밖에 없다. 또한 미국이 중국을 봉쇄하면 할수록 중국으로 하여금 미국을 제외한 경제권을 형성하게 만들어 오히려 세계에서 미국의 영향력을 축소시키는 상황을 연출할 수도 있다. 여전히 미국은 국제화폐인 달러와 국방력을 앞세워 중국에 압도적인 우위를 점하고 있지만, 전 세계에서 중국이 가지고 있는 경제적 영향력을 감안한다면 꼭 그렇지도 않다. 만약 양국이 강대강으로 부딪히면 서로 깊은 내상을 입을 수밖에 없고, 두 나라에 의존도가 높은 글로벌 경제 역시 크게 휘청거릴 수밖에 없다.

미국과 중국의 갈등이 다시 극한으로 치닫고 있다. 미·중 신냉전 시대가 도래한 것이다. 미국은 중국과의 패권 경쟁, 패권 싸움에 전력을 쏟으며 집중할 것이다. 바이든 미국 대통령은 UN 총회 기간(2021.9.20~27) 외교 데뷔 무대를 통해 대중 견제에 더욱 박차를 가했다. 21일 UN 총회 연설자로 나섰고, 호주와의 정상회담(뉴욕), 영국과의 정상회담(백악관)과 더불어 22일에는 '세계 코로나19 정상회의'를 소집했는데, 사전에 각국 정상에게 초청장을 보냈었다. 그리고 24일에는 대중 견제 협의체인 쿼드(QUAD) 정상회의도 개최했다. 바이든 대통령은 취임 이후 시진핑 중국 국가주석과 가진 90분간의 첫 통화에서 "21세기에는 민주주의가 작동할 수 없다고 믿는 독재자들이 많이 있다"고 성토했다. 이번 UN총회 연설에서도 두 정상은 서로를 겨냥한 날카로운 발언을 주고받았다. 바이든 대통령은 연설에서 격하게 경쟁할 것이고, 미국의 안보 초점이 인도·태평양으로 이동했다고 분명히 밝힘과 동시에, '동맹'을 8번이나 언급하면서 동맹(우방)국들의 협력을 특별히 강조했다. 미·중 양국 간의 관계는 점점 돌아올 수 없는 강을 건너고 있는 형국이다.

미국의 동맹우선주의

바이든 대통령은 2021년 1월 20일 취임사를 통해 "우리는 동맹을 복원하고 전 세계에 다시 관여할 것"이라며 '미국의 귀환(America is back)'을 선언했다. 그리고 곧바로 트럼프 행정부가 탈퇴했던 세계보건기구(WHO)와 파리기후협약, 세계무역기구(WTO), UN 인권이사회에 복귀했다. 바이든 대통령은 특히 인권과 민주주의를 앞세워 전통적인 동맹 관계 복원에 주력하고 있다. 우선 전략적 가치가 높은 아시아·태평양 지역의 핵심국인 일본, 한국과의 동맹을 강화하기 위해 공을 들였다. 바이든 대통령은 코로나19 팬데믹 상황 속에서도 2021년 4월 백악관에서 스가 요시히데 일본 총리와 가장 먼저 대면 정상회담을 가진 데 이어, 5월에는 문재인 대통령을 만났다. 또한 6월 영국에서 열린 G7 정상회의에 이어 미·EU 정상회의, 북대서양조약기구(NATO) 정상회의에 잇따라 참석하면서 전통적 우방인 유럽과의 동맹 재결속을 도모했다.

취임 이후 바이든 대통령이 추진하는 대외정책 중 가장 눈에 띄는 것은 단연 중국과의 갈등 격화다. 다른 정책에 있어서는 트럼프 전 대통령과의 차별화를 분명히 했지만, 대중국 견제에 있어선 궤를 같이했다. 오히려 트럼프 전 대통령보다 더 전방위적 압박을 가하고 있다는 평가다. 2021년 3월 공개된 바이든 행정부의 외교·군사 전략 청사진을 담은 「국가안보전략 중간 지침」에서 중국을 미국에 대항할 '유일한 경쟁자'로 규정했다. 토니 블링컨(Tony Blinken) 국무장관은 중국을 '금세기 최대의 시험대'라고 지목하면서 "미국은 필요하다면 중국과 대결할 준비가 돼 있다"고 말하기도 했다. 바이든 대통령은 중국이 신장 지역에서 소수민족인 위구르족에 대한 인권 탄압을 자행하고 있고, 홍콩에서는 국가보안법으로 『빈과일보(蘋果日報)』 등 언론을 탄압하고 있다고 공개적으로 비판했다. 대만과 남중국해 문제도 지속적으로 이슈화하고 있다. 이와 관련해 중국 기업과 개인들에 대한 제재도 강화하고 있다. 또한 코로나19의 중국 우한(武漢) 연구소 기원 가능성을 다시 쟁점화하고 있다. 바이든 대통령은 특히 민주주의와 인권을 앞세운 가치 외교로 동맹국들을 재결속하면서 공산주의 체제인 중국과의 경쟁 구도는 더욱 심화되고 있다.

현재 미 · 중 전략 경쟁은 양국 간 국력 경쟁만이 아닌, 체제 경쟁이자 지도자 경쟁 국면으로 진입한 상황이다. 바이든 대통령은 중국을 '추격하는 위협(pacing threat)'이라고 정의하면서 미국이 국제사회에 다시 복귀하였으며, 외교를 부활시켜 동맹국과 파트너십 국가들과 함께 중국의 부상에 대응하자고 제안하며 대중국 견제에 나서고 있다.

2021년 7월 1일 중국 공산당은 창당 100주년을, 7월 4일 미국은 독립기념일을 맞이했다. 양국 지도자는 각각 자국의 정치 · 경제 체제가 새로운 세계질서 구축에 적합하다며, 세계 각국이 이들 국가가 지향하는 정치와 경제체제 구도하에서 움직여주기를 강요하고 있다. 예를 들면, 미국은 '자유주의 국제질서'가 구소련 붕괴 이후 수많은 문제점을 나타낸 민주주의를 더욱 성숙하게 하는 유일한 체제라고 주장하는 반면, 중국은 과거 중국 중심의 국제질서를 '인류 공동 운명체적'이라며 이를 중국 공산당이 주도한다고 강조하고 있다. 경제적으로는 미국은 2021년 6월 13일 G7 정상회담에서 '더 나은 세계 재건(B3W : Build Back Better World)'을 제안했고, 중국은 '일대일로(BRI : One Belt One Road Initiative)'를 확대하고 있다.

02 중국의 꿈

중화민족의 위대한 부흥

중화사상

'중화사상(中華思想)'은 중국의 중심적 사상으로 '화이사상(華夷思想)'이라고도 불린다. 중(中)은 중앙을, 화(華)는 문화를 뜻한다. '중화'는 중국이 세상의 중심이며, 가장 발전된 문화를 가지고 있다는 선민(選民)의식의 표현이다. 즉, 중화사상은 '중화민족 우월주의'에 기초하고 있다. 따라서 중화사상 속에는 중국인의 자부심과 오만 혹은 우월감이 내재돼 있다. 중국은 역사적으로 주변의 이민족들을 동이(東夷), 서융(西戎), 남만(南蠻), 북적(北狄)으로 구분하여 열등한 민족으로 간주하고, 주변국들에 대해 종주권을 행사해왔다. 중국의 이민족에 대한 우월감은 물리적인 힘보다는 문화적인 힘이 그 배경이었다. 중화사상은 초등학교부터 대학교 교양수업에 이르기까지 중국의 모든 교육과정에서 학습되고 있고, 그 자부심은 오늘날에도 여전히 계승되고 있다.

중국은 전통적으로 보편가치와 그것에 근거하여 형성·유지·발전하는 문화를 창안하는 한편, 보편가치와 문화적 보편성을 구현할 수 있는 제도를 만들고 운용하는 것이 치국(治國)의 요체라고 여겼다. 이것이 문화주의이며, 문화와 이념은 국가 건설 구상의 원천이었다. 문화와 이념은 현재와 미래의 중국과 괴리되어 존재하는 것이 아니라, 현실과 미래를 기획하는 '대전략'으로 기능했다. 문화주의에 입각해 통치되는 국가를 이상으로 인식하고, 그러한 이상을 실천해왔던 문화가 강하게 지속되는 현재의 중국에서 중화사상은 중국몽의 실현과 밀접한 관련을 맺고 있다. 유교 이념의 적극적 재해석, 전략적 의도를 내포한 기획된 역사 연구, 공자학당 확산 등은 중국의 문화주의 전통과 무관하지 않으며, 중화민족의 위대한 부흥을 향한 21세기 중국의 미래 전략과 밀접히 연계돼있다.

시진핑 정부는 '중화민족주의'를 더욱 강화하고 있다. 중화민족주의는 시대적 흐름에 따라 몇 가지 연원을 가지고 있다. 첫 번째는 중국 전통의 중화사상으로 일종의 문화 우월감을 바탕으로 한 민족 관념으로, 이는 종족주의와는 다른 개념이다. 두 번째는 서양 문명을 받아들이며 형성된 근대적 민족주의 관념이다. 세 번째는 쑨원의 '삼민주의(三民主義)'다. 현대 중화민족의 개념은 쑨원이 정립했다고 보아도 무방하다. 넷째, 마오쩌둥의 '민족해방사상'이다. 마오쩌둥은 근대적 민족 관념을 계승·발전시켰는데, 그는 중화민족은 바로 중국의 신민주주의 혁명의 주체라고 생각했다. 2012년 중국 공산당 제18차 당대회 이후 시진핑은 중국몽이라는 지도 사상과 함께 중요한 집정 이념들을 제시했다. 시진핑은 중국몽을 "중화민족의 위대한 부흥을 실현하는 것으로, 근대 이후 중화민족의 가장 위대한 꿈"이라고 정의했다.

중국몽

'중국몽(中國夢)'이란 표현은 2010년 1월 출판된 국방대학 교수 류밍푸(劉明福) 대령이 쓴 책의 제목에서 유래했다. 책의 주요 내용은 중국이 점진적으로 군비를 확대해 추후 미국을 제치고 세계 1위의 군사력을 보유한 국가가 된다는 것이다. 2012년 시진핑이 중국 공산당 총서기에 선출된 직후 중국몽을 실현하겠다고 선언하면서부터 중국몽은 시진핑 시대의 대표적인 통치이념으로 자리 잡았다. 즉 미국과 패권을 겨뤄 승리하겠다는 사회주의 강성대국의 의지를 표현한 것이다.

중국몽의 핵심은 미국과의 수평적 관계 형성, 중국식 강대국 외교를 통한 국제사회에서의 위상 강화, 경제 패권국으로서의 역할과 정체성 확립 등이다. 중국은 이를 구현하기 위한 핵심 전략으로 일대일로를, 핵심 수단으로 인류 운명 공동체 구상을 추진하고 있으며, 관련 국가들에게 자원과 자본을 제공하고 있다. 중국몽은 '위대한 중화민족 부흥'과 중국 특색을 반영한 지역 패권 국가 구축을 위한 정체성 정치의 일환으로 볼 수 있다.

중국몽은 중화민족의 부흥을 실현한다는 것으로 중국이 유일한 초강대국이 되는 것, 즉 '팍스 시니카'의 실현을 추구하는 것이라 할 수 있다. 그리고 국가 부강, 민족 진흥, 인민 행복의 3가지 목표를 실현하겠다는 의미가 담겨 있다. 시진핑은 2017년 당대회에서 중국몽을 32차례 언급하며, 2050년까지 중국을 세계 최강국으로 만들겠다는 목표를 제시한 바 있다. 전임 중국 지도자들과 달리 시진핑의 리더십은 행정이나 경제가 아닌, 정치와 군대를 기반으로 한다. 후진타오가 GDP 성장을 목표로 매년 새로운 경제지표를 만들어냈던 반면, 시진핑은 중국을 위대한 국가로 만드는 국가적 임무에서 당의 역할을 확대하기 위해 노력하고 있다. 또한 당이 주도하는 캠페인을 지지하고 당의 노선을 강화했으며, 특히 부패 청산을 위한 국가적 투쟁을 위해 이념과 규율을 강화했다. 국가 지도자로서 시진핑의 모든 임무는 당과 그 건전성, 지속 가능성 및 핵심성에 초점이 맞춰져 있다. 당은 시진핑 리더십의 가장 절대적이고 핵심적인 부분이다.

한편, 미국과의 무역 마찰이 심화되면서 중국의 미래를 비관하는 사람들이 늘고 있다. 미국의 견제에 결국 주저앉을 것이라는 주장이다. 100년쯤 바짝 엎드려 있어야 할 중국이 너무 빨리 일어섰고, 덩샤오핑의 외교정책인 도광양회(韜光養晦)를 버리고, 화평굴기(和平崛起), 돌돌핍인(咄咄逼人), 대국굴기(大國崛起)를 외치며 기고만장하게 미국의 패권에 도전하고 있다는 것이다. 또한 개혁개방 이후 이룩한 중국의 눈부신 경제성장은 빚으로 쌓아올린 바벨탑의 환각일 뿐, 그 환각에서 깨어나는 순간 중국은 무서운 현실에 직면하게 될 것이고, 중국이 쇠퇴하는 시기는 예상보다 훨씬 빨리 찾아올 수 있다고 예견한다. 실제로 수출은 이미 마이너스 성장을 지속하고 있으며, 내수에서 소비와 투자도 부진하다. 나아가 중국 스스로 인정하고 있듯이 중앙 및 지방정부와 공기업을 포괄하는 국가부채, 그림자 금융, 부동산거품 등 구조적인 문제도 여전히 심각하다.

중국의 미래를 비관하는 다양한 보도가 이어지고 있지만, 자세히 살펴보면 실상은 조금 다르다. 중국의 1인당 GDP가 마침내 1만 달러를 돌파했다. 중국 국가통계국은 2019년 중국의 1인당 GDP가 10,276달러를 기록했다고 공식 발표했다. 중국은 제14차 5개년 규획(2021~2025년)의 마지막 해인 2025년에는 1인당 GDP가 15,000달러를 초과할 것으로 예상하고 있다. 세계은행은 1인당 GDP가 12,376달러 이상인 국가를 고소득 국가로 분류하고 있고, 예상대로라면 중국은 2025년경 고소득 국가로 진입할 것이다. 중국은 이미 굳건한 세계 2

위 규모의 경제대국이다. 글로벌 경기 침체의 영향으로 더 이상 고속 성장은 불가능하겠지만, 5~6% 내외의 경제성장률은 미국 2~3%, 글로벌 평균 3~4%에 비하면 여전히 높은 수치이고, 그 하락 폭도 미국이나 글로벌 평균에 비하면 낮은 수준이다.

중국은 14억 명 이상의 인구를 보유한 나라로, 중국의 내수 시장은 무한한 성장 잠재력을 갖고 있다. 그리고 소프트 파워 확대를 통해서 명실상부한 강대국으로 성장하려는 노력도 성과를 보이기 시작했다. 중국 정부는 최근 정치경제적 어려움을 타개하기 위해 미국과의 무역협상에 적극적으로 임하는 동시에, 장기전에 대비해 금리 개혁, 관광 및 소비 촉진, 취업률 제고, 유통업 활성화 등의 종합적인 국내 경기 부양책을 실시하고 있다. 2018년 3월부터 시작된 초강대국 미국과의 무역마찰로 시진핑의 리더십이 시험대에 올랐다. 미 · 중 무역전쟁은 중국몽을 실현하려는 시진핑이 직면한 가장 큰 도전이자, 반드시 통과해야만 하는 험난한 관문 중 하나다.

백년대계

100년의 꿈

덩샤오핑이 흑묘백묘론을 내세워 선부론과 실용주의를 외친 지 40년이 지났다. 덩샤오핑은 1949년 중화인민공화국 건국을 시점으로 100년간의 3단계 장기 로드맵을 제시했다. 그 첫 번째 단계가 '원바오(溫飽)'이고, 두 번째 단계가 '샤오캉(小康)'이며, 마지막 단계가 '다퉁(大同)'이다. 시진핑이 집권하고 있는 지금까지 중국의 역대 지도자들은 덩샤오핑이 주창한 3단계 100년의 꿈(로드맵)을 향해 일관되게 매진해왔다. 그 결과, 2000년 미국 GDP의 1/10에 불과했던 중국의 경제력이 2019년 미국의 70% 수준으로 성장했다.

2012년 12월 시진핑은 중국 공산당 제18차 당대회에서 중화민족의 위대한 부흥을 뜻하는 중국몽을 제시했다. 여기에는 2가지 목표가 담겨 있다. 공산당 창건 100주년이 되는 2021년까지 전면적인 샤오캉 사회를 실현하는 것과, 중화인민공화국 건국 100주년이 되는 2049년까지 현대화된 사회주의 국가를 건설하겠다는 것이다. 이른바 '두 개의 100년' 계획이다. 시진핑은 기회가 있을 때마다 "중국은 패권을 추구하지 않는다"고 강조하고 있다. 하지만 그간 중국 정부가 보여준 행보를 보면 세계를 자신의 뜻대로 움직이고 싶어 하는 속내를 어렵지 않게 엿볼 수 있다. 특히 시진핑이 집권하면서 '힘의 외교'를 추구하는 경향이 강해지고, 패권주의를 지향하는 흐름이 더욱 뚜렷이 포착된다.

2019년 중국의 1인당 GDP가 1만 달러를 넘어서면서 첫 번째 목표인 샤오캉 사회 실현은 성공한 것으로 평가된다. 시진핑은 2015년 9월 UN에서 신형국제관계 개념을 제시했다. 중국을 중심으로 전 세계가 협력해 인류에 이바지하자는 취지다. 이는 중국이 미국 주도의 세계질서에서 탈피해 자신만의 길을 가겠다는 의지를 밝힌 것이고, 더 이상 중국의 힘을 숨기지 않겠다는 자신감의 표출이기도 하다. 중국의 두 번째 목표는 무엇일까? 미국과의 패권 경쟁에서 승리하는 것이라는 추측이 가능하다. 이런 추측은 지난 몇 년 동안 시진핑이 구상하고 추진해온 여러 전략을 살펴보면 쉽게 납득할 수 있다. 2013년 8월 시진핑은 '일대일로(육 · 해상실크로드)' 프로젝트를 제안했다. 중국을 중심으로 육상 · 해상 교통망을 구축해 '범중화경제권'을 구축하겠다는 것이다. 시진핑은 2017년 10월 제19차 당대회에서 '사회주의 현대화 국가'라는 개념을 제시했다. 중국이 2049년까지 세계를 선도하는 국가로 도약하겠다는 것이다.

중국의 지도자들은 1840년 아편전쟁 발발 이후 1949년 중화인민공화국이 수립될 때까지 약 100여 년을 치욕의 시간이라고 간주한다. 따라서 시진핑의 중국은 과거 상처의 연장선상에 있고, 이 상처를 이해하지 못하면 현재 중국이 걸어가는 길을 제대로 알기 어렵다. 그 상처는 중국인들의 뇌리에 깊숙이 각인돼 있는 '백년치욕(百年恥辱)'이다. 어쩌면 중국은 지난 몇십 년 동안 패권에 대한 야심을 숨기고, 기만전술을 구사해왔는지도 모른다. 미국은 1970년대부터 중국에 엄청난 경제적, 군사적 원조를 해왔으며, 심지어 최첨단 과학기술까지도 아낌없이 지원했다. 하지만 중국의 GDP가 미국 GDP의 2/3를 초과하고 미국의 최대 채권국가가 되면서, 미국은 세계 패권을 중국에 빼앗길지 모른다는 초조함과 중국의 지정학적 공포를 도전으로 간주하기 시작했다. 시진핑은 집권 9년 만에 중국을 놀랍도록 변화시켰다. 제조 대국에서 서비스 대국으로, 투자 대국에서 소비 대국으로 바꿔놓았다. 명실상부한 세계의 공장, 중국이 변하고 있다. 철강과 시멘트의 나라에서 놀랍게도 모바일과 금융의 나라로 환골탈태하고 있다.

중국의 '두 개의 100년'이라는 꿈은 이루어질 것인가? 중국은 민주와 인권, 자유에 관한 한 여전히 선진국이라 인정하기 힘들다. 많은 중국인들이 매년 해외로 나가 서구의 민주, 인권, 자유를 목도하고 체험하는데도 공산당 일당독재에 대한 불만의 목소리는 그다지 크지 않다. 중국은 최신 인터넷 기술을 이용하여 인민들의 자유를 제한하고 통제를 강화하고 있다. 또한 역사를 왜곡하고, 정보를 조작한다. 티베트나 신장위구르 지역을 무력으로 장악하고, 소수민족을 탄압하고 있다. 독재국가와 반(反)서방 국가, 심지어 테러 조직에게도 무기를 판매하고, 경제적 지원을 해왔다. 산업화 과정에서 엄청난 유독물질을 대기로 방출해 지구를 오염시켰다. 이런 '반상식적' 상황에도 불구하고 중국 사회는 생각보다 안정돼 있다. 그 원인으로 엄격한 통제, 경제 발전, 순치(順治)에 익숙한 사회문화 때문이라는 분석이 있다. 하지만 많은 중국 전문가들은 공산당의 리더십에서 그 해답을 찾는다. 중국 공산당 리더십의 핵심은 역시 사람 즉 인재이고, 특히 젊은 인재들이 100년의 꿈을 이루는 데 중추적인 역할을 할 수 있도록 중국 정부가 정책적 지원을 강화하고 있기 때문이라는 것이다.

중국은 이제 성장률보다는 성장의 내용을 중시하고 있다. 관시(關係)의 나라가 연결과 공유의 프레임을 기반으로 새로운 혁신의 흐름을 타고 '추격'이 아닌 '추월'을 현실로 만들어가고 있다. 중국은 중화인민공화국 건국 100주년이 되는 2049년에 미국을 제치고 세계 유일의 초강대국으로 등극하겠다는 '백년대계(百年大計)'의 목표를 착실히 실행에 옮겨나가고 있다. 이를 위해 2049년을 종착점으로 3단계 경제 · 산업 발전 전략(중국 제조 2025)을 추진하고 있다. 1단계(2016~2025년)에서는 중국 제조업을 독일과 일본에 버금가는 수준으로, 2단계(2026~2035년)에서는 글로벌 제조 강국의 중간 수준으로 끌어올리며, 3단계(2036~2049년)에서는 미국을 추월해 중국 제조업을 세계시장을 선도하는 제1강국으로 만들겠다는 것이다. 세계에서 가장 많은 스타트업 기업, 액셀러레이터(Accelerator, 창업기획자) 기업, 수많은 창업자들과 새로운 비전으로 충만한 젊은 인재들을 보유한 중국은 '백년대계'의 완성을 향해 전력 질주하고 있다.

소프트 파워 강국의 꿈

소프트 파워(soft power, 연성 권력)는 보이지 않는 힘이다. 군사력이나 경제력 등 물리적 힘으로 표현되는 하드 파워(hard power, 경성 권력)에 대응하는 개념으로, 문화적 영향력이나 존경에 의해 자발적 동의를 얻어내는 능력을 의미한다. 소프트 파워에는 교육 · 학문 · 예술 · 과학 · 기술 등이 포함된다. 최근 흥미로운 보고서가 발표됐다. 영국이 소프트 파워가 가장 강한 나라로 평가된 반면, 중국은 최하위에 머물렀다. 영국을 거점으로 하는 컨설팅회사 포틀랜드가 2021년 주요국가 50개국을 대상으로 평가한 결과다. 포틀랜드는 소프트 파워 분석에서 권위를 인정받고 있는 회사로, 많은 언론들이 이번 보고서를 인용 보도했다. 영국에 이어 독일(73.89점), 미국(73.68점), 프랑스(73.64점), 캐나다(71.71점)가 2~5위를 기록하며 서방국가들이 상위권에 랭크됐다. 한국은 20위(54.32점)를 기록했고, 일본은 8위(66.86점)였다. 꼴등을 기록한 중국은 디지털 30위, 문화 9위, 기업활동 24위, 외교 10위, 교육 16위, 정부 30위였고, 여론조사에서는 29위였다.

과거 수천 년간 한자문화권의 문화를 책임지던 중국의 자부심이 한동안 사라졌다. 중국인들은 스스로 중국인들의 문화적 소양이 낮다고 자책해왔다. 그것은 개혁개방으로 서구문화가 전파되었을 때 많은 젊은이들이 서구문화에 빠져들게 만든 원인이 됐다. 엎친 데 덮친 격으로 중국의 경제력이 커지면서 세계인들의 중국 정부나 중국인에 대한 반감이 날로 심해졌다. 이런 문제점들을 극복하기 위해 중국 정부는 공공 문화 서비스의 수준을 높일 필요가 있었다. 신문, 출판, 방송, 영화, 문학, 예술, 철학, 사회과학 등 지금까지 외면해왔던 인문사회 분야에 대한 관심이 필요한 시기가 온 것이다.

중국이 소프트 파워에 공을 들이기 시작한 것은 시진핑 정부가 들어서면서부터다. 시진핑 집권 1년 차인 2013년 중국 공산당은 소프트 파워가 중국몽을 달성하는 데 필수 요소임을 인식하고 대대적인 투자에 나섰다. 중국 정부는 소프트 파워 강국 목표를 2021년부터 2025년까지 시행되는 제14년차 5개년 규획(14.5 규획)의 주요내용 중 하나로 선정했다. 중국의 전통문화, 문물과 고적의 보호는 물론, 그에 대한 연구와 이용, 서비스 등에 대한 관심을 제고하고, 정부의 주도하에 소프트 파워를 발전시키고 강화시키겠다는 것이다.

중국은 다른 국가로부터 존경받는 소프트 파워를 가진 매력 국가는 아니다. 여러 원인이 있겠지만, 우선 중국식 발전 모델에 대한 서사가 부족했다. 더불어 공산당 중심 체제 속에서 사회의 자율성이 현저히 약화됐으며, 부상한 힘을 국제사회에 투사하는 방식도 투박했다. 중국 국방대학의 모(某) 교수는 "미국이 이렇게 중국을 공격하는데, 우리를 동정하는 국가가 하나도 없는가"라고 자성하기도 했다. 중국이 소프트 파워를 강화하기 위해서는 발상의 전환이 요구된다. 첫째, 언로(言路)를 개방해 다양한 비판을 허용하는 '백화제방(百花齊放)'이 필요하다. 새로운 발상은 창의성에서 나오기 때문이다. 둘째, 상대의 눈으로 자신을 들여다볼 필요가 있다. 그래야만 쌍방향 소통이 가능하다. 셋째, 유연성과 인내심이 필요하다. 체제 구속성이 강할수록 선전의 유혹에 빠지면서 효과는 반감된다. 넷째, 화학적으로 스며들고 지속 가능해야 한다. 그런 점에서 지금 중국에게 필요한 것은 정책 · 인력 · 투자가 아니라, 매력적인 스토리텔링이다.

중국의 소프트 파워가 비록 하위권에 머물고는 있지만, 세계 패권 전략에 따른 소프트 파워에 대한 투자는 기하급수적으로 늘고 있다. 이미 중국은 2025년까지 후진국과 개발도상국 등 세계 각국에 약 1조 2,500억 달러를 투자 · 지원하기로 약속했다. 2020년 중국이 대략 연간 100억 달러를 공공 외교 부문에 지출한 것으로 추정되는 반면, 미국은 6억 6,600만 달러를 썼다. 2010년에만 해도 중국이 해외에서 개최한 문화 행사는 100건이 안 됐지만, 2020년에는 2,000건을 기록했다. 언론은 중국이 특히 집중하는 분야다. 최근 중국은 자국에 우호적인 여론을 조성하기 위해 언론에 막대한 자금을 투입하고 있다. 전 세계적으로 언론이 열악한 상황에서도 중국 관영 신화통신은 해외지부를 2021년 200개까지 늘리는 계획을 추진하고 있다. 광고에도 천문학적인 돈을 투입하고 있다. 2011년부터 중국 정부는 하루 유동인구가 33만 명에 달하는 미국 뉴욕 타임스스퀘어 전광판 광고를 시작했다. 이 밖에 중국은 중국어와 중국 문화를 세계에 전파하기 위해 140개국에서 500여 개의 공자학원을 운영하고 있다.

항공모함을 건조하고 우주에 사람을 보내는 등 하드 파워 강국으로 거듭나고 있는 중국이 소프트 파워 패권까지 넘보고 있다. 군사력과 경제력만으로는 세계를 지배할 수 없다는 판단 아래, '차이나'라는 브랜드네임을 끌어올리는 데 박차를 가하고 있는 모습이다. 하지만 중국이 소프트 파워 강국으로 거듭날 수 있을지는 미지수다. 실제로 중국의 국가 주도형 소프트 파워 육성 정책은 곳곳에서 반발에 부딪히고 있다. 공자학원이 중국 공산당의 선전 도구로 활용되고 있다는 지적이 나오면서 퇴출론이 고조되고 있다. 중국 언론이 1989년 톈안먼 민주화 운동의 주역 류샤오보(劉曉波) 등 반체제 인사들에 관한 보도를 막으면서 공산당이 언론을 조종한다는 비판도 계속 제기되고 있다.

한국과는 김치 논쟁, 한복 논쟁, BTS(방탄소년단) 문제, 한국전쟁 등 중국 네티즌들이 한국인의 감정선을 건드리고 있다. 중국이 설득과 자발적 동의를 통해 소프트 파워를 육성할지, 아니면 억지로 소프트 파워를 만들어낼지 전 세계가 주목하고 있다. 이제 중국은 '바닥을 향한 경쟁(자본을 유인하려는 경쟁과 자본 활동에 방해가 되는 규제를 최소화하고, 노동이나 복지에 대한 지출을 경쟁적으로 줄여가는 일)'이 아니라, 세련된 개방, 자유무역, 대안의 세계화, 기여외교 등으로 다른 국가의 마음을 얻고, 대국의 여유를 보여야 할 것이다.

금융대국의 꿈

21세기는 금융의 시대이고, 금융을 지배하는 나라가 G1이다. 작금의 세계를 지배하는 미국의 힘은 바로 금융, 즉 달러다. 미국은 1974년 황금의 태환을 폐지한 이래 달러를 석유 구입과 연동시킴으로써, 석유를 구매하는 나라를 모두 미국의 달러 식민지로 만들었다. 중국이 금융에서도 대국에 걸맞은 위상을 가지려는 것은 분명하다. 중국은 필연적으로 금융대국을 추구하고 있으며, 아시아인프라개발은행(AIIB)을 설립한 것이 한 예이다. 물론 금융대국을 지향한다고 해서 그 꿈이 하루아침에 이루어지는 것은 아니다. 금융대국이 되기 위해서는 시장경제 체제를 바탕으로 확고한 기반 구축과 무수한 경험이 뒷받침되어야 한다. 또한 제조업과 금융업은 선진 사회를 학습하는 모방의 단계, 학습의 결과를 활용하여 각국의 상황에 적합한 방향으로 발전시키는 융합의 단계를 거쳐야만 새로운 모델을 만들어내는 창조의 단계로 발전할 수 있다.

시진핑 정부는 출범 원년부터 금리와 환율 시장화 분야에 있어 제도 개혁을 적극 추진하고 있다. 위안화 국제화를 위한 각종 제도 개혁 및 개방에도 적극적인 태도를 취하고 있다. 또한 상하이자유무역지대(FTZ)에서 금융시장 개방에 대한 획기적인 실험을 거친 뒤 '금융개방 특구'를 전국으로 확장해나가고 있다. 중국 정부는 금융개방 3.0 시대를 구현할 구체적인 액션 플랜들을 다양하게 검토, 시행하고 있다. 먼저 대출금리 규제를 철폐했고 예금금리도 자유화할 방침이며,

위안화 자본 계정 자유태환, 외국 개인에 대한 A주식 확대개방, 위안화 국제화에도 분명한 의지를 밝히고 있다. 이처럼 아직 부분적으로 통제와 규제가 있기는 하지만, 중국은 금융대국으로 발전하기 위한 각종 기반을 구축하고 있는 중이다. 금융시장 성장 과정인 모방 · 융합 · 창조의 측면에서 현재 중국의 금융시장을 평가할 때 융합의 초기 단계라고 할 수 있다. 중국은 자신의 목표대로 2021년부터 금융대국으로 도약할 준비를 착실하게 추진하고 있다.

중국은 2017년 말 외국 금융회사들이 중국에 더 많이 진출할 수 있도록 하겠다고 약속했다. 이후 미국과의 무역 분쟁이 일어나면서 미국에 대한 보복으로 금융 개방을 철회하는 것 아니냐는 우려가 커졌지만, 미 · 중 무역협상 1단계 합의를 계기로 중국의 금융시장은 2020년부터 완전히 개방됐다. 이로써 2030년까지 중국 내 외국계 은행과 증권사는 연간 약 320억 달러 이상의 수익을 올릴 것으로 추산되고 있다.

중국이 금융시장 완전 개방을 두려워하는 이유는 무엇이었을까? 미국은 막대한 월가의 자본으로 세계 곳곳을 누비며 자신들의 존재를 각인시켰다. 한편으로는, 일본과 한국에서 그랬듯이 미국은 자본을 이용해 그 나라를 굴복시켰다. 중국은 다른 나라의 과거 경험을 배우고 충분히 준비함으로써, 미국 자본의 위협을 미연에 방지하고자 한다. “신중하고 조심스럽고 점진적으로(prudent, cautious, gradualist)”, 이것이 중국이 금융시장을 개방하는 태도이다.

중국은 미국에 비해 경제력, 군사력, 문화력 등 전반 분야에서 상당히 뒤처져 있지만, 지난 40여 년 동안의 기적적인 경제성장 속도를 감안할 때, 머지않은 장래에 미국을 추월하고 G1으로 올라설 잠재력을 지니고 있다. 이럴 경우 중국의 위안화가 세계의 기축통화가 되고,

중국이 세계 초강대국으로서의 패권을 차지할 개연성 또한 배제할 수 없다. 중국은 향후 지속적인 경제성장을 이어갈 것이고, 국제 금융시장에서 점진적으로 미국과 동등한 지위를 차지할 것이다.

다만, 아직은 자본주의 금융 시스템이 상식선에서 운용되지 않는 경우가 많고 시장보다는 정부의 영향력이 절대적이며 당분간 금융시장의 변동성이 상당히 클 것이라는 점 때문에, 중국 금융시장에 대한 신중한 접근이 필요하다. 2020년부터 중국의 금융시장 개방이 질서 있게 추진됨에 따라 외자 금융기관의 중국 시장 진입 행보와 속도가 더 빨라질 것으로 보이며, 중국 금융시장은 글로벌 금융 시스템에 더욱 융합해나갈 것으로 전망된다.

03 중국, 미래로 가는 길

정치 민주화

덫에 걸린 중국 경제

중국은 정치체제와 무관하게 세계 선진 수준의 기술과 제품을 혁신하고 생산해내고 있다. 하지만 고수준 혁신을 위해서는 중국 정부가 R&D(연구개발)에 더 많은 투자를 하고, 이를 위해 비판적 사고와 탐구의 자유를 전제로 하는 교육 시스템을 기본적으로 확립해야 한다. 결국 연구에 대해 검열을 하거나 '출입금지 구역'을 설정하지 않는, 상대적으로 개방적인 정치 시스템이 필요하다. 학생과 지식인이 사회적 통념에 도전하고 실수하는 것을 핍박하거나 처벌하지 않고, 오히려 장려하고 보람을 느끼도록 해야 한다. 만약 중국이 지금의 경성 권위주의가 아니라 싱가포르나 이전의 한국처럼 연성 권위주의를 시도해본다면, 혁신의 성공 사례는 훨씬 더 많아질 것이다. 더불어 언론을 완전히 개방하고 지식인과 시민에게 자유를 부여함으로써 충분히 민주화된다면, 중국은 혁신대국으로 발전할 것이다.

『월스트리트저널(WSJ)』은 시진핑의 절대 권력이 중국 경제체제의 스트레스를 한계점으로 내몰고 있다고 분석했다. 데이비드 샴보(David Shambaugh) 워싱턴대 국제관계학 교수는 WSJ에 게재한 「다가오는 중국의 붕괴(The Coming Chinese Crackup)」라는 칼럼에서 "중국 부자들은 조기 유학, 원정 출산, 해외 부동산 투자 등을 통해 중국에 문제가 생기면 언제든 외국으로 도망갈 준비를 하고 있다"며 막대한 수의 억만장자들이 해외로 떠나는 부자 이탈을 비롯해 정치억압 강화, 모호한 '중국몽', 부패 청산 성패 불투명, 경제성장 둔화 등 중국 사회의 5가지 취약점이 중국의 붕괴를 예고하고 있다고 지적했다. 샴보 교수는 시진핑 정부는 출범 이후 티베트와 신장위구르는 물론 언론 · 영화 · 예술 · 체육 · 기업인 · 지식인 등에 과도한 정치적 억압을 가하고 있고, '중국몽'으로 상징되는 시진핑 정부의 이념적 목표와 가치가 모호한 점이 중국 지도부를 흔들 수 있다고 주장했다. 또 하나의 문제는 중국의 지속적인 경제성장 둔화이다. 경제성장의 둔화는 시진핑 정부가 추진하는 재정 · 지방정부 · 국유기업 개혁 등 각종 개혁정책의 칼날을 무디게 할 수 있다는 것이다.

이와 같은 문제점이 나타나는 이유는 부패 청산과 시진핑 독재가 중국 사회와 경제에 주는 스트레스가 한계점을 넘어서고 있기 때문이라고 샴보 교수는 주장했다. 또한 그는 "시진핑 정부가 부패 청산이라는 명목으로 반대 세력을 몰아내며 독재정권을 창출했고, 시진핑이 고르바초프가 초래한 구소련 붕괴 사태를 피하기 위한 정책을 펴고 있지만, 이러한 정책은 독재로 변질돼 중국의 경제 시스템에 스트레스를 주고 있다"고 지적했다. 실제 시진핑은 공산당 총서기에 오른 후 광둥성을 방문해 구소련의 붕괴가 주는 교훈을 깊이 새겨야 한다고 말한 바 있다. 시진핑은 당시 구소련의 붕괴 원인을 정치적 부패, 이념적 분열, 군대의 불충이라고 강조했다. 시진핑 정부는 출범 이후 부패 청산, 이념적 분열 방지, 군대의 충성 맹세 등에 대해 강력한 정책을 추진하고 있다. 샴보 교수는 시진핑 정부가 경성 권위주의적으로 정치를 운영하고 있음에도 중국의 붕괴가 당장 눈앞에 닥치지는 않을 것이라고 분석했다. 시진핑의 거칠고 때론 독선적인 정책이 일면이라면, 각종 개혁 정책은 중국의 새로운 발전을 이끌 수도 있기 때문이다. 그는 "중국 공산당 정권이 특정 이벤트(권력 투쟁 · 쿠데타) 등으로 붕괴될 것이라는 예측은 무리"라면서 "다만 장기적 균열이 통치자로서의 시진핑에게 많은 시련을 줄 것"이라고 전망했다.

[표 22] 시진핑 집권 2기 주요 정책 방향

구분	내용
국내 정치	• 당 영도력 강화, 반부패 사정 작업 확대
경제	• 시코노믹스(시진핑+이코노믹스) 추진 • 금융 개혁 · 개방 확대, 공급 측 구조 개혁 및 공기업 개혁 등 질적 성장 견인
양안 관계 및 대홍콩 정책	• '하나의 중국 원칙' 견지, 차이잉원 대만 정부 압박 강화 • '일국 양제' 유지 속 홍콩 간섭 강화
대외 관계	• '신형국제관계' 구상 속 중국 영향력 확대 • 일대일로 추진
대미 관계	• 군사 · 외교 · 경제 등 각 분야에서 패권 경쟁 본격화 • 남중국해 · 양안 관계 · 한반도 비핵화 등에서도 갈등 예상

자료 출처: 세계일보

중국은 시진핑 시대의 출범으로 '차이나 3.0' 시대의 막을 열었다. 2.0 시대의 중국이 1.0 시대의 과제를 해결하고자 했다면, 3.0 시대의 중국은 2.0 시대가 남긴 문제들을 풀어내야 한다. 아이러니하게도 3.0 시대의 숙제는 2.0 시대에 추구했던 목표가 달성된 데 따른 것이다. '성공의 덫'에 빠졌다는 것이다. 과거엔 경제적으로 빈곤을 걱정했지만, 이젠 풍요가 가져온 빈부 격차 등의 문제를 고민해야 한다. 정치적인 안정을 지나치게 강조하다 오히려 사회적 갈등이 심화됐고, 외교적으로는 힘이 축적됨에 따라 저자세 외교만이 능사가 아니라는 볼멘 목소리가 나온다. 이런 문제들을 푸는 경제 해법을 놓고 신우파(온건파)와 신좌파(강경파)가 맞선다. 신우파는 국유기업 민영화와 기업가정신 고취가 그 답이라고 말한다. 반면 신좌파는 중앙정부의 계획과 개입이 계속돼야 성장을 이룰 수 있다고 주장한다. 정치에서는 선거와 법치 등을 주장하는 자유주의자와 최고 권력자의 카리스마만이 문제를 풀 수 있다는 신권위주의자로 양분된다. 외교에서는 신중하게 접근하라는 국제주의자와 당당하게 세계에 맞서라는 민족주의자로 나뉜다. 시진핑 체제가 어느 쪽을 선택하느냐에 따라 차이나 3.0 시대의 중국 모습이 달라질 것이다.

덩샤오핑은 중국의 일부가 된 홍콩(1997년)과 마카오(1999년)에 대해 50년간 '일국양제'를 유지하겠다고 공언했다. 하지만 중국이 고도성장기를 구가하며 미국과 더불어 G2 지위에 올라서고, 정치 · 경제 체제에 대한 자신감이 높아지면서 일국양제를 무력화하려는 모습이 지속적으로 포착되고 있다. 특히 과거 어느 때보다 권위주의적인 시진핑 체제는 일국양제 원칙을 점차 퇴색시키고, 중국의 사상과 제도를 주입하려는 시도를 노골적으로 표출하고 있다. 반대로, 홍콩에서는 일국양제의 덫에서 벗어나려는 원심력이 갈수록 강해지고 있고, 홍콩의 반중 시위는 수개월 동안 지속되고 있다. 아직 편입되지 않은 대만에서도 일국양제에 대한 반감이 더욱 높아지는 양상이다. 대만 역시 공산당이 통치하는 중국에 흡수 통일된다면, 대만의 민주주의 체제를 더 이상 보전하기 어려울 것이라는 사실을 절감하고 있기 때문이다.

정치 민주화와 경제 현대화는 상호 필요한 촉진제이자 공생관계이다. 결국 중국 경제의 미래는 정치체제의 변혁 없이는 불가능하고, 정치의 덫에서 경제가 해방돼야만 지속 발전이 가능할 것이다.

정치적 자유화

『중국의 미래』의 저자 데이비드 샴보 교수는 중국의 미래가 로터리에 도착한 자동차처럼 몇 갈래 선택의 갈림길에 서 있으며, 그 선택의 길은 4가지라고 말한다. 그는 각 선택 방향을 '신(新)전체주의(Neo-Totalitarianism)', '경성 권위주의(Hard Authoritarianism)', '연성 권위주의(Soft Authoritarianism)', '준(準)민주주의(Semi-Democracy)'라고 이름 붙였다. 그는 중국이 현재 서 있는 길을 경성 권위주의라고 특징짓고, 현재 중국을 '침체 상태'로 보고 있다. 이미 중국 사회 내부에 여러 문제점이 발생되고 있으며, 발전 불균형, 부조화, 지속 불가능성 등의 문제가 여전히 심각하다는 것이다. 도 · 농 간, 지역 간 발전 격차는 여전히 커서 소득의 차이를 보이고 있으며, 사회문제는 눈에 띄게 증가하고 있다. 교육, 취업, 사회보장, 의료, 연금, 주거, 생태 · 환경, 식품 · 의약품 안전, 근로 안전, 사회 치안, 사법, 에너지 등이 시급히 해결해야 할 사회문제이다.

샴보 교수의 평가에 의하면, 중국은 2008년까지 10년간 계속됐던 연성 권위주의가 2009년부터 경성 권위주의로 바뀌었고, 2012년 시진핑이 집권을 시작하면서부터 반자유주의적 정서가 한층 강해졌다. 2009년 경성 권위주의로의 전환은 정치 자유화에 의해 공산당 지배가 위협을 받을 수 있다는 위기의식, 그리고 2008년 미국발 글로벌 금융 위기를 극복하는 과정에서 중국이 자신의 체제에 대해 갖게 된 자만심의 결과다.

[표 23] 미래 중국이 선택 가능한 4가지 길

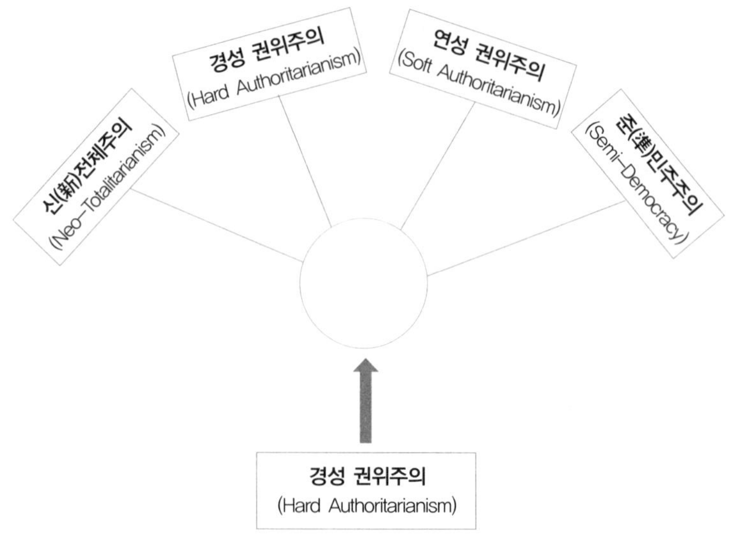

자료 출처: 데이비드 샴보, 『중국의 미래』(2016)

샴보 교수는 현재 중국이 선택할 수 있는 4가지 정치 노선에 대해 각각의 시나리오를 예측했다. 첫 번째 시나리오는 지금처럼 경성 권위주의를 유지하는 경우다. 이 경우 상대적으로 경제침체가 계속되고 이미 드러나고 있는 많은 사회문제가 악화되며, 중국 공산당의 정치적 쇠락이 현실화될 것으로 예상했다. 이러한 시나리오대로라면 중국의 경제성장률은 연간 1~2%대로 하락할 것이며, 중진국 함정에 빠진 대부분의 개발도상국과 같은 길을 걷게 될 것이다. 이를 가리켜 '덫에 갇힌 전환'이라고 한다.

두 번째 시나리오는 1989~1992년처럼 신전체주의로 회귀하는 경우다. 이 경우 보수 강경파들이 대외적으로 문을 닫고, 국내적으로 강력한 전면적 통제를 시작할 것으로 예상했다. 정부와 당 지도부는 시장 중심적인 개혁이 제 역할을 못 하거나 이상적이지 않다고 판단하고, 기존과는 180도 달라진 길, 다시 말해 더 중앙집권적이고 통제가 강화된 길을 택할 것이다.

세 번째 시나리오는 1998~2008년의 연성 권위주의 모델로 돌아가 돌파구를 찾는 경우다. 이럴 경우 중국은 좀 더 개방적인 정책을 통해 혁신 활동을 활성화하고 거버넌스를 개선하며, 사회적 긴장을 완화하고 완전한 시장경제와 경쟁체제를 수용할 것이다.

네 번째 시나리오는 싱가포르식 민주주의(준민주주의)로의 전환을 꾀하는 경우다. 이 경우 구성장 모델에서 신성장 모델로 전환하는 데 필요한 모든 질적인 변화가 가능할 것으로 예상했다. 중국은 출구 전략의 혁신을 통해 중진국 함정에서 벗어나 채무 과잉 문제를 해결하고 금융 체제를 안정시키며, 더 경쟁적이고 시장 중심적인 경제를 구축할 수 있을 것이다.

정치적 규제 완화와 자유화 없이는 경제적 성공을 기대할 수 없다. 수많은 개혁 조치의 완성을 위해서는 국가가 사회 전반에 형성해 놓은 통제를 완화해야만 한다. 중국 경제의 미래는 정치 노선에 달려 있다. 지금 중국이 선택 가능한 4가지 정치 노선 중에서 최선의 시나리오는 준민주주의, 즉 싱가포르와 같은 경찰국가로 가는 길일 것이다. 그러나 정치, 경제, 사회, 그리고 국제관계를 망라한 모든 문제를 최선의 방법으로 해결할 자유주의적 정치 노선을 중국이 채택할지는 의문이다. 어쨌든 중국이 현재의 경성 권위주의를 유지하거나 신전체주의로 회귀할 경우, 사회문제가 증폭되고 극단적으로는 폭발할 가능성도 배제할 수 없다. 지금 중국은 연성 권위주의 또는 준민주주의 정치 노선 중 가장 현실적인 길을 선택해야 한다. 만약 중국이 정치적 자유화(연성 권위주의나 준민주주의)를 실현한다면, 중국 사회는 훨씬 더 안정적이고 예측 가능한 사회로 발전할 것이다.

경제 현대화

버블 붕괴 리스크

중국 경제가 심상치 않다. 미 · 중 무역전쟁과 코로나19의 여파, 고정자산 투자 둔화, 부동산산업 위축, 기초 인프라 투자 감소 등으로 인해 중국 경제 전문가들은 2021년 4분기 중국의 GDP 성장률을 3.2%로 낮게 예상했고, 2022년에도 여전히 경기 하강 압력이 크다고 전망했다. 또한 중국의 싱크탱크 국가금융발전실험실은 2021년과 2022년 중국의 GDP 성장률을 각각 7.9% 내외, 5%로 전망했다. 최근 중국발 초강력 '퍼펙트 스톰(perfect storm)'에 대한 우려 또한 높아지고 있다. 중국의 외환 상황이 예사롭지 않기 때문이다. 무역전쟁과 위안화 약세로 기업의 부채 상환 부담이 더욱 가중되고 있다. 사회 전반으로 확산하고 있는 불균형 역시 큰 문제다. 중국은 2019년 1인당 GDP가 처음으로 1만 달러를 넘어섰고, 겉으로 보기에는 큰 성과다. 하지만 시진핑 정부가 핵심 국정 과제로 삼고 있는 빈곤 퇴치 정책이 일정한 진전을 보이고 있음에도, 여전히 사회 불균형과 빈부 격차는 심화되고 있다.

2019년부터 중국 경제를 견인하는 삼두마차(수출 · 투자 · 소비)가 모두 주춤하면서, 중국 경제는 '바오류(保六, 성장률 6% 유지)' 붕괴가 임박했고, 과거와 같은 고속 경제성장을 유지하기는 사실상 어려워졌다. 경제 전문가들은 중국 경제가 구조적 한계에 봉착했다는 견해를 내놓는다. 특히 2008년 글로벌 금융 위기 당시, 경제를 살리기 위해 시중에 풀어놓은 유동성이 중국 경제를 '부채의 덫'에 갇히게 한 결정적 요인으로 꼽힌다. 블룸버그 통신에 따르면, 중국의 GDP 대비 총부채 비중은 2014년 229.27%에서 2018년 276.20%로 높아졌다. 국제

금융협회(IIF)의 조사에서도 2019년 3/4분기 기준 중국의 GDP 대비 부채비율은 310%에 달해 개발도상국 중 가장 높았다.

2021년 중국 경제는 연초 예상과는 달리 그리 밝지 않다. 미·중 무역전쟁, 코로나19 팬데믹 외에도 버블 붕괴 위험이 대두되고 있고, 경기 침체 압력이 가중되고 있다. 가공할 빈부 격차, 공무원들의 과도한 지출 및 부정부패, 산업 과잉, 금융 부문 취약, 경제성장률 둔화, 국영기업 부실 및 민영기업 부채, 극심한 환경오염, 소득 분배 불평등, 과도한 정부개입, 지방정부 부채, 부동산 버블 및 침체, 생산인구 감소 및 고령화 가속, 미·중 무역전쟁 등 구조적인 리스크가 산재해 있다. 여기에 더해 10여 년 만의 고물가, 30여 년 만의 저성장, 사상 최고 수준의 기업부채와 정부부채까지 각종 악재들이 봇물처럼 터져 나오고 있다.

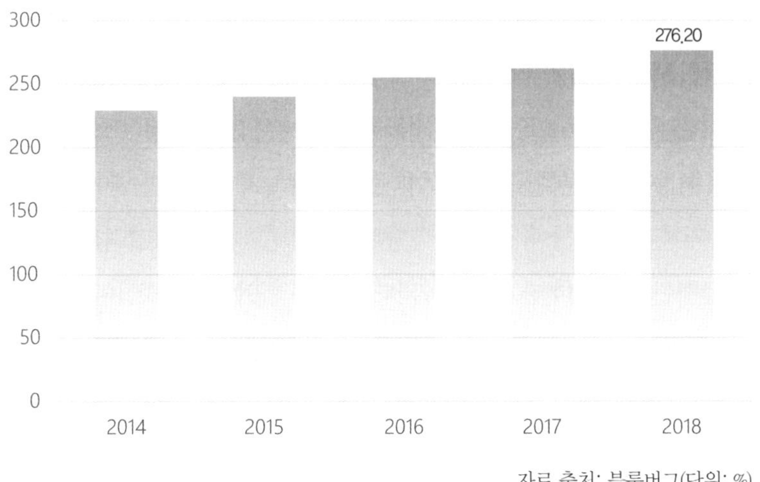

[그림 45] 중국의 GDP 대비 총부채 비중(2014~2018년)

2018년 3월부터 미 · 중 무역전쟁이 시작되면서 중국 경제는 계속 하락하고 있다. 소위 구조 개혁을 지속할 수 없을 정도로 많은 어려움에 직면하고 있다고 중국 정부 스스로 인정할 정도다. 현재 중국 경제는 '외열내랭(外熱內冷, 밖은 뜨겁지만 속은 차갑다)' 상황이다. 이런 상태의 중국 경제를 어떻게 치유할 것인가? 중국 정부는 경기 부양을 위한 다양한 해결책을 제시했다. 우선 지방정부의 부채를 전략적으로 늘리면서 감세, 소비, 인프라 건설 등의 부양책을 확대한다는 구상이다. 그러나 이런 정책들의 효과는 상호간 다소 충돌한다. 경제 활성화를 위해 감세를 확대할 경우 정부의 재정수입이 감소하는 반면, 인프라 투자를 확대하면 정부의 재정지출이 증가하기 때문이다. 인프라 건설 확대의 또 다른 문제는 새로운 과잉 설비를 추가해 공급과 수요의 불균형을 심화시킬 수 있다는 점이다. 이는 상황을 더 악화시킬 뿐이다. 소비의 촉진도 그리 쉬운 문제가 아니다. 중국 국가발전개혁위원회 등 10개 부처와 위원회는 농촌 소비 진작을 위한 핵심방안으로 '공급 고도화를 통한 안정적 소비촉진과 강대한 내수 시장 형성 촉진 실시 방안(2019년)'을 공동으로 발표하고, 농촌 소비 확대 정책을 펼치고 있다. 중국은 부의 분배가 극히 불평등한 나라다. 전체 인구의 68%를 차지하는 저소득층은 낮은 가처분소득으로 인해 소비를 확대할 여력이 매우 부족하다.

최근 대두되고 있는 중국 경제의 버블 붕괴 위험을 근본적으로 해결하기 위해서는 경제에 대한 정부의 과도한 개입을 줄이고 은행과 금융시장을 자유화해야 하며, 부실 국유기업을 과단성 있게 정리해야 한다. 이런 과제들은 간단히 해결될 수 있는 문제가 아닌, 국가(관료) 자본주의 체제의 근본적인 변화를 의미하는 것이다. 중국의 경제 질병을 진단하는 것은 쉽지만, 치유는 고통스러울 것이다. 중국 경제의 질병은 '급성이라기보다는 만성'이기 때문에 질병을 치유하기 위해선 엄청난 고통을 상당 기간 감내해야만 할 것이다.

경제 거버넌스 현대화

2017년 개최된 중국 공산당 제19차 당대회에서 '2035년까지 현대화된 경제 시스템을 완성시켜야 한다'는 목표가 제시됐다. 현대화된 경제 시스템이란 사회 · 경제 활동의 각 부분 · 레벨 및 각 분야의 상호 관계, 내재적 연계로 구성되는 하나의 유기적 종합체이며, 7개 시스템을 일체적으로 건설하고 추진해야 한다는 내용이다.

첫째, 이노베이션이 주도하고 협동 발전하는 산업 시스템이다. 실물경제, 과학기술 이노베이션, 현대 금융, 인적자원의 협동 발전이 목표다. 이를 위해 실물경제 발전에 있어 과학기술 이노베이션의 기여도 제고, 현대적 금융 서비스 역량의 확충, 실물경제를 지탱하는 인적자원의 역할 최적화가 필요하다.

둘째, 질서 정연한 경쟁이 보장되는 시장 시스템이다. 원활한 시장 진입, 질서 있는 시장 개방, 충분한 시장 경쟁, 규범화된 시장 질서가 목표다. 이를 위해 자주적인 기업 경영 및 공정한 경쟁, 소비자의 자유롭고 자율적인 소비 선택, 상품 및 생산요소의 자유로운 유통 및 평등한 교환이 가능한 현대 시장 시스템의 형성을 가속화해야 한다.

셋째, 효율을 체현하고, 공평을 촉진하는 소득 분배 시스템이다. 소득 분배가 합리적이며 사회가 공평하고 정의가 구현됨으로써, 전 인민이 함께 부유해지는 것이 목표다. 이를 위해 기본 공공 서비스의 균등화 추진, 소득 분배 격차의 단계적 축소가 필요하다.

넷째, 비교우위를 기반으로 하는 협력적 도 · 농 질서이다. 도 · 농 융합 발진 및 땅과 바다의 최직화가 목표다. 이를 위해서는 지역적 비교우위의 육성 · 발휘, 지역 우위성의 상호 보완 강화, 지역별 협력 속에 발전하는 새로운 구조의 형성이 필요하다.

다섯째, 자원 절약과 환경 친화적인 녹색 발전 시스템이다. 녹색 순환 · 저탄소 발전, 사람과 자연의 조화로운 공생이 목표다. 그러자면 사람과 자연이 조화를 이루고 발전하는 현대화 건설의 새로운 구조가 필요하다.

여섯째, 다원화되고 균형 잡힌, 안전하고 효율 높은 전면 개방 시스템이다. 이를 위해서는 보다 고차원적인 개방형 경제의 발전이 필요하다. 경제구조를 최적화하여, 이를 심층적으로 전개해야 한다.

일곱째, 시장의 역할이 충분히 발휘되고, 정부의 역할이 더욱 효율적으로 작동하는 경제 체제이다. 시장 메커니즘이 유효하게 작동해야 하며, 개별 경제 주체들의 활력이 넘쳐야 한다.

2019년 10월 개최된 중국 공산당 제19기 4중전회에서는 미 · 중 무역전쟁, 내수 소비 둔화, 홍콩 시위 사태 장기화 등 국내외 리스크가 존재하는 상황에서 중국 특색 사회주의 경제체제의 안정을 핵심으로, 사회주의 견지, 당 지도 체제 완비, 법치국가, 국유기업을 기반으로 한 혼합소유제 추진, 사회주의 선진문화 견지, 사회복지 강화, 사회 안정 보장, 친환경 체제 완비, 군의 명령 체제 강화, 일국양제 견지, 평화적 자주 외교, 국가 감독 체계의 완비 등 다양한 부문의 거버넌스 개혁 방안이 제시됐다. 이는 거버넌스 체계 및 제도 개선을 통해 2047년까지 '국가 거버넌스 체제 및 거버넌스 능력의 현대화'라는 목표를 달성하고, 경제성장률이 점차 둔화됨에 따라 국가정책의 효율성을 높이기 위해 거버넌스 개혁을 실천에 옮기고자 하는 의지로 해석된다.

중국 정부는 리스크를 최소화하기 위해 현재 진행되고 있는 국유기업의 혼합소유제 개혁, 질적 경제성장으로의 전환, 사회보장 강화와 같은 거버넌스의 개혁을 강도 높게 추진하고 있다. 혼합소유제 개혁의 경우 국유기업의 민영화라기보다는 국유기업의 통제하에 민간자본을 도입하고, 다양한 주체들의 경영권 행사로 인한 효율성 향상을 위한 체제개선이 핵심이다.

중국의 사회관리 방향이 '사회 거버넌스' 체계로 전환되면서 노동의 영역에도 중요한 변화가 나타나고 있다. 2000년대 들어 더 이상 전통적인 관리 체제의 범주에 속하지 않는, 소위 사회로 확장된 노동문제가 나타나면서 노동문제의 사회 거버넌스 체계로의 인입이 점차 중요해지고 있기 때문이다.

이러한 현상이 출현한 배경은 크게 3가지로 설명된다. 첫째, 산업경제의 주요 역군으로 부상한 농민공의 파업이 증가하면서 이들에 대한 적절한 '사회관리'의 중요성이 커졌다. 둘째, 노동자의 집단적인 저항이 공식적 노동조직인 '공회(工会)' 체계를 통하지 않고 전개되는 경우가 증가하고 있다. 셋째, 당정(黨政) 통제의 범주에서 벗어나 있는 '노동 NGO' 조직이 노동자들의 집단행동에 개입하는 사례가 증가하고 있다. 하지만 지방정부와 자본의 유착 관계로 결합되어 있는 안정유지 체제하에서 노동문제의 사회 거버넌스 체계로의 인입은 큰 영향력을 발휘하지 못하고 있다. 지방정부는 외부로부터 기업과 자본을 유치하기 위해 필요한 안정적인 투자환경을 조성하고자 기업 친화적인 입장을 보이고 있으며, 지방 공회도 이에 부응해 기층(基層) 공회 및 노동자의 권리수호 행동을 제약하고 있기 때문이다.

중국이 경제 현대화 과정에서 곤경에 직면했다는 것은 분명해 보인다. 지난 40여 년간 GDP의 빠른 성장이 보여주듯 중국의 현대화 성과는 탁월했으나, 대가 역시 매우 혹독했다. 그 대가는 환경문제,

점점 커지는 빈부 격차, 국민들이 가졌던 믿음의 상실 등이다. 그럼에도 중국 사회와 경제는 '신시대'를 맞이하여 새로운 단계로 나아가고 있다. 사회주의 현대화를 위한 국가체제와 경제 시스템을 구축해 나가고 있으며, 이를 위해 장기적 국가 비전과 단계별 전략 목표를 설정했다. 중국식 경제체제 운용을 천명하고 대외적으로 무역과 투자의 자유화를 확대하며, 일대일로 등을 통한 협력사업 및 플랫폼을 추진하고 있다. 중국 경제는 매우 큰 변화에 직면해 있으나, 동시에 새로운 성장기를 맞이하고 있으며, 이 변화는 단기간이 아닌 장기간에 걸쳐 진행될 것이다.

미 · 중 무역갈등이 지속되는 가운데, 시진핑은 2020년 초 중앙재정경제위원회 제5차 회의를 주재하면서 산업망을 개선해 경제 현대화를 추진할 것을 주문했다. 시진핑은 "각 지역의 상황에 따라 산업을 합리적으로 배치해 최적화하는 방향으로 가야 한다. 이를 통해 높은 수준으로 발전할 수 있는 경제구조를 만들어야 한다"고 지적했다. 또한 "중국이라는 대규모 시장의 장점을 충분히 이용해 산업 기초를 고급화하고, 산업망의 현대화 전략을 잘 실행해야 한다"고 강조했다.

중국은 인민들의 사회적 불만을 완화하기 위해 다양한 사회 서비스(빈민 · 양로 · 고아 · 장애인 구제, 재난 구조, 의료 보조, 교육 서비스 제공, 도농의 기층주민 대상 서비스 제공 등)를 제공하는 사회조직들을 선별적으로 육성하고 있다. 하지만 정치적으로 민감하거나 비판적인 사회조직에 대해서는 여전히 문턱을 높이고 있다. 따라서 2019년 중국 공산당 제19기 4중전회에서 강조한 것처럼 다원적인 소통과 참여를 바탕으로 인민민주주의를 심화하기 위해서는, 보다 능동적이고 비판적인 사회조직을 활성화해 진정한 '공민사회(公民社會)'를 건설하려는 의지가 동반돼야 할 것이다.

04 중국의 시대

중국의 G1 전략

중국식 발전 모델

1949년 10월 1일 마오쩌둥이 베이징 톈안먼 성루에 올라 '중화인민공화국(新中國, 새로운 중국)'의 성립을 선언한 지 72년이 지났다. 2019년 건국 70년을 맞은 중국 공산당은 사회주의 종주국인 소련 공산당(1918~1991년 집권)보다 장기간 집권하는 기록을 세울 것으로 보인다. 19세기 아편전쟁으로 시작된 제국주의 열강들의 침략을 받아 '동방의 병든 호랑이(東亞病夫)'로 전락했던 중국은, 이제 14억 명이 넘는 인구와 3.2조 달러에 이르는 외환보유고를 무기로 세계 최강 미국을 추격하는 '주요 2개국(G2)'으로 굴기했다. 세계은행에 따르면, 중국은 수립 직후인 1952년부터 1978년까지 GDP 성장률이 연평균 4.4%를 기록하다가, 개혁개방 정책을 본격화한 1979년부터 2018년까지 연평균 9.4%의 GDP 성장률을 기록했다.

중국의 굴기(崛起)는 이미 전 세계를 뒤흔들어놓았고, '중국 모델'

이라는 새로운 경제 발전 모델로 자리 잡았다. 중국 모델은 실천이성, 강력한 정부, 안정 우선, 민생 중심, 점진 개혁, 우선순위 선정, 혼합 경제, 대외 개방이라는 8가지의 특징을 갖고 있다. 이런 특징은 중화 문명, 특히 인구, 지역, 전통, 문화 등에 바탕을 두고 있다. 중국인들의 꿈은 미국이나 유럽, 혹은 여타 국가 국민들이 꾸는 꿈과는 차원이 다르다. 인류 최초로 탄생한 고대 문명을 오늘날까지 잇고 있는 세계 유일의 문명국가임을 자부하는 중국은, 우리가 미처 생각지도 못한 미래를 꿈꾸고 있다. 이 독특한 개발과 굴기의 방식을 두고 서방 국가들은 '중국의 위험한 실험'이라며 각종 우려를 쏟아내지만, 중국이 서방 국가들의 실패한 경험을 답습할 것이라고 믿는 중국인은 아무도 없다.

시진핑 집권 이후 중국은 '세계 최강국(G1)'의 야심을 숨기지 않는다. 전 세계의 자원과 식량, 첨단기업을 끊임없이 사들이고 있고, 일대일로 프로젝트를 주창하면서 세계의 '경제 허브'로 자리매김했다. 독일의 '산업(Industry) 4.0'을 롤모델로 2015년 발표한 '중국 제조 2025'는 중국이 반도체, AI, 전기자동차, 생명공학과 같은 핵심 기술을 선진국에 의존하는 데서 벗어나기 위한 로드맵이다. 이 계획에 따르면, 핵심 부품 및 재료의 국내 생산을 2020년까지 40%, 2025년까지 70% 수준으로 끌어올리게 된다. 중국 제조 2025는 독일의 산업 4.0보다 훨씬 더 광범위하다. 중국 기업의 효율성과 질적 수준이 천차만별이기 때문이다. G2 국가를 넘어 G1 국가를 꿈꾸는 중국이 스스로 천명한 대로 2025년 제조업 강국이 되기 위한 디지털 시장 육성 전략이 바로 '인터넷+' 정책이다. 산업의 중심에 인터넷을 두고 이종(異種) 산업 간 융합을 통해 새로운 산업 생태계를 만드는 것이 인터넷+ 정책의 골자다. 특히 신성장 동력인 전자상거래를 중심으로 전통적인 유통, 물류, 인프라 구조를 혁신하고 있다. 도시 중심의 전자상거래를 발전시켜 중소도시, 농촌, 국제 간 거래에 적용시켰다. 인터넷+ 혁명은 모바일 인터넷과 클라우드 컴퓨팅, 빅데이터, 사물인터넷 등의 기술을 제조업, 금융과 같은 전통산업과 융합해 중국의 산업구조를 획기적으로 업그레이드하고, 이를 통해 세계를 선도하는 국가가 되겠다는 중국의 의지를 담고 있다.

중국의 미래가 어떻게 전개되든 간에 앞으로 G2(미국과 중국) 간 갈등은 피하기 어려울 전망이다. 두 나라 사이에 벌어질 게임을 예단하는 것은 쉽지 않다. 다만 적자국 미국은 흑자국 중국에 들이댈 무기를 더 많이 갖고 있기 때문에, 중국에게는 상대적으로 힘겨운 싸움이 될 것으로 보인다. 관세 제재와 별도로, 미국은 중국 기업이 미국 기술을 취득하는 것을 차단하기 위해 외국인투자위원회(CFIUS) 기능을 강화하고, 국제비상경제권한법(IEEPA)도 적용할 것으로 알려져 있다. 경제 전문가들은 현재 진행 중인 미 · 중 무역전쟁 비용으로 중국은 GDP의 1.3~3.2%, 미국은 GDP의 0.2~0.9%를 감당해야 할 것으로 추정했다. 미국의 경우 중국뿐 아니라 일본, 독일, EU, 한국, 북미자유무역협정(NAFTA) 회원국인 캐나다 등 주요 동맹국과도 상당한 무역적자를 보이고 있기 때문에, 전략적 경쟁자인 중국을 쉽게 제압하기는 어렵다. 애플, 제너럴모터스(GM), 캐터필러 등 다수 미국 기업이 중국에서 생산 · 영업 활동을 하고 있고, 중국이 극단적으로 옥쇄 전략을 구사할 경우 중국과의 전면전은 미국에게도 상당한 부담을 줄 것이다.

과연 중국은 중국식 발전 모델로 미국을 제치고 G1의 지위에 오를 수 있을까? 여기에는 긍정적 시각과 부정적 시각이 공존한다. 인도중앙은행 총재를 지낸 R 라잔(R. Rajan)은 저서 『단층선들(Fault Lines)』

(2010)에서 중국이 글로벌 경제 위상에 걸맞게 행동하기 위해서는 독일, 일본처럼 수출 의존적 경제에서 벗어나 균형 성장으로 나아가야 한다고 주장했다. 중국의 값싸고 풍부한 노동력과 외국의 기술과 자본을 결합시켜 '세계의 공장'을 거쳐 '세계의 시장'으로 성장한 지금까지의 중국식 성공 모델은 성장 속도가 둔화되면서 실타래처럼 얽혀있는 이해관계를 조정하는 데 오히려 걸림돌이 될 것이란 분석이다. 중국의 국유기업은 지금까지 경제성장을 추동하는 '돕는 손(helping hand)'이었지만, 점차 민간기업과 경쟁하면서 '약탈자의 손(grabbing hand)'으로 바뀌고 있다는 것이다. 국가가 '시장의 실패'를 해결하면서 균형 잡힌 성장과 발전을 이루는 경제 시스템은 이상은 그럴싸하지만, 현실적으로는 정부가 계획을 세워 국영기업을 통해 집행하는 국가자본주의에 불과하다. 지금 중국은 세계 유일의 독특한 중국식 발전 모델을 수정할 것인지, 아니면 기존의 방식을 유지할 것인지 결정해야 할 중차대한 시점에 봉착했다.

중국 경제 붕괴론

중국 경제는 진정 위기에 직면한 것인가, 더 나아가 붕괴할 수도 있는 것인가? 통상적으로 '중국 경제 위기론'에 대한 가설은 경제구조적 불균형(양극화 또는 격차), 경제성장률 하락, 기업 및 지방 부채 리스크, 부동산 버블 우려, 급격한 저출산 · 고령화, 위안화 약세, 국가자본주의, 권위주의 정치체제, 주식시장 폭락 등에서 출발한다. 상당수의 경제 전문가들이 중국 경제 위기론 또는 '중국 경제 붕괴론'을 주장하는 이유는 간단하다. 중국은 미국이 주도하는 자본주의 개방형 시장경제 체제와는 전혀 다른 독자적인 사회주의 시장경제 체제, 즉 국가자본주의를 채택하고 있기 때문이다. 중국 경제 위기론에 대한 다양한 주장이 나오지만, 이미 중국 경제는 웬만한 외부 충격은 흡수할 수 있는 충분한 기초체력과 내성을 갖췄다. 또한 14억 인구의 거대한 내수 시장, 경제 현안에 대한 중국 정부의 기민한 대응 능력 등을 고려할 때, 중국 경제 위기론 또는 중국 경제 붕괴론이 현실화되기는 어려워 보인다.

미국의 싱크탱크 전략국제문제연구소(CSIS)가 2020년 7월 개최한 '중국－결코 터지지 않는 거품'이라는 웨비나(Webinar)에서 블룸버그경제연구소 수석 경제학자 토머스 올릭은 중국이 여전히 금융 위기에 빠지지 않는 이유를 중국 은행권의 부채 측면에서 찾았다. 2008년 중국의 GDP 대비 총 국가부채 비율은 140%였으나, 2019년에는 280%까지 급증해 금융 위기에 대한 우려가 제기됐다. 하지만 국가부채 급증의 주요 원인을 살펴보면, 과도한 인프라 투자로 인해 지방정부의 부채와 그림자 금융이 증가했기 때문이고, 매우 심각한 상황은 아니다.

반면 중국의 GDP 대비 가계 · 정부 · 기업의 저축률은 상당히 높고, 중국 정부는 자본의 해외 유출을 엄격히 통제하고 있다. 중국은 막대한 양의 안전 자본을 은행권에 축적해 금융 위기를 방지하는 중이다. 지방 국유기업의 줄도산이 중국 경제와 금융 시스템의 붕괴로 이어질 가능성은 희박하다. 2014년 이래 기업 채무 불이행(디폴트) 규모가 놀라울 정도로 급증하고 있지만, 전체 채권 시장 규모와 비교하면 여전히 미미한 수치에 불과하다. 여기에 중국 정부가 시스템 위기를 촉발할 수 있는 대규모 디폴트를 용인하지 않을 것이기 때문에, 중국의 부채 리스크에 대해 과도하게 우려할 필요는 없어 보인다.

중국 경제 위기론을 주장하는 사람들은 중국 정부의 리더십을 과소평가하려는 경향이 있다. 시진핑 정권의 리더십은 서방 세계가 바라보는 것 이상으로 막강해 유의미한 금융 개혁을 달성해내고 있다.

은행권 부실 관리를 위해 2016년부터 본격적으로 부채 감축 정책을 시행함에 따라 2016년까지 빠르게 증가하던 그림자 금융 규모는 급감했다.

중국 국영 경제는 서구의 인식과 달리, 경제 순환 관리와 경제 개발의 원동력 역할을 효과적으로 수행하고 있다. 서구권은 중국의 노동인구 감소, 중진국 함정, 미 · 중 무역전쟁 등을 거론하면서 중국의 미래 경제전망을 애써 부정적으로 보려 한다. 하지만 중국은 애덤 스미스가 국부론을 통해 강조한 규모의 경제와 기술 도입에 의한 생산성 증가를 통해 경제 발전을 지속해가는 중이다. 중국 경제에 악영향을 미칠 국제적 변수로 코로나19 장기화, 미 · 중 무역전쟁, 세계경제 회복세 둔화, 연쇄 디폴트 사태 등이 꼽힌다. 2021년 이후 중국 경제는 극복해야 할 난관이 많음에도, 정부의 확장적 재정 정책 및 완화적 통화 정책의 기조하에 내수를 중심으로 안정적인 회복세를 보일 것으로 전망된다.

중국 경제 2035

시진핑은 야망이 큰 지도자다. 시진핑은 집권 초부터 새로운 국가 비전으로 중국몽을 내세우며, 아편전쟁 이전 1820년 무렵의 경제력 수준(세계 GDP의 32%, 인구의 36.5%)으로 돌아가 중화민족의 위대한 부흥을 이루겠다고 선언했다. 그리고 두 개의 100년 목표와 국가적 차원의 '3단계(2020년, 2035년, 2050년) 발전 로드맵' 또한 제시했다. 1921년 공산당 창당으로부터 100년이 되는 2021년에 인민이 먹고사는 걱정 없이 삶을 향유하고 문화생활을 즐길 수 있는 전면적 샤오캉 사회를 달성하고, 2035년까지 사회주의 현대화 국가를 건설하며, 1949년 정부 수립으로부터 100년이 되는 2049년에 사회주의 현대화 강국을 완성하고 선진국에 도달하겠다는 것이다. 2035년의 사회주의 현대화는 경제 규모에서 미국을 추월해 세계 1위가 되는 것이고, 2049년 사회주의 현대화 강국은 기술력, 군사력, 금융력에서도 미국을 추월해 미국을 대신하는 패권국으로 올라선다는 것을 의미한다. 덩샤오핑이 규정한 원칙에 따르면, 2022년에 임기가 끝나는 시진핑이 2035년, 2050년의 장기적 비전을 제시한 것은 2022년까지의 임기에 절대 만족하지 못한다는 의미로 해석된다.

2019년 중국의 GDP는 미국의 70%를 초과했고, 미래 중국 경제가 안정적으로 성장할 경우 빠르면 2027년, 늦어도 2035년경 중국의 경제 규모가 미국을 추월해 200년 만에 다시 중국이 세계 최대 경제 대국으로 부상하게 될 것이라는 예측들이 나오고 있다.

2035년에 중국 경제는 과연 미국을 능가할 수 있을까? 본질적으로 이 문제를 들여다보면 답이 쉽지 않다. 미국의 AEI(American Enterprise Institute)가 이 문제에 대해 비교적 설득력 있는 분석 보고서를 발표했다. 이 보고서의 제목은 「미국-중국 : 누가 더 큰가, 그리고 언제(US-China : Who is Bigger and When)」이다. 이 보고서의 결론은 첫째, 구매력평가지수(PPP)를 기준으로 중국 경제가 미국을 이미 추월했다는 주장은 30% 정도 과장됐다는 것이다. 둘째, 중국이 조만간 미국 경제를 추월한다는 주장 또한 설득력이 낮다는 것이다. 무엇보다 신뢰도가 떨어지는 중국 정부의 통계자료를 근거로 미국과 중국의 경제 규모를 비교하는 것은 문제가 있다는 것이다. 셋째, 중국 경제는 국유기업 및 지방정부의 부채 문제와 고령화 추세 등 다양한 부정적 요인들로 인해 경제성장률이 지속적으로 하락할 것이기 때문에, 미국 경제를 중국이 추월하는 시점이 예상보다 상당히 늦어질 가능성이 높다는 것이다.

[표 24] 미국과 중국의 명목GDP 추이(2012~2018년)

	미국	중국
2012년	3.6	11.2
2013년	4.4	9.5
2014년	4.4	9.2
2015년	2.9	6.5
2016년	3.4	7.9
2017년	4.5	11.4
2018년	5.3	9.2
단순평균	4.1	9.3

자료 출처: AEI Report(단위: %)

[표 25] 중국 GDP가 미국을 추월하는 시기(예측)

	명목 GDP 성장률 9.3%	명목 GDP 성장률 7.9%	명목 GDP 성장률 5.3%
6.88 위안/달러	2028년	2031년	2054년
6.0 위안/달러	2025년	2027년	2046년
7.9 위안/달러	2031년	2035년	2062년

자료 출처: AEI Report

AEI 보고서에 따르면, 2012~2018년 기간 미국의 명목 GDP 성장률은 4.1%이고, 중국은 9.3%이다. 미국과 중국이 이 정도의 성장을 유지할 경우 중국이 미국을 추월하는 시기는 2028년이다. 하지만 중국의 산적한 경제 관련 문제점들을 고려하여 중국의 경제성장률을 7.9%로, 달러 대비 인민폐 환율을 6위안으로 가정하면 중국이 미국을 추월하는 시기는 2027년이고, 환율을 7.9위안으로 가정하면, 2035년이다. 만약 중국의 경제성장률을 5.3%로 달러 대비 인민폐 환율을 6.88위안으로 가정하면, 2035년에도 여전히 미국 경제는 중국 경제

보다 25%가 크고, 2054년까지 중국은 미국을 추월하지 못한다.

미래 중국과 미국의 경제력에 대한 예측은 견해와 방식에 따라 달라질 수 있다. AEI 보고서의 견해에 따르면, 중국이 미국을 곧 추월할 것이라는 주장은 중국 경제의 문제점, 통계자료의 신뢰도 등을 배제한 매우 낙관적 전망이라는 것이다. 반면, AEI 보고서의 견해와는 달리 뱅크오브아메리카(BAC) 글로벌리서치는 CNBC와의 인터뷰에서 "중국이 2035년이 오기 전에 경제 규모에서 미국을 추월할 것이고, 중국 정부가 경제 현안을 해결하기 위한 정책을 적극적으로 전개하고 있기 때문에 경제성장 리스크가 크지 않다"고 전망했다.

미국 보스턴컨설팅그룹(BCG)은 최근 배포한 보고서에서 디지털 경제가 중국에서 2035년까지 일자리 4억 1,500만 개를 창출하며, GDP에서 정보기술(IT)이 차지하는 비중이 절반에 가까운 48%까지 높아질 것으로 전망했다. 이 보고서는 중국 최대 전자상거래 업체인 알리바바 그룹이 새로운 소매와 서비스, 물류, 클라우드 컴퓨팅 등에서 1억여 개의 일자리를 제공할 것으로 예상했으며, 로봇과 AI, 터치스크린, 음성 · 안면 인식 소프트웨어 등이 저숙련 · 단순반복적 일자리를 대체하겠지만, 새로운 일자리도 창출할 것으로 내다봤다.

『상하이 저널』을 인용한 한국무역협회의 자료에 따르면, 일본 리서치기업 후지경제의 예측 보고서는 오는 2035년 전 세계 순수전기차(EV) 시장은 2,202만 대로 2018년의 16.9배에 달할 것이며, 전 세계 최대 시장인 중국의 점유율이 50%까지 높아질 것으로 전망했다. 15년 후에는 전 세계 전기자동차의 절반이 중국에서 판매될 것이라는 얘기다.

차이나 드림

차이나 드림 성공 조건

과거 미국을 '아메리카 드림(America Dream)'의 땅이라 표현하던 시절이 있었다. 사람들은 미국을 기회의 나라, 마음껏 재능을 펼칠 수 있는 나라, 그래서 아메리카 드림이라는 말만 들어도 가슴이 벅차는 나라, 어떤 꿈이든 이룰 수 있는 나라가 바로 미국이라고 믿었다. 강한 목표와 집념을 가지고 어떤 일에서든 최선을 다하고 최고가 되려는 큰 꿈을 갖고 성실하게 노력하면, 미국이라는 땅은 반드시 그 대가로 보답한다고 생각했다.

역사적으로 중국 역시 '차이나 드림(China Dream)'의 나라인 적이 있었다. 1400년 전 대당제국의 수도인 창안(長安)은 위구르인, 색목인 등이 뒤섞인 국제적 다인종, 다양성의 도시였다. 당시 한반도는 통일신라 시대였고, 장보고가 활약한 9세기 골품제 사회였다. 출세와 신분 상승에 제약이 있었고, 신라에 아무것도 기대할 수 없었던 장보고는 차이나 드림을 꿈꾸며 세계의 중심, 당나라로 향했다. 젊은 장보고는 당나라에서 군인으로 성공해 30대 나이에 쉬저우(徐州) 무령군 소장의 지위까지 올랐다. 중국에 진출하는 외국인(기업)은 모두 각자의 차이나 드림을 품고 있다. 물론 그 꿈이 중국에서 반드시 성취된다는 보장은 없지만, 지금보다 더 나은 미래가 있을 것이란 믿음으로 각자의 영역에서 최선을 다하고 있다.

1956년 마오쩌둥은 토지의 소유 주체를 사유제에서 공유제로 완전 전환하면서 중국이 3년 내에 영국을 추월하고, 10년 내에 미국을 넘어설 것이라 국민들에게 장담했다. 2012년 등극한 중국 최고 지도자 시진핑의 캐치프레이즈는 '차이나 드림(中國夢)'이다. 시진핑의 차이나 드림에는 중국이 정치 · 경제 · 문화적으로 글로벌 강국이 될 것이라는 결연한 의지가 담겨 있고, 국가 부강, 민족 부흥, 인민 행복이 키워드다. 시진핑은 2050년까지 중국을 세계 최강국 대열에 올려놓겠다고 공언하고, 이를 실현하기 위한 제3의 개혁개방 전략으로 공급측 구조 개혁, 일대일로, 전면적 대외 개방 등을 제시했다. 그리고 중국의 제조업 고도화 전략인 중국 제조 2025, ICT 융복합 전략인 인터넷+, 혁신 창업 생태계 구축 전략인 대중 창업 · 만인 혁신을 강력히 추진하고 있다. 아울러 민영경제 활성화와 신산업 육성을 위한 정책도 추진되고 있다. 또한 전면적 대외 개방의 일환으로 외상투자법, 비즈니스 환경 최적화 조례 등을 2020년 1월 1일부터 정식 시행하고 있다.

그럼에도 불구하고 차이나 드림을 부정적으로 보는 세계 경제계 주요 리더들이 점점 늘어나고 있다. 개혁개방 이후 중국은 외국 기업의 투자를 통해 부를 창출한 나라이고, 세계 인구의 약 1/5을 보유한 막대한 잠재 소비시장이다. 하지만 시진핑이 차이나 드림을 제기한 이후 외국 기업들이 점차 중국에서 쫓겨나는 것처럼 보인다.

시진핑의 차이나 드림은 실현 가능한 것인가? 중국이 차이나 드림을 실현하기 위해 선결해야 할 국내문제는 차고 넘친다. 첫째, 중국경제는 고령화와 생산가능인구 둔화 등으로 앞으로 성장률 하락이 불가피하다. 둘째, 고비용 · 저효율 기업의 부실을 정부 지원과 은행 대출로 보전하는 형태가 지속되고 있다. 셋째, 1인당 국민소득 수준을 높이기 위해서는 지식 기반 경제와 서비스 중심 사회로의 전환이 시급하다. 넷째, 중국은 에너지 소비의 70%를 석탄에 의지하고 있어 대기오염 · 수질 악화 등 심각한 환경문제에 노출돼 있다. 다섯째, 삶의 질이 경제성장보다 중요하다고 생각하는 국민이 늘고 있다. 여섯째,

중국은 개도국과 자원부국에 엄청나게 투자해왔지만, 당초 기대와는 달리 탐욕스런 자원 착취자라는 국가 이미지만 부각됐다. 일곱째, 야심차게 추진 중인 도시화와 서부 개발 프로젝트도 성공을 낙관할 수 없다.

1992년 8월 한 · 중 수교로 시작된 한국 기업(인)들의 차이나 드림이 서서히 식어가고 있다. 2016년 한국 정부의 사드(THAAD · 고고도미사일방어체계) 배치로 인해 중국이 보복성 '한국 여행 금지령(限韓令)'을 발동하면서 한국 면세점 사업자들은 중국 특허권을 반납해야 하는 사태가 발생했고, 한국 유통업체들은 중국 시장 철수를 감행해야만 했다. 또한 대중국 수출이 감소했을 뿐만 아니라, 중국인 관광객이 급감했다. 최근에는 중국 시장의 상황 변화로 인해 자동차, 전기 · 전자제품의 부품들을 독일, 일본, 대만 등지에서 대체 수입함에 따라 현대차와 기아차의 중국 시장 매출액이 50% 이하로 급감했고, 삼성 휴대폰의 중국 시장 점유율도 1% 아래로 추락했다. 중국은 석유화학, 반도체 등 자국 기업들이 아직 기술적으로 따라잡기 힘든 기술집약형 한국 기업들에 대한 제재는 상대적으로 덜하지만, 이미 기술 습득이 어느 정도 이루어졌거나 대체품 조달이 가능한 경우 세금, 정치적 압박, 제재 등의 방식으로 한국 기업의 중국 시장 경쟁력을 약화시키고 있다. 이런 중국 정부 차원의 압력 외에도 임금 상승, 중국 기업의 경쟁력 제고 등 다양한 요인으로 최근 중국 시장에서 철수하는 한국 기업들이 증가하고 있다.

차이나 드림의 성공 조건은 무엇인가? 첫째, 세계 최강의 경제력을 기반으로 언어, 가치, 문화, 통화, 파워 등의 패권 요소를 갖춰야 하고, 세계(인)의 문제를 이해하고 해결하는 데 솔선수범하며 책임 있는 태도를 보여야 한다. 둘째, 인종 · 국가 · 지역의 다양성을 인정하고, 개방성 · 포용력 · 유연성을 가져야 한다. 셋째, 성숙한 정치 시스템의 민주화와 경제 시스템의 현대화를 이뤄야 한다. 넷째, 사회 구성원의 신뢰 수준 및 법과 제도의 투명성, 공정성을 높여야 한다. 다섯째, 만연한 부패를 척결하고, 소수민족과의 갈등을 해소해야 한다. 여섯째, 글로벌 인재를 적극 양성함으로써 차이나 드림의 미래를 준비해야 한다.

차이나 드림이 단기간 내에 실현되기는 쉽지 않을 전망이다. 하지만 과거의 역사적 경험을 토대로 중국 정부가 지속적이고 단계적으로 차이나 드림을 준비해나간다면, 결코 불가능한 것도 아니다. 중국(인)의 꿈이 세계(인)의 꿈으로 승화, 발전될 때에서야 비로소 차이나 드림은 이루어지는 것이다.

중국의 글로벌 책임

2017년 10월 개최된 중국 공산당 제19차 당대회 보고에서 시진핑은 "중국 특색의 사회주의는 신시대로 진입했다"고 역설했다. 이는 근대 이후 오랫동안 시련을 겪어온 중화민족이 새롭게 나라를 세우는(站起来) 단계에서부터 부유의(富起来) 단계를 거쳐 강대국의(强起来) 단계에 도달하는 위대한 비약을 이루고, 빛나는 부흥의 미래를(光明前景) 맞게 됐다는 의미다. 또한 중국 특색 사회주의 노선, 이론, 제도, 문화가 끊임없이 발전하고, 개발도상의 국가가 현대화로 나아가는 경로를 넓혔으며, 이 확장된 경로는 세계 각 지역의 발전을 가속화하는 데 희망을 주고 있다는 뜻이다. 더불어 인류의 문제를 해결하는 데 중국의 지혜와 중국의 방식이 공헌하고 있음을 표현한 것이다. 중국은 인류 운명 공동체를 주창하고, 세계의 지속적인 평화와 보편적인 안보, 공동 번영, 개방 포용, 청결하고 아름다운 세계 건설을 선도하겠다고 약속했다. 중국의 세계에 대한 기대는 세계의 중국에 대한 기대를 반영하고 있다.

중국이 G1 국가로 인정받기 위해서는 당면한 세계 문제에 대해 강한 리더십을 발휘하고, 해결방안을 더 적극적으로 모색해나가야 한다. 작금의 세계는 지난 미국 트럼프 정부 출범 이후 보호무역주의와 반(反)글로벌화 움직임이 뚜렷해지면서 한치 앞을 예측하기 힘든 혼돈의 시대로 접어들었다. 이런 복잡한 상황에서 중국은 글로벌 리더로서의 책임을 다하고, 대안을 제시함으로써 세계인의 마음속에 리더 국가로 각인돼야 할 것이다.

중국은 세계의 평화와 번영을 위해 첫째, 발전의 책임을 담당해야 한다. 지금 세계경제는 새로운 동력이 필요할 뿐만 아니라, 심각한 빈부 격차 문제를 안고 있다. 또한 2018년부터 시작된 미 · 중 간 무역전쟁은 세계경제의 큰 부담으로 작용하고 있다. 중국은 '발전의 적자'를 벗어나는 데 글로벌 책임을 짊어져야 한다.

둘째, 평화의 책임을 담당해야 한다. 오늘날 인류는 여전히 많은 도전에 당면해 있다. 일부 지역에서는 테러리즘과 전쟁이 지속되고 있으며, 안보의 위협이 커지고 있다. 중국은 세계가 '평화의 적자'에서 벗어나는 데 글로벌 책임을 져야 한다.

셋째, 거버넌스의 책임을 담당해야 한다. 최근 세계는 일방주의와 보호주의, 민족주의가 대두하고 있고, 2차 세계대전 이후 구축한 글로벌 거버넌스가 충격을 받고 있다. 세계무역기구(WTO)에 대한 개혁의 요구가 높아지고 있는 상황에서 중국은 '거버넌스의 적자'를 해소하고, 다자무역주의를 수호해야 할 것이다. 또한 개발도상국 회원국들의 이익을 담보하고, 글로벌 거버넌스를 지속적으로 보완해나가야 할 것이다.

세계는 지금 불확실성이 확대되고 있고, '역세계화' 사조와 보호무역주의 추세가 확산되고 있다. 이런 상황에서 소통과 책임의 글로벌 리더로서 중국의 역할은 특히 중요하다. 중국은 먼저 자국의 문제를 원만히 해결하고, 경제와 사회의 안정성을 보장함으로써 세계 다른 나라에 모범을 보여야 한다. 그리고 중국 경제 발전의 성과를 국민복지와 세계 거버넌스로 확대해야 한다. 아울러 세계가 안정적으로 저성장의 시대를 지나갈 수 있도록 중국이 취할 수 있는 모든 노력을 다해야 한다. 중국은 세계 평화의 건설자로서, 전 세계 발전의 공헌자로서, 국제질서의 수호자로서 그 역할에 최선을 다해야 한다. 대국다운 면모와 품격을 보이고 4차 산업혁명을 선도하며 세계문제의 해결사로서의 책임을 다하는 것이, 바로 중국몽의 글로벌 실현이고 중국의 시대적 책임인 것이다.

신시대 중국

시진핑의 신시대

시진핑은 2017년 중국 공산당 제19차 전국대표회의 업무 보고에서 새로운 통치 이념으로 '신시대 중국 특색 사회주의 사상'을 제시했다. 덩샤오핑이 1982년 제12차 당대회 업무 보고에서 처음으로 제시한 '중국 특색의 사회주의 건설' 노선을 계승하되, 이를 신시대에 맞는 새로운 사상으로 발전시키겠다는 뜻을 분명히 밝힌 것이다. 시진핑은 자신의 이름을 당장(黨章)에 명기하고, 건국의 아버지 마오쩌둥, 개혁개방을 이룬 덩샤오핑과 어깨를 나란히 했다.

신시대는 근대와 진통의 화해는 물론, 서구의 쇠락과도 관련된다. 실천을 통해 형성된 중국적 방법과 표준을 제시해 중국이 세계를 이끄는 중화민족의 위대한 부흥을 실현하는 것이 신시대의 핵심 과제이다. 그런 점에서 신시대는 아편전쟁 이후 중국(중화민족) 역사의 대전환이기도 하다.

시진핑은 제19차 당대회에서 2020년까지 인민들의 민생 문제를 해결해 절대 빈곤 인구를 없애는 전면적 샤오캉 사회 실현을 다짐했다. 그리고 '신시대'를 제시하면서 당의 영도력을 더욱 강화해야 한다고 거듭 강조했다. 신시대란 중국 공산당 창당 100주년인 2021년부터 건국 100년이 되는 시점(2049년)까지 중화민족의 위대한 부흥을 위한 30년의 새로운 여정을 의미한다. 그것은 마오쩌둥의 국가 건설을 위한 '베이징 입성 시험'이나 인민을 배불리 먹이기 위한 덩샤오핑의 '개혁개방 30년 실험'은 물론, 전면적인 개혁 심화와도 비교할 수 없는 새로운 길이다. 새로운 길을 가기 위해 시진핑이 선택한 방법은 아이러니하게도 권력의 집중과 권위주의라는 '오래된 길'이다. 이러한 오래된 길은 미국과 서구 민주주의의 쇠락 · 후퇴와 함께하는 퇴보를 위한 경쟁이다. 지금 시진핑의 신시대 앞에는 많은 숙제들이 놓여 있고, 중국의 꿈도 '시진핑의 꿈'도 여전히 진행형이다.

중국의 시대

2017년 제19차 당대회에서는 '2035년까지 현대화된 경제 시스템을 완성'시켜야 한다는 목표가 제시됐다. 이에 따르면, "현대화된 경제 시스템이란 사회 · 경제 활동의 각 부분 · 각 레벨 및 각 분야의 상호 관계, 내재적 연계로 구성되는 하나의 유기적 종합체"이며, ① 이노베이션이 주도하고 협동 발전하는 산업 시스템 ② 경쟁이 질서 정연한 시장 시스템 ③ 효율을 체현하고 공평을 촉진하는 소득 분배 시스템 ④ 비교우위를 기반으로 하는 협력적 도 · 농 질서 구축 ⑤ 자원 절약과 환경 친화적인 녹색 발전 시스템 ⑥ 다원화되고 균형 잡힌, 그리고 안전하고 효율성 높은 전면 개방 시스템 ⑦ 시장의 역할이 충분히 발휘되고 정부의 역할이 더 잘 발휘되는 경제체제 등 7개 시스템을 일체적으로 건설하고 추진해야 한다는 것이다. 이 7가지 내용을 살펴보면, 시진핑 지도부가 중국 경제의 지속적인 발전에 필요한 경제 시스템과 이를 구축하기 위한 정책을 정확하게 인식하고 있는 것으로 보인다. 하지만 문제는 실천이다.

미국과 중국은 한 국가의 내부 체제적 역량에서 커다란 차이가 있다. 미국은 비록 건국 역사는 짧지만, 250여 년간 시장경제와 민주정치를 시행한 경험을 갖고 있다. 반면 공산당 정권이 중국식 사회주의를 견지해온 신중국의 역사는 겨우 70여 년에 불과하다.

중국은 크게 2가지의 내부 변화가 필요하다. 첫째, 대대적인 축소가 이뤄져야 한다. 우선 단기간에 비대해진 낙후한 생산시설을 축소하고, 그 시설 투자에 투입된 장기부채도 자산매각으로 상환하거나 자기자본으로 전환해야 한다. 둘째, 중앙정부의 강압적 통제와 규제를 줄이고 지방과 산업 및 기업에게 자율권을 부여함으로써, 자기 역량으로 고통을 감내하고 생존할 수 있는 체계를 가능한 빨리 구축해야 한다. 중국이 인구 14억 명을 돌파하고 1인당 GDP 1만 달러 시대에 진입했지만, 빈부 격차, 산업구조 개선, 경제성장 정체, 고령화, 내부 갈등 등은 선진국으로 도약하는 데 가장 큰 걸림돌로 작용하고 있다. 특히 사회주의 국가임에도 엄청난 빈부 격차와 하락하는 경제성장률, 급속한 노령화 등은 '중국의 시대'를 구현함에 있어 반드시 제거해야 할 장애물이다.

앞으로 중국은 어떤 길을 갈 것인가? 최근 중국 경제는 잠재성장률 저하와 미 · 중 경제 마찰 심화로 인해 경기 하강이 겹치면서 어려운 국면을 맞이하고 있다. 중국 경제의 미래를 단순히 가늠하기는 어렵다. 하지만 중국이 '중진국의 함정'에서 벗어나 현대화를 실현하고, 21세기 중엽 미국과 견줄 수 있는 강대국이 되려면 몇 가지의 선결 조건을 이뤄내야 한다.

첫째, 미 · 중 경제마찰이라는 외부의 압력을 지렛대로 삼아 국유기업 개혁, 규제 완화, 시장환경 개선에 박차를 가함으로써 보다 철저한 시장화 개혁과 개방 정책을 적극 추진해야 할 것이다. 둘째, 1960~1970년 기간에 출생한 베이비 붐 세대가 연금 수급자로 전환되는 2020년대 후반 이전에 지속 가능한 사회보장제도와 사회안전망을 구축해야 할 것이다. 셋째, 소득 분배 개혁 및 부동산세 · 상속세 · 증여세 도입을 통해 저소득층의 소득수준 향상을 도모하고, 안정적인 중간 소득층을 지속 확대해나가야 할 것이다. 넷째, 국가 주권의 옹호와 영토의 보전을 위해서라면 전쟁도 불사한다는 과거지향적인 태도를 버리고, 미국 및 동아시아 국가들과의 안정된 평화협력 관계를 유지해나가는 대국적 모습을 보여야 할 것이다. 다섯째, 국제정치 · 경제, 지구환경을 보호함에 스스로 솔선함으로써 중국에 대한 이미지를 '공포의 대상'에서 '존경의 대상'으로 변모시켜야 할 것이다.

이러한 선결 조건을 충족시키려면 지도자의 강한 리더십과 탁월한 식견이 필요하다. 현재 시진핑은 한편으로는 자신에게 권력을 집중시키고, 또 다른 한편으로는 이러한 선결 조건을 충족시키려 애쓰는 것으로 보인다.

2019년 말 우한(武漢)에서 발생한 코로나19가 중국 전역으로 급속히 확산하며 국가 재난 상황을 맞이한 가운데, 비난의 화살이 시진핑 정부로 향했다. 전염병 초기 대응에 실패하고 전반적인 상황 대처, 정보 파악도 제대로 되지 않는 상황에서 여론 통제에만 열을 올리는 시진핑 정부에 대한 비판의 목소리가 높았다. 일부 지식인들은 "시진핑 정부의 정치 독재하에서 중국의 정치 시스템이 무너졌고, 30년 이상 걸린 관료들의 통치 시스템은 상실됐다. 정부는 관료들의 능력보다는 충성심을 중시하고 있으며, 성과를 낼 의지가 없는 관료들만 넘쳐난다"고 비판했다.

미국 바이든 대통령은 중국 정부의 코로나19 정보공개의 불투명성에 문제를 제기하고, 지속적으로 '중국 책임론'을 부각하며 중국을 압박하고 있다. 이번 코로나19 사태는 단지 중국 내부의 정보통제와 보건 방역 체계의 부실에 따른 중국만의 문제로 그치지 않고, 세계 정치와 경제, 그리고 보건환경 생태계에 엄청난 부정적 영향을 끼쳤다. 중국은 이번 사태를 통해 경제성장을 바탕으로 대국굴기를 부르짖는 중국의 패권주의가 자국중심주의로만 일관해서는 안 된다는 점을 반드시 상기해야 할 것이다.

'중국의 시대'는 오는 것인가? 국제질서에서 중국의 위상이 더욱 공고해지고 있는 모습이다. 중국은 이미 G2를 넘어 초강대국의 입지를 빠르게 다지고 있다. 막강한 경제력을 바탕으로 국제질서를 주도하려는 중국의 '야심'에 가장 속을 태우고 있는 것은 역시 미국이고, 미 · 중 무역 마찰을 시작으로 미 · 중 간 패권 경쟁이 막을 올렸다. 미국과 중국의 '양대 강대국 시대(G0)'라고 말하거나, 시간의 문제일 뿐 결국 중국이 미국을 추월할 것이라 전망하는 사람들이 늘어나고 있다. 중국은 스스로가 G1을 표방하고 나선 국가인 만큼, 이에 걸맞은 책임과 역할을 담당해야 한다. 경제 규모가 세계 최대라는 조건만으로 G1 국가가 되는 것은 아니다. 민주적 가치와 사회 전반의 하드 파워와 소프트 파워, 그리고 스마트 파워가 조화를 이룰 때 명실상부한

G1 국가가 될 수 있다. 중국이 경제 규모 면에서 미국을 추월할지라도 폐쇄적이고 권위적 비민주적 정치체제를 유지한다면, G1 국가가 되긴 어렵다. 중국이 세계의 정상국가가 되려면, 전 세계가 공감하는 가치와 시스템 그리고 품격을 갖춰야 하고, 중국은 이런 변화를 이뤄내야만 한다.

미국과 중국, 패권 경쟁의 향배

미 · 중 패권 경쟁의 최종 승자는 누가 될 것인가? 결론부터 말하자면, 당분간 교체는 없을 것으로 보인다. 미국은 과거 40년 동안 개입(관여) 정책으로 중국의 변화를 유도했으나, 중국은 미국의 개입 정책을 역이용해 공산당 일당독재를 강화했다. 그리고 국가자본주의를 통해 힘을 키워 미국의 패권에 도전하는 상황을 만들었다. 중국은 미국이 만든 세계질서에 반대하며 경제력과 군사력을 증강해왔고, 이를 바탕으로 외교적인 영향력을 확대해나가고 있다. 이러한 중국의 도전에 미국은 지정학적으로는 포위 전략과 아나콘다 전략으로, 경제적으로는 무역 · 기술전쟁으로 중국을 봉쇄하고 있고, 중국 또한 일대일로와 진주목걸이 전략, 자유무역주의로 미국의 공세에 대응하고 있다. 아울러 중국 특색 사회주의를 강조하며, 서방의 자유민주주의 자본주의 모델을 중국식 국가 주도 사회주의 모델로 대체하고자 한다.

미 · 중 패권 경쟁에서 미국의 목표는 중국의 근본적인 구조개혁과 중국 모델의 포기이다. 미국은 이런 목표를 달성하기 위해 단계적 조치를 취하고 있다. 우선 비동조화(decoupling)를 통해 중국을 국제정치와 세계경제에서 고립시킨 후, 무역전쟁과 환율전쟁 등을 통해 점진적으로 중국 특색의 사회주의 체제인 권위주의 독재 체제를 변화시키는 '레짐 체인지(Regime Change)'를 최종 목표로 하고 있다. 중국은 미국식 민주주의의 혼란과 2008년 글로벌 금융 위기 이후 장기간에 걸친 미국의 경기침체를 목도하고 미국에 대한 고정관념을 수정했다. "중국은 부상하는 국가(Rising Power)이고, 미국은 쇠퇴하는 국가(Declining Power)"라 섣부르게 판단하고, 그동안 국가 주도 모델로 성장과 발전을 시현해온 중국의 길이 옳았다고 확신했다. 따라서 중국이 세계 중심국가로 우뚝 자리매김하는 것은 아편전쟁 이전 역사로의 회귀이고, 이것은 매우 정당한 상황 변화라고 단정했다. 특히 시진핑은 일대일로와 인류 운명 공동체, 신형국제관계 등을 통해 중국의 규범과 가치가 세계의 표준이 되는 중화질서를 구축함으로써 중화민족의 위대한 부흥(中國夢)을 실현하고자 하고 있다.

미 · 중 양국의 경제성장 배경을 비교해 보면 미국이 자본주의 시장경제를 통해 성장해온 반면, 중국은 지금까지 개발 독재로 성장해 왔다. 경제의 민주화와 현대화가 전제될 수 없는 개발독재는 성장에 분명한 한계가 존재하고, 결국 지속성장의 걸림돌로 작용한다. 코로나19 사태로 인해 일시적으로 주춤한 상황이지만, 트럼프 집권 이후 미국경제는 기록적인 '나 홀로 장기 호황'을 누려왔고, 일부에서는 이런 호황이 최소한 향후 10년은 계속될 것으로 전망하고 있다. 트럼프 전 대통령은 '미국우선주의'라는 기치 아래 고립주의와 보호주의를 내세워 미국경제의 회복에 사활을 걸었고, 바이든 대통령은 중국의 도전을 미국의 국익에 직접적인 위협이라 간주하고 '동맹우선주의'를 앞세워 전 방위적으로 중국을 고립시키려 한다. 이에 반해 시진핑은 공산당 독재와 1인 통치 체제를 더욱 강화하고, 개인의 자율성과 창의성을 억압하는 국가 주도 경제 모델을 추진함으로써 마오쩌둥 시대로 역행하고 있다.

여전히 세계질서와 경제 패권을 쥐고 있는 나라는 미국이고, 당분간은 미 · 중 패권 경쟁에서 단연 미국이 유리하다. 미국이 보유한 장점은 자유민주주의 체제여서 정치체제 전환의 리스크가 적고, 고령화 문제도 없다. 천연자원과 자연이 풍부하고 환경문제는 잘 느끼지 못하며, 달러라는 기축통화와 세계 공용어를 갖고 있다. 이것들은 대단한 강점이다. 미국의 단점은 이념은 있지만, 이중으로 적용되는 기준이 많다는 것이다. 가장 큰 문제는 역시 정치이고, 미국 내 인종 간, 계층 간 분열의 문제를 정치가 어떻게 해결해 나갈 것인가가 미국의 최대 과제이다. 중국이 보유한 장점은 거대한 내수 시장과 성장 잠재력이다. 이에 반해 많은 단점을 보유하고 있다. 정치체제의 문제, 불균형, 부채, 고령화, 천연자원 부족, 환경오염 등 시급히 해결해야 할 과제가 산적해 있다. 특히 미국과 패권 경쟁에서 승리하기 위한 필수 조건인 국제 기축통화와 공용어, 그리고 대중문화가 없다.

지금 중국은 과감한 민주화 조치와 뼈를 깎는 정치구조 개혁이 필요하다. 이런 일련의 개혁이 완성될 때야 비로소 존경받는 진정한 대국으로 거듭나고, '중국몽(中國夢, 중국의 야망)'을 실현할 수 있을 것이다.

중국의 시대를 대비하라!

2035년, 세계 1위(G1) 경제대국은 중국이다!

지금 세계의 이목이 중국 경제의 미래에 쏠리고 있다. 중국은 2021년과 2049년 사이인 2035년을 '1단계 사회주의 현대화' 완성의 해, 즉 선진국 반열에 오르는 시기로 설정했다. 2035년 중국은 국민 생활이 공동 부유해지고, 대다수가 중등소득 계층이 된다. 도 · 농 간 발전격차가 사라지고 계층간 소득 불균형이 현저히 축소된다. 핵심 전략은 중국을 첨단산업 국가로 발전시키는 것이고, 목표는 세계 경제패권을 차지하는 것이다. 이런 목표 달성을 위해 '중국 제조 2025'와 '인터넷+' 정책을 추동하고, 인공지능(AI), 전기자동차 등 10대 전략산업을 집중 육성하는 데 매년 천문학적인 자금을 연구개발(R&D)에 투입하고 있다. 중국 정부의 집중 투자와 정책 지원에 힘입어 최근 몇 년 사이 중국 기업들은 4차 산업혁명의 핵심 분야를 속속 장악하고 있고, 첨단 분야 스타트업들은 초(超)단기간에 거대한 내수시장을 앞세워 세계를 선도하는 유니콘 기업으로 성장하고 있다.

2035년 중국 경제는 어떻게 변해 있을까? 중국의 희망처럼 미국을 추월했거나, 버금가는 경제력을 갖게 될까? 중국 공산당은 창당 100주년과 중화인민공화국(신중국) 수립 100주년을 역사의 대전환점(비전)으로 규정하고, '두 개의 100년 대계'를 주창했다. 창당 100주년인 2021년에 중진국에 도달하고, 건국 100주년인 2049년에 세계 유일의 슈퍼강국으로 자리매김한다는 야망이다. 국제통화기금(IMF)의 통계와 예측에 따르면, 2018년 중국의 GDP(국내총생산)는 미국 GDP의 69%를 기록했고, 2023년에는 88%에 도달할 전망이다. 지금과 같은 경제성장 구도가 지속된다면, 2028~2035년 사이에 중국의 GDP가 미국 GDP를 넘어서게 된다.

문제는 한국 경제다. 한국의 잠재 경제성장률 전망은 부정적이다. 코로나19 확산 이전에도 노동 및 자본 투입 위축, 기술혁신 부진 등으로 한국 경제의 잠재성장률은 1%대를 향해 낮아지고 있었다. 코로나19가 지속된다면, 2021~2035년 잠재성장률은 기존 하향 추세 대비 0.1~0.2% 더 낮아질 것으로 전망된다. 중국은 한국의 최대 교역국이고, 총수출에서 중국이 차지하는 비중이 25%를 넘는다. 한국과 가장 가까운 거리에 인구 규모가 한국보다 27배나 큰 세계 최대 내수시장이 버티고 있다. 당연히 최대한 이용해서 국익을 극대화해야 한다. 한국은 반드시 2035년 중국의 '디지털 르네상스'에 합승해야만 한다.

한국, 중국의 경제 전략과 비전에 동승하라!

시진핑 정부의 가장 중요한 경제 전략과 미래 비전은 첨단 투자를 통한 '4차 산업혁명'과 '일대일로(一帶一路)' 구축을 통한 포용적 성장이다. 중국은 4차 산업혁명의 실현으로 제조 최강국이 되고자 한다. 제조업 선진국 반열에 오르기 위해 첨단산업을 새로운 성장 동력으로 삼아 4차 산업혁명 분야에 적극적으로 투자하고 있다. 정보통신기술(ICT) 글로벌 강국이라는 비전하에 인공지능(AI), 머닝러신, 사물인터넷(IoT), 클라우드 컴퓨팅 등 첨단기술 발전을 정부가 주도하고 있다. 특히 압도적인 인구와 데이터 소비 규모를 기반으로 디지털 경제의 핵심 자원이자 석유라 일컫는 빅데이터 산업이 빠르게 성장하고 있다.

일대일로는 시진핑 정부가 추진하는 국가 전략의 중요한 키워드다. 일대일로가 중국의 구상대로 구축되면, 중국을 중심으로 세계 최대의 경제권이 생성될 것이고, 중국은 안정적인 자유무역 네트워크를 확보하게 된다. 아시아인프라투자은행(AIIB)의 자금 지원을 통한 일대일로 구축은 중국 위안화의 국제화와 유통 · 물류산업의 미래 전망에 매우 긍정적인 영향을 미칠 것으로 보인다.

한국은 중국의 경제 전략과 비전을 어떻게 활용할 것인가? 첫째, 한 · 중 양국이 상호보완적으로 4차 산업혁명 시대를 함께 선도해나가야 한다. 둘째, 한국의 신남방 · 신북방 정책과 중국의 일대일로 전략을 유기적으로 결합해야 한다. 셋째, 한 · 중 FTA의 서비스 · 투자 후속 협상을 조속히 타결해야 한다. 넷째, 한 · 중 양국 간 개방적 협력 플랫폼을 구축해야 한다. 다섯째, 한 · 중 간 금융 협력을 더욱 강화해야 한다.

중국은 이미 '세계의 시장'으로 변모했고, 수출주도형 제조업에서 소비주도형 서비스업 체제로 장기적인 전환을 진행하고 있다. 소득이 증가함에 따라 중국인들은 수입의 더 많은 부분을 의류, 오락, 외식, 소비재 등에 지출한다. 소비시장을 주도하는 중산층이 지난 10년 사이 급속히 늘어나면서 소비지출은 매년 10%씩 증가했다. 이로 인해

10년 전 미국의 25%에 불과했던 중국의 소비시장 규모가 2019년 6조 2,200억 달러로 성장했고, 미국을 넘어 세계 1위로 도약했다.

중국 소비시장을 한국의 시장으로 만들기 위해서는 첫째, 중국의 신소비 채널을 적극 활용해야 한다. 둘째, 최근 중국인들의 모바일 소비가 급증하고 있음에 주목해 모바일에 최적화된 상품 소개 · 홍보, SNS 연동, 관련 프로모션 활동 등을 적극 추진해야 한다. 셋째, 향후 수요가 증가할 것으로 예상되는 품목을 중심으로 대중국 소비재 수출을 다양화해야 한다. 넷째, 중간재와 산업재(B2B) 품목은 시장구분법과 접근 전략을 달리해야 한다. 다섯째, 중국의 산업기술 국산화 정책에 따른 미래 신성장 산업 중심의 새로운 한 · 중 간 밸류체인을 구축해야 한다.

한 · 중 관계, 중국 전문가를 활용하라!

작금의 한국 상황은 21세기 들어 가장 어려운 대내외 환경에 직면해 있다. 코로나19 팬데믹 지속, 미국과 중국의 G2 체제 갈등, 한반도 안보 불안과 북핵 문제, 세계경제의 장기 둔화 등 여러 불확실성이 실타래처럼 복잡하게 얽혀 있다. 정치, 경제, 외교, 안보 등 전반 분야에서 어려움이 가중되고 있고, 해결 방법은 갈수록 묘연해 보인다. 이런 상황에서 중국은 한국에 있어 가장 중요한 국가로 부상했다. 한국의 대중국 무역 규모는 미국과 일본을 합친 것보다 월등하게 커진 지 오래됐고, 정치, 외교, 안보 측면에서도 그 중요도가 계속 높아지고 있다. 그럼에도 불구하고 한국을 이끄는 정치계, 경제계 리더들은 미국과 일본은 익숙하지만, 의외로 중국은 잘 알지 못하는 것 같다. 그 이유는 중국에 대한 막연한 생각만 있을 뿐, 생존을 위해 전쟁하듯이 치열하게 체득한 현장 중국 경험이 없기 때문이다.

지금은 그 어느 때보다도 내공이 강한 중국 전문가의 역할이 필요한 시기다. 한국의 미래는 중국과의 협력과 동반자 관계를 어떻게 유지, 발전시키느냐에 따라 엄청난 상황 차이가 발생할 것이다. 세계 최대 소비시장인 중국의 14억 인구를 상대하려면, 수십만 명의 특화된 중국 전문가가 필요하다. 하지만 중국에 특화된 중국 전문가는 턱없이 부족한 실정이다. 한국 정부의 중국 전문가에 대한 가치 인식과 활용도 또한 극히 낮아 보인다. 한국 정부는 조속히 중국 전문가 인재풀을 구축하고, 중국의 각계각층과 수시로 소통 · 협력할 수 있는 인재집단을 적극 활용해야 한다.

중국의 괄목할 경제성장과 부상, 그리고 다각적 측면에서 한 · 중 교류의 확대와 심화는 한국사회에서 중국에 대한 지속적인 관심을 불러일으키고 있다. 한국 학계 및 연구기구(관)의 중국 연구는 양적 측면에서 상당한 발전을 이루었다. 특히 1992년 한 · 중 수교 이후 교육 방면에서 중국 관련 학과와 중국 전문 대학원이 신설됨으로써, 한국의 중국에 관한 연구는 학문 후속 세대 양성과 연구의 연속성을 확보할 수 있는 기반을 구축했다. 하지만 이것만으로는 부족하다. 장기적이고 종합적으로 중국과 중국인을 조사 연구 · 분석하고, 시시각각 발생하는 한 · 중 간 현안에 대한 정확한 문제 해결 방안과 미래 전략을 제시할 수 있는 세계 최고 수준의 '중국 관계 연구소'를 조속히 설립, 운영해야 한다.

한 · 중 관계는 이미 1/10의 법칙에 접어들었다. 이런 경제적 상황에서 한 · 중 관계를 장기적인 수평적, 공생공영적 관계로 만들기 위해서는, 중국(인)의 DNA와 정체성, 생각과 관념까지도 들여다보는 초당파적 중국 관계 연구소가 필요하다. 1972년 미국 키신저(Henry Kissinger) 장관과 중국 저우언라이(周恩來) 총리가 양국 간 관계 정상화 협상을 진행하는 과정에, 키신저가 "우리는 협상이 10년 정도 걸려도 좋다"고 했더니 저우언라이는 "우리는 역사를 그렇게 짧게 보지 않는다. 100년 후를 본다"라고 응대했다는 이야기가 있다. 중국은 짧게는 10년, 길게는 100년을 생각하며 계획을 세우는 나라다. 지금부터 한국은 21세기 한 · 중 공존 발전의 백년대계를 준비해야 한다.

중국의 시대, 팍스 시니카에 대비하라!

2020년 한국은 −0.9%의 실질 경제성장률(GDP)을 기록했다. 무역마찰로 촉발된 G1과 G2 간 힘겨루기가 점차 기술전쟁 · 외교전쟁으로 확산되면서 WTO 세계교역전망지수가 글로벌 금융위기 이후 최저치이고, 2019년 말부터 시작된 코로나19 팬데믹의 지속, 글로벌 공급망(GVC) 불안정, 한국 대법원의 일제강점기 강제징용 배상 판결 및 지소미아 파기 등으로 인한 한 · 일 갈등, 저성장 고령화로 인한 경기침체, 가계부채 증가, 기업 심리 악화 등 다양한 경제성장 불확실성으로 인해 지금 한국 경제는 1997년 IMF 외환위기, 2008년 글로벌 금융위기 때보다 더 엄중한 위기를 맞고 있다.

중국 경제 전문가들은 빠르면 2027년, 일반적으로는 2035년경 중국의 경제력이 미국의 경제력을 앞설 것으로 예상하고 있다. 중국 공산당이 중국을 정치적 붕괴로 인도하지 않는다면, 늦어도 15년 후에는 경제력에서 G1과 G2가 뒤바뀌는 상황이 일어난다는 것이다. 한국은 중국의 시대와 미래를 대비해야 한다. 한국은 한 · 중 간 장애물을 제거하고, 공생 · 공영하는 미래 비전을 어떻게 만들어낼 것인가? 기존 경제 · 통상 · 협력 중심의 '경열정냉(經熱政冷)'한 한 · 중 관계를 정치 · 안보, 인문 · 문화 · 예술, 국제협력 등 다양한 분야에서 이념과 정서적 편견이 없는 전면적 다층적 협력관계, 즉 '경열정열(經熱政熱)'한 관계로 발전시켜나가야 한다. 또한 지정학적으로 복잡한 한반도 상황을 극복하고, 미래지향적인 방향으로 북한 문제와 북핵 문제를 해결해나가기 위해서도 중국과의 공조 체제를 필수적으로 구축해야 한다.

지금껏 한국은 '안보는 미국, 경제는 중국(安美經中)'이라는 관점에서 실용주의 외교 전략을 구사해왔다. 하지만 사드(THAAD, 고고도미사일방어체계) 사태에서 확인했듯, 앞으로는 한국의 '줄타기'식 미 · 중 외교가 더 이상 용인되지 않을 가능성이 크다. 목하(目下) 한국은 균형론(미국 중심), 편승론(중국 중심), 중립론, 양립론, 자강론 등 다양한 외교 전략 중 하나를 선택해야 하는 시험대에 놓여 있다. 한국은 미래 중국이 어떤 시나리오로 진화해갈 것인지, 한국의 미래 발전에 영향을 미칠 주된 요인은 무엇인지 등을 면밀히 파악하고 분석해야 한다. 그래야만 중국은 한국에게 최고의 기회가 될 수 있을 것이다.

중국은 워낙 변수가 많은 나라여서 누구도 중국의 미래를 정확하고 명쾌하게 예측할 수는 없지만, 이 책에서 필자는 지난 26년 동안 기업체 주재원, 사회활동, 대학에서의 강의 및 연구 활동 등 다양한 중국 경험을 바탕으로, 중국의 경제 · 정치 현상을 정리 · 분석하고 미래를 조망해보았다. 중국의 시대를 한국은 어떻게 준비해야 할까? 이 책을 집필하는 내내 필자를 고민하게 만든 질문이다.

▸▸▸ 참고자료

1. 참고문헌

김상철, 『앞으로 10년, 한국 없는 중국은 있어도 중국 없는 한국은 없다』, 한스미디어, 2015.

김완규, 『미 · 중 패권경쟁과 중국의 운명』, 혜민기획, 2019.

김한권 · 김민정, 『차이나 콤플렉스』, 아산정책연구원, 2014.

데이비드 샴보, 『중국의 미래』, 한국경제신문, 2016.

林毅夫 외, 『중국의 개혁과 발전전략』, 백산서당, 2001.

마르테 셰르 갈퉁 · 스티그 스텐슬리, 『49가지 단서로 예측한 중국의 미래』, 부 · 키, 2017.

박하성, 『4차 산업혁명 이야기』, 이페이지, 2018.

배리 노턴, 『중국경제, 시장으로의 이행과 성장』, 서울경제경영, 2011.

여시재, 『뉴스레터』, 2019~2020.

이홍규, 『2020년 중국양회, 정치경제 전망』, KIEP, 2020.

전병서, 『한국의 신국부론, 중국에 있다』, 참돌, 2014.

———, 『중국 100년의 꿈, 한국 100년의 부』, 참돌, 2017.

정유신, 『중국이 이긴다(AGE OF CHINA)』, 지식노마드, 2018.

조응래 외, 『일대일로와 한 · 중열차페리 연계추진방안』, 경기연구원, 2016.

중국외문출판발행사업국 · 중국번역연구원 공저, 『중국 키워드』, 경지출판사, 2017.

최필수, 『중국 제12차 5개년 규획의 주요 내용 및 시사점』, 2011.

한국은행 북경사무소, 『2021년 중국 경제전망 및 주요 이슈』, 2020.

한우덕, 『중국 함정』, 올림, 2018.
KDI, 『중국경제 위험요인 및 시사점』, 2019.
KIEP, 『중국 13차 5개년 규획의 주요 내용과 시사점』, 2015.
———, 『중국 국유기업 개혁 추진동향』, 2015.
———, 『중국 동북진흥정책 평가 및 신정책 방향 분석』, 2017.
———, 『코로나19 이후 확대되는 중국의 신형인프라 투자와 시사점』, 2020.
KOTRA, 『4차 산업혁명 시대를 준비하는 중국의 ICT 융합전략과 시사점』, 2016.
————, 『중국의 전자상거래시장 현황과 진출방안』, 2019.
————, 『중국경제의 중추, 장강삼각주 종합발전개발계획』, 2020.
————, 『코로나19 이후 중국경제의 디지털 전환과 대응 방안』, 2020.
LGERI, 『시진핑 시대의 중국, 소득분배 개혁이 국정의 중심축』, 2013.
Z.브레진스키, 『거대한 체스판』, 삼인, 2007.
王緝思, 『大國戰略』, 中信出版集團, 2016.
———, 『世界政治的終極目標』, 中信出版集團, 2018.
趙進軍, 『新中國外交 60年』, 북경대학출판사, 2010.

2. 연구기관

KIEP, KOTRA, 한국은행, 한국무역협회, 이베스트투자증권 리서치센터, 현대경제연구원, KIC CHINA, The EIU, 신한투자금융, iResearch, 한국산업기술진흥협회, IDC, CCID 컨설팅, PwC, 중국 산업연구원, World Bank, 華夏新供給經濟學研究院, 중국비지니스 포럼, iFinD, EuroStat, OECD, UN, WEO, 무디스(Moody's), wind, CEIC, IMF, BIS, SERI China, 블룸버그 인텔리전스, 현대중국연구원, 중국경제금융연구소, 김광수경제연구소, SK증권, 삼성증권, 粤开證券, 中信證券, 中泰證券연구소, 중국 국가발전개혁위원회 국제협력센터, 中商产业研究院, 맥킨지(Mckinsey), 시카고대학, 키움증권 리서치, 크레디트스위스은행, eMarketer, GSMA Intelligence, CITIC Securities, 세계가치관조사협회, 중국 인터넷정보센터, 미국에너지정보국, 상하이 사회과학원, Startup Genome,

Hurun Research Institute, 한국과학기술평가원, 前瞻产业研究院, 엘정책연구원, 유로모니터, 퓨리서치센터, 한국농촌경제연구원, 한국콘텐츠진흥원, AEI, 중국국제금융공사 연구부, FIR KOREA 등

3. 언론사

중국언론, CCTV, SCMP, 홍콩명보, 블룸버그, CNN, WSJ, CNBC, 중앙일보, 뉴스핌, 아주경제, 데일리포스트, 트레이딩 이코노믹스, 연합뉴스, 동아일보, 김대기 차이나프리즘, 기계신문, 매일경제, 경향신문, 머니투데이, 이코노믹리뷰, MobData, 서울신문, 아시아경제, YTN, 전자신문, 세계일보, 아시아투데이, 브릿지경제 등

4. 웹사이트

Daum, Naver, Baidu, Sohu, sina, 中國政府网, 중국 국가통계국, 중국 해관총서 등

찾아보기

ㄱ

개혁개방 061, 087
공자학당 242
공자학원 251
관시(關係) 248
국가사회주의 092
국가자본주의 092, 272
균형발전론 021
그림자 금융 273

ㄴ

뉴 노멀 023

ㄷ

다퉁(大同) 226, 245
대국굴기(大國崛起) 205, 244
대장정 168
덩샤오핑(鄧小平) 043, 087, 169, 204, 219, 223, 225, 245
덩샤오핑 이론 170
도광양회(韜光養晦) 185, 204, 220, 223, 244
두 개의 100년 026, 176, 200, 226, 233, 246, 247, 274
디지털 경제 117
디지털 차이나 117
디지털 화폐 121

ㄹ

리다자오(李大釗) 167
리커창(李克强) 059, 064, 074, 104, 125

ㅁ

마오쩌둥(毛澤東) 055, 168, 169, 188, 242
마윈(馬雲) 111, 115, 180
만리방화벽 180
문화대혁명 169, 189

ㅂ

바이두 115
바이든 216, 238
백화제방(百花齊放) 250
베이징 컨센서스 198, 222
분발유위(奮發有爲) 232

ㅅ

사회주의 시장경제 170, 178
삼개대표론 170
삼민주의(三民主義) 242
샤오캉(小康) 026, 043, 208, 245, 274
서부 대개발 055
선강통(深港通) 141
세계경제포럼 032
소프트 파워 248
순환경제 035
슈밥, 클라우스(Klaus Schwab) 032, 135
스마트 그리드 070
스마트 사회 117
시진핑(習近平) 021, 042, 171, 176, 182, 200, 216
신유통 109
신중산층 106
신형 도시화 057, 076
신형 인프라 057
쑨원(孫文) 167, 188, 242

ㅇ

아나콘다 전략 231
알리바바 065, 111, 115, 277
원바오(溫飽) 245
유니콘 기업 129
유소작위(有所作爲) 204
인터넷+ 026, 033, 115, 136, 137, 270, 271, 279
일국양제(一國兩制) 177, 258
일대일로 070, 071, 223, 224, 228, 246

ㅈ

장제스(蔣介石) 167
장쩌민(江澤民) 046, 170, 204
저우언라이(周恩來) 169
저탄소 경제 035, 037
적극유위(積極有爲) 232
전랑외교(戰狼外交) 202, 206
절부당두(絕不當頭) 186
중국 모델 025
중국몽(中國夢) 043, 048, 049, 103, 176, 186, 200, 206, 242, 243, 246, 256, 274
중국식 민주주의 196
중국식 사회주의 021
중국 제조 2025 088, 089, 100, 101, 137, 270, 279
중국 특색 사회주의 042, 225, 281

중화민족주의 242
중화사상(中華思想) 216, 241
중화소비에트공화국 168
중화인민공화국 169
중화주의 188, 223
진주목걸이 전략 231

ㅊ

차이나 3.0 257
차이나 드림 278
차이나 포비아 210
차이잉원(蔡英文) 190, 203
천두슈(陳獨秀) 167
총요소생산성 080
촹예반(创业板) 141
취칭산(曲青山) 047

ㅋ

커촹반(科创板) 141
코로나19 066, 203, 206, 235, 286
킨들버거의 함정 217

ㅌ

텐센트 065, 115
톈안먼 민주화 운동 170, 180, 219, 220, 251
투키디데스 함정 215, 236
트럼프 216, 231, 232, 235

ㅍ

팍스 시니카 224, 243

ㅎ

하드 파워 249
핵심이익 069
혼합소유제 094
홍색관광(紅色旅遊) 190, 200
홍위병 189
화궈펑(華國鋒) 169
화평굴기(和平崛起) 204
후강통(沪港通) 140
후룬통(沪伦通) 141
후진타오(胡錦濤) 021, 046, 170, 204
흑묘백묘론(黑描白描論) 223, 225, 245

기타

ABCD 118
BAT 115, 134
G1 270
G2 269
TFP 080
1차 국공합작 167
2차 국공내전 168
4차 산업혁명 032, 135, 210
5 · 4운동 167
21세기 황화론(黃禍論) 207